David J. Schwartz
Denken Sie groß!

Weitere Erfolgs- und Motivationsbücher im Ariston-Buchprogramm

- ○ *Napoleon Hill:* Denke nach und werde reich – Die Erfolgsgesetze und ihre Nutzanwendung
- ○ *Napoleon Hill:* Wunder, die Sie selbst vollbringen – Überwinden Sie Ihre Grenzen!
- ○ *Napoleon Hill* (mit W. Clement Stone): Erfolg durch positives Denken – Ein Schlüsselbuch richtiger Einstellung und Motivation
- ○ *Tom Wujec:* Schneller schalten als andere – Vom spielerischen Denken zur geistigen Überlegenheit
- ○ *Marion R. Kopmeyer:* Wunscherfüllung – So bekommen Sie, was Sie sich wünschen
- ○ *Marion R. Kopmeyer:* Wohlstandsbildung – So werden Sie wohlhabend und reich
- ○ *Heinz Kahle:* Ihre persönliche Erfolgsstrategie – Richtig denken, planvoll arbeiten, Wohlstand erwerben
- ○ *H. W. Gabriel:* Macht und Einfluß über andere – Die magnetische Kraft echter Persönlichkeitsmacht
- ○ *Joseph Murphy:* Die Macht Ihres Unterbewußtseins – Das große Buch innerer und äußerer Entfaltung

David J. Schwartz

Denken Sie groß

Erfolg durch großzügiges Denken

Ariston Verlag · Genf/München

Andere Werke aus unserem Verlagsprogramm finden Sie am Schluß dieses Buches verzeichnet.

CIP-Kurztitelaufnahme der Deutschen Bibliothek

SCHWARTZ, DAVID J.:
Denken Sie groß! Erfolg durch großzügiges Denken /
David J. Schwartz. [Aus d. Amerikan. übers. von Helga Künzel.] –
6. Aufl. – Genf ; München : Ariston Verlag, 1991.
Einheitssacht.: The magic of thinking big <dt.>
ISBN 3-7205-1262-2

Aus dem Amerikanischen übersetzt
von Helga Künzel

Gestaltung des Schutzumschlags:
Atelier Höpfner-Thoma, GraphicDesign, BDG, München
Umschlagfoto: The Image Bank, München

Das Original ist erschienen unter dem Titel
The Magic of thinking big
bei Prentice-Hall, Inc., Englewood Cliffs, New Jersey, USA

Erstauflage 1983
Die 1. bis 4. Auflage erschien unter dem Titel
»Die Wunderwirkung großzügigen Denkens«
Sechte Auflage 1991
Druck und Bindung: Wiener Verlag, Himberg bei Wien
Printed in Austria

ISBN 3-7205-1262-2

Für David III

Unser sechsjähriger Sohn David kam sich sehr groß vor, als er dem Kindergarten Lebewohl sagte. Ich fragte ihn, was er einmal werden wolle, wenn er erwachsen sei. David schaute mich einen Augenblick lang nachdenklich an und antwortete dann: »Papi, ich will Professor werden.«

»Professor? Professor für was?« fragte ich.

»Weißt du, Papi«, sagte er, »ich glaube, ich will Professor für Glück werden.«

David, dem Jungen mit dem großartigen Ziel, und seiner Mutter ist dieses Buch gewidmet.

Ein weiser Mann ist seines Geistes Herr,
ein Tor dagegen ist sein Sklave!

PUBLILIUS SYRUS

Inhaltsverzeichnis

Kapitel 5
Wie Sie schöpferisch denken

Kapitel 6
Sie sind, was Sie zu sein glauben

Kapitel 11
Wie Sie eine Niederlage in einen Sieg verwandeln

Kapitel 12
Wählen Sie Ziele, die Ihr Wachstum fördern

Kapitel 13
Lernen Sie denken wie eine Führungspersönlichkeit

STATT EINES VORWORTS

Was dieses Buch für Sie bewirken kann

Denken Sie »groß«!

Welchen Sinn und Zweck hat dieses Buch? Weshalb lege ich Ihnen eine so ausführliche Erörterung der Wunderwirkung großzügigen Denkens vor?

Erlauben Sie mir, Ihnen kurz ein Schlüsselerlebnis zu schildern: Vor einigen Jahren nahm ich an einer Vertreterversammlung teil, die mich zutiefst beeindruckte. Der Marketingleiter des betreffenden Unternehmens schien sehr angespannt, denn er wollte den anwesenden Mitarbeitern unbedingt etwas klarmachen. Neben ihm auf dem Podium stand der beste Vertreter der Firma. Im zu Ende gegangenen Geschäftsjahr hatte er fast fünfundzwanzigtausend Dollar verdient, während die Einkünfte der anderen Vertreter im Durchschnitt fünftausend Dollar betrugen.

Der Marketingleiter sagte herausfordernd zu den Versammelten: »Ich möchte, daß Sie sich Harry gut ansehen. Schauen Sie ihn sich genau an! Nun, was hat Harry, das Sie nicht haben? Harry hat fünfmal soviel verdient wie der Durchschnitt, aber ist Harry fünfmal klüger? Nein, er ist es nicht. Hat Harry fünfmal mehr gearbeitet als Sie, meine Herren? Nein, Tatsache ist: Er hat häufiger freigenommen als die meisten von Ihnen. Ist Harrys Bezirk besser? Wieder muß ich nein sagen. Die Kundenzahl ist in allen Bezirken ungefähr gleich. Hat Harry eine bessere Ausbildung erhalten? Ist er gesünder? Wieder nein. Harry ist etwa so durchschnittlich, wie man es nur sein kann ... mit einer Ausnahme: Der Unterschied zwischen Harry und Ihnen allen ist der, daß Harry fünfmal so ›groß‹ denkt wie Sie.«

Dann erklärte er, daß Erfolg weniger von der »Größe« des Verstandes eines Menschen bestimmt werde als von der »Größe« seines Denkens.

Dieser Gedanke faszinierte mich. Ich begann, die Menschen zu beobachten und mit ihnen zu sprechen, um aufzuspüren, was sich wirklich hinter den Erfolgen jeglicher Art verbirgt. Die Antwort zeichnete sich bald immer deutlicher ab. Eine Fallgeschichte nach der anderen bewies, daß die Höhe des Bankkontos, das Ausmaß des Glücks oder der Zustand der Zufriedenheit eines Menschen von der Größe seines Denkens abhängt. *Mit großzügigem oder »großem« Denken erzielt der Mensch Wirkungen, die wirklich an Wunder grenzen.*

»Wenn großes Denken soviel bewirkt, warum denkt dann nicht jeder so?«

Diese Frage wird mir oft gestellt. Ich glaube, ich kenne die Antwort: Unser Denken wird geprägt von der Denkweise unserer Umgebung. Und oft ist diese Denkweise engherzig und klein statt weit und groß. So müssen doch die meisten von uns sich tagtäglich mit Menschen auseinandersetzen, deren Denken durch Engstirnigkeit geformt ist. Und wenn man Sätze hört wie: »Was sein wird, wird sein. Man muß die Dinge nehmen, wie sie kommen« oder wenn behauptet wird, der Mensch könne seinen Weg nicht steuern, weil dieser Weg vom Schicksal vorherbestimmt sei, man solle deshalb lieber alle Träume vergessen, Träume von einem schönen Heim, von einem besseren Leben, dann hat dies alles mit Denken so gut wie nichts mehr zu tun.

Wer kennt nicht das Wort, daß Erfolg teuer bezahlt werden muß? Als ob es notwendig sei, seine Seele zu verkaufen, sein Gewissen abzuschalten, seine Wertmaßstäbe aufzugeben, um an die Spitze zu gelangen! In Wirklichkeit braucht Erfolg überhaupt nicht bezahlt zu werden – ganz im Gegenteil: *Jeder Schritt vorwärts bringt Gewinn.*

Entdecken Sie die Wunderkraft Ihres Denkens

Reden wir nicht der Mittelmäßigkeit das Wort, sondern orientieren wir uns lieber an den großen Denkern der Weltgeschichte, zum Beispiel an David, der gesagt hat: »Wie der Mensch im innersten Herzen denkt, so ist er.« Oder erinnern wir uns an die Worte William Shakespeares, der mit erstaunlichem Scharfblick erkannte: »An sich ist nichts gut noch böse; das Denken macht es erst dazu.«

Doch woher wissen wir, daß die großen Denker recht hatten? Welche Beweise haben wir dafür? Das sind berechtigte Fragen, die aber leicht zu beantworten sind. Unwiderlegbare Beweise liefern uns jene außergewöhnlichen Menschen, die durch ihre Erfolge, ihre großartigen Leistungen und ihr Glück sichtbar machen, daß groß angelegtes Denken tatsächlich Wunder wirkt.

Die einfachen Verfahren, die auf den nachfolgenden Seiten erläutert werden, sind keineswegs unerprobte Theorien oder Ansichten und Vermutungen einzelner Menschen. Es handelt sich vielmehr um bewährte Verhaltensregeln, die auf diverse Lebenssituationen zugeschnitten und universell anwendbar sind, die immer funktionieren, ja sogar wunderbar wirken.

Allein schon die Tatsache, daß Sie diese Seite lesen, beweist Ihr Interesse an größerem Erfolg. Sie möchten einen vorzüglichen Lebensstandard erreichen; Sie möchten, daß dieses Leben Ihnen jene guten Dinge liefert, die Sie verdienen. Interesse am Erfolg ist eine wertvolle Eigenschaft.

Sie haben noch eine weitere wertvolle Eigenschaft. Sie halten dieses Buch in Händen und beweisen damit, daß Sie die Klugheit besitzen, nach Werkzeugen auszuschauen, die Ihnen helfen, Ihr Ziel zu erreichen. Wenn wir irgend etwas bauen – seien es zum Beispiel Autos oder Brücken –, brauchen wir Werkzeuge. Viele Menschen vergessen bei ihrem Bemühen, sich ein erfolgreiches Leben aufzubauen, daß auch Bücher hilfreiche Werkzeuge sein können.

Denken Sie großzügig, groß angelegt, dann werden Sie ein großartiges Leben führen. Ihr Leben wird reich und groß sein an Glück, an Leistungen, an Einkünften, an Freundschaften, an Respekt und Ansehen.

Doch genug der Versprechungen! Entdecken Sie jetzt, sofort, wie Sie Ihr Denken zu einer Wunderkraft machen können, die für Sie wirkt. Beginnen Sie Ihre Entdeckungsreise mit einem Gedanken des großen britischen Staatsmannes Benjamin Disraeli: »Das Leben ist zu kurz, um unbedeutend zu sein.«

Die einzelnen Schlüssel zu Ihrem Erfolg

In jedem der nachfolgenden Kapitel werden Sie Dutzende praktischer, zweckorientierter Ideen, Techniken und Prinzipien finden, die Sie in die Lage versetzen, sich die ungeheure Kraft »großen« Denkens nutzbar zu machen und dadurch Ihre Sehnsucht nach Erfolg, Zufriedenheit und Glück zu stillen. Jede Technik wird durch eine Fallgeschichte aus dem wirklichen Leben veranschaulicht. Sie erfahren unter anderem, wie Sie

- sich mit der Kraft des Glaubens den Weg zum Erfolg erschließen;
- durch Erfolgsglauben große Erfolge erringen;
- positive Gedanken erzeugen;
- gegen die weitverbreitete Versagenskrankheit »Ausfluchtitis« immun werden;
- erkennen, warum Ihr Denkvermögen wichtiger ist als bloße Klugheit;
- Ihr Gehirn zum Denken benutzen – und nicht nur als Speicher für Fakten;
- die Aktionstechnik zur Überwindung von Angst und zum Aufbau von Vertrauen anwenden;
- Ihr Gedächtnis schulen, so daß es Ihr Selbstvertrauen stärkt;
- Ihre Furcht vor anderen Menschen ablegen;
- Ihr Selbstvertrauen stärken, indem Sie auf Ihr Gewissen achten;
- erkennen, daß die Größe Ihres Denkens das Maß für Ihren Erfolg darstellt;
- Ihre wahre Größe erfassen und herausfinden, über welche Vorzüge Sie verfügen;
- Kleinlichkeiten ignorieren und sich auf das Wichtige konzentrieren;
- schöpferisches Denken einsetzen, um bessere Wege zur Erfüllung Ihrer Aufgaben zu finden;
- durch den festen Glauben an die Machbarkeit einer Sache schöpferische Kraft entfalten;
- Ihr Denken ausweiten und Ihren Verstand anregen;
- Ihren Reichtum an Ideen, die Früchte Ihres Denkens sind, steigern;
- sich die Denkweise bedeutender Persönlichkeiten aneignen;
- sich eine Einstellung angewöhnen, dank der Sie ans Ziel Ihrer Wünsche gelangen;

- die Kraft echter Begeisterung entfalten;
- mehr Geld verdienen, indem Sie Dienstleistung über alles stellen;
- durch richtiges Denken gegenüber anderen Menschen deren Unterstützung gewinnen;
- sich die Technik einprägen, nur Gutes über andere zu denken;
- groß denken, auch wenn Sie einmal verlieren oder einen Rückschlag erleiden;
- sich Aktivität zur Gewohnheit machen – und nicht erst lange auf perfekte Bedingungen warten;
- das Zauberwort *»Jetzt«* zu Kapital machen;
- jedem Rückschlag etwas abgewinnen;
- die Kraft konstruktiver Selbstkritik nutzen;
- Mutlosigkeit abstreifen, indem Sie die gute Seite jeder Situation wahrnehmen;
- nach Plan ein Zehnjahresziel aufstellen;
- sich Ziele wählen, die Ihnen zu Erfolg und längerem Leben verhelfen;
- Ihre Ziele mit Hilfe eines dreißigtägigen Fortschrittführers erreichen;
- Ihre höchste Denkkraft anzapfen;
- die Zauberkraft großen Denkens in den kritischsten Lebenssituationen einsetzen.

Kapitel 1

Glauben Sie an Erfolg, und Sie werden Erfolg haben

Der Glaube versetzt Berge

Erfolg beinhaltet viele wunderbare, positive Dinge: Erfolg bedeutet persönliches Wohlbefinden, Ansehen, ein schönes Heim, Urlaub, Reisen, Neuanschaffungen, finanzielle Sicherheit, für Ihre Kinder einen guten Start ins Leben. Erfolg bedeutet Freiheit und besagt, von Sorgen, Angst, Enttäuschungen oder Fehlschlägen frei zu sein; Erfolg bedeutet Selbstachtung, zunehmend mehr Glück und Befriedigung im Leben; Erfolg bedeutet aber auch, daß Sie die Menschen unterstützen können, die von Ihnen abhängen. *Erfolg ist das große Lebensziel!*

Jeder Mensch wünscht sich Erfolg, wünscht sich die angenehmen Seiten, die das Leben zu bieten hat, und niemand fühlt sich gerne zweitrangig oder geht gerne einen zweitklassigen Weg. Versuchen Sie, erstklassig zu werden!

Eine der erfolgträchtigsten Weisheiten ist der Bibelspruch, der besagt, daß Glaube Berge versetzt.

Glauben Sie aus tiefstem Herzen, daß Sie einen Berg versetzen können, und Sie werden es schaffen! Nicht viele Menschen sind wirklich der Überzeugung, Berge versetzen zu können, darum versetzen auch nicht viele Menschen Berge.

Aber mit Glauben *können* Sie einen Berg versetzen. Durch Glauben an Erfolg *können* Sie Erfolge erringen. An der Kraft des Glaubens ist nichts Magisches oder Geheimnisvolles.

Glauben Sie, und Sie werden sofort erkennen: Die felsenfeste Überzeugung, daß man etwas Bestimmtes kann, erzeugt Kraft und gibt Ihnen Fähigkeit und Energie – alles Faktoren, die der Verwirklichung Ihrer Ziele dienlich sind. Wenn Sie fest glauben, daß Sie etwas können, entwickelt sich das Wie von selbst.

Jeden Tag treten auf dem ganzen Erdball junge Menschen ihre

erste Stellung an. Sie alle »wünschen« sich, irgendwann an die Spitze zu gelangen. Doch die meisten bringen den Glauben nicht auf, den man benötigt, um die obersten Sprossen zu erklimmen. Darum kommen sie auch nicht ganz nach oben. Weil sie nicht an Aufstiegsmöglichkeiten glauben, gewahren sie die Stufen nicht, die in die großen Höhen führen. Ihr Verhalten ist und bleibt das von »Durchschnittsmenschen«.

Doch einige wenige der jungen Leute glauben wirklich an ihren Erfolg. Sie haben die Einstellung: »Ich komme ganz nach oben.« Und dank ihres unerschütterlichen Glaubens erreichen sie auch die Spitze. Als Folge ihrer Überzeugung, daß sie Erfolg haben werden und daß der Aufstieg in eine Spitzenposition durchaus möglich ist, beobachten diese jungen Leute das Verhalten älterer Chefs und Manager. Sie lernen, wie Erfolgsmenschen Probleme angehen und Entscheidungen fällen, das heißt: Sie beobachten die Haltung von Erfolgsmenschen.

Ein junger Bekannter von mir beschloß vor einigen Jahren, eine Vertretung für Wohnmobile zu übernehmen, obwohl ihn viele warnten und sagten, das könne nicht gutgehen.

Die Ersparnisse des jungen Mannes betrugen knapp dreitausend Dollar. Nach Aussage der Warner war jedoch ein Vielfaches dieses Betrages als Mindestinvestition erforderlich.

»Auf dem Gebiet herrscht starke Konkurrenz«, erklärten sie meinem Bekannten. »Außerdem haben Sie keinerlei praktische Erfahrung im Verkauf von Wohnmobilen, geschweige denn in der Führung eines Geschäfts.«

Der junge Mann aber ließ sich im Glauben an seine Fähigkeiten nicht erschüttern. Er gab offen zu, daß es ihm sowohl an Kapital als auch an Erfahrung mangele und daß die Konkurrenz groß sei.

»Alle meine Sondierungen ergeben jedoch«, sagte er, »daß die Wohnmobilindustrie expandieren wird. Und ich habe meine Konkurrenzfähigkeit erprobt. Ich weiß, daß ich besser als jeder andere in unserer Stadt Wohnmobile verkaufen kann. Ich rechne damit, daß mir einige Fehler passieren, aber ich werde sehr schnell nach oben kommen.«

Und das tat er auch. Es kostete ihn wenig Mühe, Kapital aufzutreiben. Durch seinen felsenfesten Glauben, daß er in dieser Branche Erfolg haben werde, gewann er das Vertrauen zweier Investoren. Und dank seiner unverrückbaren Überzeugung brachte er etwas »Unmögliches« fertig: Er erreichte, daß ihm ein Wohnmobilhersteller mehrere Fahrzeuge ohne jede Anzahlung überließ.

Im ersten Jahr verkaufte er Wohnmobile für mehr als eine Million Dollar.

»Nächstes Jahr«, sagte er, »rechne ich mit einem Umsatz von zwei Millionen.«

Glaube, starker Glaube veranlaßt den Geist, Wege und Mittel zur Verwirklichung eines Vorhabens zu finden. Und Ihr Glaube an Erfolg bewirkt, daß andere Ihnen vertrauen.

Und wer glaubt, daß er Berge versetzen kann, der kann es. Wer glaubt, daß er es nicht kann, der kann es nicht. *Der Glaube erzeugt die Kraft zur Ausführung.*

Der Glaube bewirkt in unserer modernen Zeit sogar viel mehr, als »nur« Berge zu versetzen. Das wichtigste – tatsächlich entscheidende – Element bei unseren Weltraumforschungen ist der Glaube, daß der Raum beherrschbar ist. Ohne den unerschütterlichen Glauben, daß eine Raumfahrt möglich ist, hätten unsere Wissenschaftler weder den Mut noch das erforderliche Interesse, noch die nötige Begeisterung, um ihre Arbeit weiterzuführen. Und der Glaube, daß Krebs heilbar ist, wird letztendlich den Weg zur Krebsheilung erschließen.

Glauben Sie an einen Sieg, und Sie werden ihn erringen

Der Glaube an überdurchschnittliche Ergebnisse ist die Triebkraft, die hinter allen großen Büchern, Theaterstücken, Kunstwerken jeglicher Art und Entdeckungen steht. Glaube an Erfolg spornt alle Geschäftsleute an, alle kirchlichen und politischen Organisationen. Erfolgsglaube ist *die* grundlegende, absolut unerläßliche, wesentliche Eigenschaft erfolgreicher Menschen.

Glauben Sie wirklich, daß Sie Erfolg haben können, und Sie werden ihn haben!

Im Laufe der Jahre sprach ich mit vielen Menschen, die bei geschäftlichen Unternehmungen oder in verschiedenen beruflichen Laufbahnen scheiterten. Ich bekam viele Gründe und Entschuldigungen für ihre Fehlschläge zu hören. Bemerkenswert jedoch waren Sätze wie die folgenden: »Ehrlich gesagt, ich habe sowieso nicht geglaubt, daß die Sache klappen würde.« – »Mir war schon unbehaglich, bevor ich damit anfing.« – »Im Grunde war ich nicht überrascht, daß es ein Reinfall wurde.«

Wer denkt: »Na gut, ich werde es versuchen, aber ich glaube nicht, daß es klappen wird«, der leitet den Fehlschlag selbst in die Wege.

Unglauben oder Nichtglauben ist eine negative Kraft! Wenn sich im Bewußtsein Zweifel oder Unglauben »festgesetzt« haben, so produziert auch der Verstand Gründe, die diesen Unglauben stützen. Für die meisten Fehlschläge sind daher Zweifel, Unglauben oder ein unechter Erfolgswunsch verantwortlich. Denn wenn der Glaube an ein Scheitern erst einmal ins Bewußtsein gelangt ist, dann werden Sie auch scheitern. *Glauben Sie jedoch an einen Sieg, dann werden Sie ihn auch erringen.*

Glauben Sie, daß Sie besser sind

Eine junge Romanautorin erzählte mir von ihren schriftstellerischen Ambitionen. Die Rede kam schließlich auf einen ihrer berühmten Kollegen.

»Oh«, sagte sie, »er ist ein großartiger Schriftsteller, und ich kann natürlich nicht annähernd solche Erfolge erringen wie er.«

Die Haltung der Autorin enttäuschte mich, denn ich kenne den erwähnten Schriftsteller. Er ist weder übergescheit noch besonders scharfsinnig, noch in irgendeiner anderen Beziehung herausragend. Nur sein Selbstvertrauen ist sehr ausgeprägt. Diese Eigenschaft, die natürlich sein Bewußtsein positiv beeinflußt, ermöglicht es ihm, seine Ideen optimal umzusetzen und somit Leistungen zu vollziehen, die ihm Erfolg und Anerkennung einbringen.

Sehen Sie sich führende Persönlichkeiten an, beobachten und studieren Sie sie. Aber verehren Sie solche Menschen nicht, sondern glauben Sie, daß Sie besser sind. Wer sich nämlich für den Zweitbesten hält, vollbringt unweigerlich nur Zweitbestes.

Sehen Sie die Sache einmal folgendermaßen: Der Glaube ist der Thermostat, der regelt, was wir im Leben vollbringen. Beobachten Sie einen Menschen, der ein Leben der Mittelmäßigkeit führt. Er glaubt, wenig wert zu sein, also bekommt er wenig. Er glaubt, große Dinge nicht bewältigen zu können, und er bewältigt sie nicht. Er glaubt, unbedeutend zu sein, darum trägt alles, was er tut, den Stempel der Bedeutungslosigkeit. Nach und nach wird das mangelnde Selbstvertrauen im Auftreten, Sprechen und Handeln dieses Menschen sichtbar. Seine Selbsteinschätzung wird zunehmend negativer. Und weil andere in uns das sehen, was wir selbst in uns sehen, verliert er immer mehr die Wertschätzung seiner Umgebung.

Betrachten Sie nun einen Menschen, der seinen Weg macht. Er glaubt, wertvoll zu sein, und erreicht oder erhält dementsprechend viel. Er glaubt, schwierige, große Aufgaben erfüllen zu können, und er kann es. Sein ganzes Tun, seine Art, die Menschen zu behandeln, sein Charakter, sein Denken und seine Ansichten geben zu verstehen: »Hier steht ein Könner, eine bedeutende Persönlichkeit.«

Der Mensch ist das Produkt seiner Gedanken. Glauben Sie an sich, denken Sie anspruchsvoll, großzügig und groß. Starten Sie Ihre Erfolgsoffensive in der aufrichtigen Überzeugung, daß Sie erfolgreich sein können. *Denken Sie groß und werden Sie groß!*

Machen Sie sich die Kraft des Glaubens nutzbar

Nach einem Vortrag, den ich in Detroit vor Geschäftsleuten hielt, sprach mich einer der Herren an. Er stellte sich vor und sagte: »Ihre Ausführungen haben mir wirklich sehr gefallen. Hätten Sie einige Minuten Zeit? Ich würde mich gern mit Ihnen über ein persönliches Erlebnis unterhalten.«

»Aber natürlich«, erwiderte ich.

»Ich habe etwas erlebt«, begann er, »das vollkommen mit dem übereinstimmt, was Sie heute abend gesagt haben, nämlich daß man seinen Verstand für sich und nicht gegen sich arbeiten lassen soll. Ich habe nie jemandem verraten, wie ich aus der Welt der Mittelmäßigkeit herausgekommen bin, aber Ihnen würde ich es gern erzählen.«

»Und ich würde es gern hören«, sagte ich.

»Noch vor fünf Jahren plagte ich mich im Werkzeugbau ab wie alle meine Kollegen. Ich verdiente nach ›normalen‹ Maßstäben ganz ordentlich, aber meine Lebensumstände waren alles andere als ideal. Unser Haus war viel zu klein, und wir hatten kein Geld für die vielen Dinge, die wir uns wünschten. Meine Frau beschwerte sich zwar nicht, aber glücklich war sie auf keinen Fall. Ich wurde innerlich immer unzufriedener.

Aber heute ist alles anders. Heute haben wir ein schönes neues Haus auf einem großen Grundstück und ein paar hundert Kilometer im Norden von hier eine Hütte. Wir brauchen uns keine Sorgen mehr darüber zu machen, ob wir die Kinder auf ein gutes College schicken können, und meine Frau muß nicht mehr jedesmal, wenn sie Geld für neue Kleider ausgibt, ein schlechtes Gewissen haben. Nächsten Sommer wird die ganze Familie nach Europa fliegen und dort einen Monat Urlaub machen. Wir leben jetzt wirklich.«

»Und wie brachten Sie es soweit?« fragte ich.

»Ich schaffte es«, antwortete er, »als ich – um einen Ihrer Sätze von heute abend zu zitieren – ›die Kraft des Glaubens nutzbar machte‹. Vor fünf Jahren erfuhr ich, daß bei einer Werkzeugbaufirma hier in Detroit eine Stelle frei war. Wir lebten damals in Cleveland. Ich bewarb mich in der Hoffnung, etwas mehr zu verdienen. Ich kam am frühen Sonntagabend hier an. Das Vorstellungsgespräch sollte natürlich erst am Montag stattfinden.

Nach dem Abendessen wurde ich aus irgendeinem Grund richtig wütend auf mich selbst. ›Warum‹, so fragte ich mich, ›bin ich bloß eine durchschnittliche Null? Warum versuche ich eine Stellung zu bekommen, die bloß einen winzigen Schritt vorwärts bedeutet?‹

Ich weiß bis heute nicht, was mich dazu bewog, aber ich schrieb die Namen von fünf Männern auf, die ich seit mehreren Jahren gut kannte und die mich weit überflügelt hatten, was das Gehalt und die berufliche Verantwortung anging. Zwei waren ehemalige Nachbarn, die weggezogen waren und schöne Unterabteilungen übernommen hatten, zwei andere ehemalige Chefs von mir, und der fünfte war mein Schwager.

Dann fragte ich mich, was meine fünf Freunde – von den besseren Stellungen einmal abgesehen – mehr besaßen. War es ihre Intelligenz, ihre Bildung oder vielleicht ihre Integrität? Nach sorgfältigem und ehrlichem Abwägen konnte es an diesen Dingen nicht liegen.

Schließlich kam ich zu einem anderen Erfolgsmerkmal: zu der Initiative. In diesem Punkt, das mußte ich mir widerwillig eingestehen, blieb ich weit hinter meinen erfolgreichen Freunden zurück.

Es war mittlerweile drei Uhr früh, aber mein Verstand war erstaunlich frisch. Ich sah zum erstenmal meine Schwäche. Ich entdeckte, daß ich mich immer zurückgehalten hatte. Ich sondierte nun tiefer in meinem Inneren und stellte fest, daß es mir an Initiative mangelte, weil ich glaubte, nur sehr wenig bewerkstelligen zu können.

In den restlichen Nachtstunden erkannte ich, daß mich der mangelnde Glaube an mich selbst beherrschte und daß ich meinen Verstand immer gegen mich hatte arbeiten lassen. Mir wurde klar, daß ich mir immer nur vorgepredigt hatte, warum ich nicht vorwärtskommen könne, statt mir vorzupredigen, warum ich es könnte. Ich hatte mich selber schlechtgemacht. Ich fand heraus, daß diese Selbsteinschätzung in allem zutage trat, was ich tat, und daß niemand an mich glauben würde, wenn ich nicht selbst an mich glauben könnte.

Ich faßte folgenden Entschluß: ›Ab sofort höre ich auf, mich zweitklassig zu fühlen. Ab sofort mache ich mich nicht mehr schlecht.‹

Morgens war ich immer noch voll Zuversicht. Während des Vorstellungsgesprächs stellte ich mein neues Selbstvertrauen zum erstenmal auf die Probe. Vor Antritt der Fahrt hatte ich gehofft, ich würde den Mut aufbringen, siebenhundertfünfzig oder vielleicht sogar tausend Dollar jährlich mehr zu verlangen, als ich bisher verdiente. Doch jetzt, nachdem ich begriffen hatte, daß ich wirklich ein wertvoller Mensch war, erhöhte ich die Summe auf dreitausendfünfhundert. Und ich bekam sie. Ich pries mich an, weil ich nach dieser einen langen Nacht der Selbstanalyse Werte in mir gefunden hatte, die mich viel lobenswerter machten.

Innerhalb von zwei Jahren nach Antritt der neuen Stellung schuf ich mir den Ruf, ein Mann zu sein, der Aufträge beibringen konnte. Dann hatten wir eine Rezession. Ich wurde noch wertvoller, weil ich einer der besten Auftragsbeschaffer in der Branche war. Meine Firma wurde umorganisiert, und ich bekam ein schönes Paket Aktien sowie eine beträchtliche Gehaltserhöhung.«

Wer an sich selbst glaubt, dem werden gute, positive Dinge widerfahren.

Lenken Sie Ihre positiven Gedanken

Ihr Verstand ist eine »Gedankenfabrik«. Diese Fabrik hat einen sehr hohen Ausstoß, denn jeden Tag werden zahllose Gedanken »produziert«.

Die Herstellung untersteht in Ihrer Gedankenfabrik zwei »Werkmeistern«, die wir »Herr Sieg« und »Herr Niederlage« nennen wollen. Herr Sieg leitet die Produktion positiver Gedanken. Er hat sich auf die Erzeugung von Gründen spezialisiert, die besagen, warum Sie etwas können, etwas leisten, etwas erreichen werden.

Der andere Werkmeister, Herr Niederlage, stellt negative, abschätzige Gedanken her. Er ist Ihr Experte in der Fabrikation von Gründen, die besagen, warum Sie etwas nicht schaffen, schwach und unfähig sind.

Sowohl Herr Sieg als auch Herr Niederlage sind äußerst gehorsam. Beide hören immer auf Sie. Um Ihre Werkmeister zu instruieren, brauchen Sie ihnen lediglich einen leisen Wink zu geben. Ist das Signal positiv, macht sich Herr Sieg an die Arbeit. Bei einem negativen Signal dagegen tritt Herr Niederlage in Aktion.

Wenn Sie wissen wollen, wie die beiden Werkmeister arbeiten, sollten Sie das Nachstehende versuchen. Zuerst sagen Sie sich: »Heute ist ein gräßlicher Tag.« Dies signalisiert Herrn Niederlage, daß er in Aktion treten soll, und er erzeugt Fakten, die beweisen, daß Sie recht haben. Er suggeriert Ihnen, daß das Wetter heute schlecht wird, daß die Geschäfte nicht erfolgversprechend sein werden, daß die Verkaufsziffern sinken, daß Ihre Mitarbeiter nervös sind und daß Ihr Ehepartner schlechte Laune haben wird. Herr Niederlage ist sehr tüchtig: In wenigen Augenblicken hat er Ihnen alles mies gemacht, und bevor Sie es nocht recht merken, wird der Tag wahrhaft gräßlich für Sie.

Sagen Sie sich dann versuchsweise: »Heute ist ein schöner Tag.« Nun wird Herr Sieg aktiv. Er erklärt Ihnen: »Dies ist ein wunderbarer Tag. Das Wetter ist angenehm, die Sonne scheint. Es ist eine Freude zu leben. Heute können Sie einige Arbeiten aufholen.« Und Sie werden wirklich einen schönen Tag erleben.

Während Herr Niederlage Ihnen zeigt, warum Sie Herrn Müller nicht zum Kauf bewegen können, wird Ihnen Herr Sieg sagen, daß

Sie es können. Herr Niederlage überzeugt Sie, daß Sie scheitern werden, während Herr Sieg Ihnen versichert, daß Sie Erfolg haben werden.

Je mehr Arbeit Sie einem Ihrer beiden Werkmeister geben, desto stärker wird er für Sie aktiv. Bekommt Herr Niederlage mehr zu tun, wird er schließlich die gesamte Gedankenproduktion an sich ziehen, und somit wird künftig Ihr ganzes Denken negativer Art sein.

Entlassen Sie Herrn Niederlage! Sie brauchen ihn nicht. Sie wollen doch nicht, daß er Ihnen ständig sagt, warum Sie etwas nicht können, unfähig sind, scheitern werden und dergleichen mehr. Herr Niederlage wird Ihnen nicht helfen, an Ihr Ziel zu gelangen!

Beschäftigen Sie dafür Herrn Sieg intensiv. Fordern Sie Herrn Sieg auf, für Sie zu arbeiten, sobald Ihnen ein Gedanke kommt. Er wird Ihnen zeigen, wie Sie erfolgreich sein können.

Machen Sie den Schritt in Richtung Erfolg. Es ist ein grundlegender, ein absolut unerläßlicher Schritt: Glauben Sie an sich selbst, glauben Sie, daß Sie Erfolg haben können!

Die Entwicklung der Glaubenskraft

Mit Hilfe der nachstehenden drei Empfehlungen können Sie Glaubenskraft erlangen und nachhaltig stärken:

○ Denken Sie an Erfolg, nicht an Fehlschläge. Ersetzen Sie in Ihrem beruflichen und häuslichen Leben jegliches Versagensdenken durch Erfolgsdenken. Wenn Sie vor einer schwierigen Situation stehen, müssen Sie denken: »Ich werde siegen«, und nicht: »Ich werde wahrscheinlich scheitern.« Wenn Sie mit jemandem in Konkurrenz treten, müssen Sie denken: »Ich bin gleichwertig mit dem Besten«, und nicht: »Ich werde von ihm weit übertroffen.« Wenn sich Ihnen eine Gelegenheit bietet, müssen Sie denken: »Ich kann es schaffen«, und niemals: »Ich kann das nicht.« Lassen Sie den Gedanken, daß Sie Erfolg haben werden, über Ihr ganzes Denken herrschen. Erfolgsdenken veranlaßt Ihren Verstand, Pläne auszuarbeiten, die Erfolge garantieren. Versagensdenken bewirkt genau das Gegenteil. Es veranlaßt Ihren Verstand, Gedanken zu fassen, die Fehlschläge verursachen.

○ Erinnern Sie sich regelmäßig daran, daß Sie besser sind, als Sie glauben. Erfolgreiche Menschen sind keineswegs Übermenschen. Erfolg setzt keineswegs ein Superhirn voraus. Am Erfolg ist nichts Mystisches. Und Erfolg basiert auch nicht auf Glück. Erfolgreiche Menschen sind ganz normale Erdenbürger, die lediglich Glauben an sich selbst und an den Erfolg ihrer Unternehmungen entwickelt haben. Machen Sie sich niemals selbst verächtlich!

○ Seien Sie groß im Glauben. Die Größe Ihres Erfolges wird durch die Weitgespanntheit und die Größe Ihres Glaubens bestimmt. Wenn Sie an kleine Ziele denken, dürfen Sie nur kleine Fortschritte erwarten. Wenn Sie sich aber große Ziele setzen und daran glauben, werden Sie den ganz großen Erfolg erringen. Erinnern Sie sich immer wieder daran, dann werden Sie auch große Ideen und große Pläne verwirklichen.

Ihr persönliches Schulungsprogramm

Der Aufsichtsratsvorsitzende eines Großkonzerns sagte einmal auf einer Konferenz von Führungskräften: »Wir müssen von jedem Menschen, der eine Führungsposition anstrebt, den Entschluß fordern, ein persönliches Selbstentwicklungsprogramm zu absolvieren. Niemand wird einem Menschen befehlen, sich zu entwickeln ... Ob ein Mensch auf seinem Spezialgebiet hinterherhinkt oder vorwärtskommt, ist eine Angelegenheit seines persönlichen Einsatzes. Zeit, Arbeit und Opfer sind für die Selbstentwicklung notwendig. Niemand kann sie für einen anderen vollziehen.«

Sein Hinweis ist treffend und praktisch. Leben Sie danach. Personen, die im Verkauf, in der Industrie, der Konstruktion, der religiösen Arbeit, der Schriftstellerei und anderen Bereichen Spitzenränge erreichen, schaffen dies durch bewußte, beharrliche Einhaltung eines Plans der Selbstentwicklung und des persönlichen Wachstums.

Jedes Schulungsprogramm – und ein Schulungsprogramm ist auch dieses Buch – muß drei Punkte erfüllen: Erstens muß es inhaltlich befriedigen, das *Was* liefern; zweitens muß es eine Methode bieten, das *Wie;* und drittens muß es zeigen, wie *Ergebnisse* erzielt werden können.

Das *Was* Ihres persönlichen Erfolgstrainingsprogramms baut auf den Haltungen und Techniken erfolgreicher Menschen auf. Wie managen diese Menschen sich selbst? Wie überwinden sie Hindernisse? Wie gewinnen sie die Achtung anderer? Wodurch unterscheiden sie sich vom Durchschnitt? Wie denken sie?

Das *Wie* Ihres Entwicklungs- und Wachstumsprogramms besteht aus Richtlinien für Ihr Handeln. Jedes Kapitel enthält solche Richtlinien, die erwiesenermaßen funktionieren. Wenden Sie sie an!

Und wie steht es mit dem wichtigsten Teil der Schulung, den *Ergebnissen?* Kurz gesagt: Die gewissenhafte Anwendung des hier dargebotenen Programms wird Ihnen Erfolg bescheren, und zwar in einem Maß, das Sie jetzt vielleicht für unmöglich halten. Die einzelnen Abschnitte Ihres persönlichen Schulungsprogramms werden Ihnen reichen Lohn eintragen: den Lohn, von Ihrer Familie größere Anerkennung zu bekommen; den Lohn, von Ihren Freunden und Kollegen Bewunderung zu ernten; den Lohn, sich nützlich zu fühlen, jemand zu sein, Ansehen zu genießen; den Lohn, ein höheres Einkommen zu erhalten und einen höheren Lebensstandard zu erreichen.

Sie werden Ihr Training vollkommen selbständig durchführen. Niemand wird Ihnen über die Schulter schauen und sagen, was Sie tun und wie Sie vorgehen sollen. Dieses Buch wird Ihnen ein Führer sein, aber nur Sie können sich selbst verstehen, können sich befehlen, das Training zu absolvieren, können Ihre Fortschritte beurteilen, können Ihr Handeln korrigieren, falls Ihnen ein Fehler unterläuft. Kurz und gut: Sie selbst werden sich schulen, immer größere Erfolge zu erringen.

Ihr perfektes Labor

Ihnen steht ein perfekt ausgestattetes Labor zur Verfügung, in dem Sie arbeiten und studieren können. Dieses Labor besteht aus Menschen, mit denen Sie täglich Umgang haben, und liefert Ihnen jedes nur denkbare oder mögliche Beispiel menschlichen Handelns. Dem, was Sie lernen können, sind keine Grenzen gesetzt, sobald Sie sich als Wissenschaftler in Ihrem eigenen Labor sehen. Für Ihr Labor brauchen Sie übrigens nichts zu kaufen, keine Miete zu bezahlen, keinerlei Gebühren zu entrichten. Sie können es kostenlos benutzen, sooft und so lange Sie wollen.

Als Chef Ihres eigenen Labors möchten Sie zweifellos das tun, was jeder Wissenschaftler tut: beobachten und experimentieren.

Überrascht es Sie nicht, daß die meisten Menschen, obwohl sie ständig von Menschen umgeben sind, sowenig darüber wissen, warum und wie Menschen handeln? Kaum jemand ist ein geschulter Beobachter. Daher ist es eines der wichtigsten Ziele des vorliegenden Buches, das Beobachten zu schulen, das nötig ist, um Einsichten in das menschliche Handeln zu entwickeln. Sie werden sich nach kurzer Zeit Fragen stellen wie: Warum ist der erste so erfolgreich und schlägt sich der zweite nur mühsam durch? Warum haben manche Menschen viele Freunde und andere nur wenige? Warum akzeptieren die Menschen bereitwillig, was ihnen eine bestimmte Person sagt, lehnen das gleiche aber ab, wenn es ihnen eine andere Person sagt?

Nach dieser Schulung werden Sie durch den einfachen Vorgang des Beobachtens wertvolle Lektionen kennenlernen.

Hier zwei spezielle Tips, die Ihnen helfen, ein geschulter Beobachter zu werden: Wählen Sie für eine Sonderstudie die beiden erfolgreichsten und die beiden erfolglosesten Menschen aus, die Sie kennen. Beobachten Sie, während Sie dieses Buch durcharbeiten, wie genau Ihre Erfolgsmenschen sich an die hier angeführten Erfolgsprinzipien halten. Das Studium der beiden Extreme wird Ihnen vor Augen führen, wie notwendig es ist, das zu beachten, das auf den nachstehenden Seiten behandelt wird.

Jeder Kontakt mit einem anderen Menschen gibt Ihnen die Chance, Erfolgsentwicklungsprinzipien in Funktion zu sehen. Trachten Sie danach, sich erfolgbringendes Handeln zur Gewohnheit zu machen. Je mehr Sie üben, desto eher wird es Ihnen zur zweiten Natur, in der gewünschten Weise zu handeln.

Fast jeder von uns hat Freunde, die als Hobby irgendwelche Pflanzen züchten, und fast jeder von uns hat diese Freunde schon in etwa sagen hören: »Es ist faszinierend zu beobachten, wie meine Pflanzen wachsen. Schau nur, wie sie auf Dünger und Wasser reagieren. Schau nur, wie sie sich in der letzten Woche entwickelt haben.«

Zweifellos ist es erregend mitzuerleben, was passiert, wenn der Mensch sorgfältig mit der Natur zusammenarbeitet. Aber bedeutend aufregender ist es, Ihre eigenen Reaktionen auf Ihr sorgfältig durchgeführtes Gedankensteuerungsprogramm zu beobachten. Es wird Ihnen Freude machen zu spüren, wie Sie Tag für Tag, Monat für Monat mehr Selbstvertrauen gewinnen, leistungsfähiger und erfolgreicher werden. Nichts – absolut nichts – gewährt Ihnen in diesem Leben größere Befriedigung als das Wissen, daß Sie auf dem Weg zu Erfolgen und Großtaten sind. Und keine Herausforderung ist lohnender als jene, das Beste aus sich selbst zu machen.

Drei wichtige Ratschläge

Hier nun drei Ratschläge, die Ihnen verdeutlichen, wie Sie den größten Nutzen aus dem vorliegenden Buch ziehen:

1. Lesen Sie das ganze Buch, sobald Sie können. Aber lesen Sie es nicht zu schnell. Prägen Sie sich jeden Gedanken und jedes Prinzip sorgfältig ein, damit Sie genau erkennen, in welcher Weise diese für Sie anwendbar sind.
2. Widmen Sie dann jedem Kapitel eine Woche, in der Sie es gründlich durcharbeiten. Eine wertvolle Übung ist die, das am jeweiligen Kapitelende zusammengefaßte Prinzip auf eine kleine Karte zu schreiben und sich jeden Morgen zu sagen: »Heute werde ich dieses Prinzip anwenden.« Lesen Sie es anschließend durch. Stecken Sie die Karte ein und lesen Sie sie tagsüber mehrmals. Prüfen Sie jeden Abend, wie gut es Ihnen gelungen ist, die einzelnen Prinzipien anzuwenden. Fassen Sie den Entschluß, es am nächsten Tag noch besser zu machen.
3. Nachdem Sie auf jedes Kapitel eine Woche verwendet haben, sollten Sie das Buch ein Jahr lang mindestens einmal im Monat wieder lesen. Dabei sollten Sie immer Ihre eigene Leistung bewerten. Seien Sie immer bereit, noch weitere Fortschritte zu machen, sich noch weiter zu verbessern.

Und schulen Sie sich bitte planmäßig, das heißt nach einem festgelegten Zeitplan. Die meisten Menschen fühlen sich körperlich nicht wohl, wenn ihr normaler Tagesablauf gestört wird; sie brauchen Regelmäßigkeit zu ihrem Wohlbehagen. Legen Sie darum auch eine bestimmte Tageszeit fest, in der Sie Ihre Erfolgsschulung durchführen.

KAPITEL 2

Heilen Sie sich von der Versagenskrankheit »Ausfluchtitis«

Werden Sie gegen die Krankheit der Versager immun

Studieren Sie während Ihrer Erfolgsschulung die Menschen sehr gründlich, und Sie werden erkennen, wie erfolgbringende Prinzipien in Ihrem eigenen Leben anzuwenden sind.

Wenn Sie Ihre Mitmenschen genau beobachten, werden Sie feststellen, daß die Erfolglosen an einer geisttötenden Denkkrankheit leiden, die wir »Ausfluchtitis« nennen wollen. Jeder Versager hat diese Krankheit in ihrer fortgeschrittenen Form. Und viele Menschen sind zumindest von ihr befallen.

Sie werden herausfinden, daß Ausfluchtitis die Erklärung dafür ist, warum es dem einen Menschen gutgeht und der andere sich mühsam durchschlägt. Sie werden entdecken, daß ein Mensch um so weniger zu Ausflüchten neigt, je erfolgreicher er ist.

Dagegen warten Menschen, die keinen Erfolg und auch keine Erfolgspläne haben, immer mit einer ganzen Reihe von Gründen für ihr Versagen auf. Menschen, die nur mittelmäßige Leistungen erbringen, sind schnell mit Argumenten bei der Hand, warum sie dies nicht haben, das nicht tun können und jenes nicht sind.

Studieren Sie das Leben erfolgreicher Menschen, dann wird Ihnen klarwerden: Alle Ausflüchte, die ein Durchschnittsmensch gebraucht, könnte der Erfolgreiche auch vorbringen, *aber er tut es nicht.*

Ich kenne keinen wirklich erfolgreichen Geschäftsmann, Politiker, Manager oder Freiberufler, der sich nicht hinter stichhaltigen Ausflüchten hätte verstecken können. Franklin D. Roosevelt zum Beispiel hätte seine Gehbehinderung anführen können, Harry S. Truman das »fehlende Studium« und Dwight D. Eisenhower seine Herzbeschwerden.

Wie jede Krankheit verschlimmert sich auch die Ausfluchtitis, wenn sie nicht richtig behandelt wird. Wer dieser Denkkrankheit zum Opfer fällt, durchläuft folgenden gedanklichen Prozeß: »Ich komme nicht so gut vorwärts, wie ich sollte. Was könnte ich als Alibi verwenden, um das Gesicht zu wahren? Schwache Gesundheit? Mangelnde Bildung? Zu alt? Zu jung? Eine Pechsträhne? Persönliches Unglück? Meine Frau? Die Art und Weise, wie meine Eltern mich erzogen?«

Hat das Opfer unserer Versagenskrankheit einmal eine »gute« Ausrede ausgewählt, bleibt es dabei. Es verläßt sich künftig auf die Ausrede, um sich selbst und anderen zu erklären, warum es nicht vorwärtskommt.

Der erste Schritt in Ihrem persönlichen Programm für Erfolgsdenken muß darum sein, daß Sie *gegen Ausfluchtitis, diese Krankheit der Versager, immun werden.*

Die Ausfluchtitis tritt in vielerlei Formen auf, doch am verbreitetsten und schlimmsten sind: Gesundheits-, Verstandes-, Alters- und Glück-Ausfluchtitis. Lassen Sie uns nun prüfen, wie wir uns vor diesen vier Leiden schützen können.

»Ich bin nicht sehr gesund!«

Die Gesundheits-Ausfluchtitis reicht von der chronischen Behauptung: »Mir ist nicht gut« bis zu der spezifischeren Ausrede: »Ich leide an dem und dem.«

»Schwache Gesundheit« in tausend verschiedenen Formen wird als Ausrede dafür gebraucht, daß jemand nicht tut, was er angeblich gern tun würde, daß jemand keine größere Verantwortung übernimmt, nicht mehr verdient, nicht erfolgreich ist.

An Gesundheits-Ausfluchtitis leiden Millionen Menschen. Ist körperliche Schwäche eine legitime Entschuldigung? Denken Sie einen Augenblick an erfolgreiche Menschen, die Sie kennen und die ihre Krankheit als Ausrede gebrauchen könnten, es aber nicht tun.

Ärzte sagen eindeutig, daß es beim erwachsenen Menschen das »perfekte Exemplar« nicht gibt. Jeder Erwachsene hat irgendeinen körperlichen Schaden. Dies mag mit dazu beitragen, daß sich viele Menschen teilweise oder ganz in die Gesundheits-Ausfluchtitis flüchten, doch Erfolgsdenker tun es nicht.

Ich schildere Ihnen jetzt zwei Beispiele, die geradezu als exemplarisch für die richtige und die falsche Einstellung zur Gesundheit gelten könnten.

Das »kranke Herz« eines jungen Mannes

Nach einem Vortrag in Cleveland bat mich ein etwa dreißigjähriger Mann um eine kurze private Unterredung. Er beglückwünschte mich zu meinem Vortrag, sagte aber dann: »Ich fürchte, Ihre Ideen können bei mir nicht viel bewirken. Wissen Sie, ich habe ein krankes Herz und muß mich in allem zurückhalten.« Er berichtete, daß er bei vier Ärzten gewesen sei, daß aber keiner gefunden habe, was ihm fehle. Dann fragte er nach meinem Rat.

»Ich verstehe nichts von Herzleiden«, antwortete ich, »aber ich würde – als Laie zum Laien gesprochen – folgende drei Dinge tun: Als erstes würde ich den besten Herzspezialisten aufsuchen, den ich kenne, und seine Diagnose als endgültig akzeptieren. Wie Sie sagen, waren Sie bereits bei vier Ärzten, und keiner fand etwas an Ihrem Herzen. Lassen Sie den fünften Arzt die letzte Kontrolle vornehmen. Es kann sehr gut sein, daß Sie ein vollkommen gesundes Herz haben. Doch wenn Sie sich weiter Sorgen machen, könnten Sie wirklich ein schweres Herzleiden bekommen. Denn wer ständig nach einer Krankheit sucht, der zieht sich diese Krankheit tatsächlich oft zu.

Als zweites würde ich Ihnen empfehlen, sich einmal mit einer Aussage eines angesehenen Arztes auseinanderzusetzen, die besagt, daß in drei von vier Krankenhausbetten Menschen liegen, die emotional ausgelöste Krankheiten haben. Stellen Sie sich vor, drei von vier Menschen, die in diesem Augenblick krank sind, könnten gesund sein, wenn sie gelernt hätten, ihre Gefühle zu beherrschen!

Als drittes würde ich beschließen zu leben, bis ich sterbe.«

Ich erläuterte dann diesen Rat, den ich vor Jahren von einem an inaktiver Tuberkulose leidenden Rechtsanwalt erhalten hatte. Obwohl er durch seine Krankheit stark gehandikapt war, konnte sie ihn nicht davon abhalten, seinem Beruf nachzugehen, Kinder großzuziehen und das Leben wirklich zu genießen. Der heute achtundsiebzigjährige Anwalt hatte damals seine Lebensphilosophie in die Worte gefaßt: »Ich werde leben, bis ich sterbe, und ich werde Leben und Tod nicht miteinander verwechseln. Solange ich auf dieser Erde weile, werde ich *leben*. Jede Minute, die ein Mensch damit zubringt, sich Sorgen über das Sterben zu machen, ist eine Minute, in der jener Mensch genausogut tot sein könnte.«

Das »junge Ventil« eines kranken Mannes

Nun zum zweiten Beispiel: Auf einem Flug nach Detroit vernahm ich, als der Startlärm abgeebbt war, ein seltsames Ticken. Einigermaßen beunruhigt blickte ich meinen Nachbarn an, denn aus seiner Umgebung schien das Geräusch zu kommen.

Er grinste breit und sagte: »Oh, das ist keine Bombe. Es ist bloß mein Herz.«

Meine Überraschung war mir zweifellos anzusehen, darum erklärte er mir, woher das Ticken kam.

Erst vor einundzwanzig Tagen war er operiert worden und hatte ein Kunststoffventil ins Herz eingesetzt bekommen. Das Ticken, so erklärte er, würde einige Monate anhalten, bis neues Gewebe über das künstliche Ventil gewachsen sei. Ich fragte ihn, wie er künftig sein Leben einrichten werde.

»Oh«, antwortete er, »ich habe große Pläne. Wenn ich nach Minnesota zurückkomme, werde ich mit dem Jurastudium anfangen. Ich hoffe, eines Tages bei der Regierung arbeiten zu können. Die Ärzte haben gesagt, ich müsse ein paar Monate kürzertreten, aber danach wäre alles wieder normal.«

Gebrechen ist kein Hindernis

Auf zwei so unterschiedliche Arten kann man gesundheitliche Probleme angehen! Der erste Mann, der nicht einmal wußte, ob ihm organisch überhaupt etwas fehlte, war deprimiert und steuerte auf eine Niederlage zu. Der zweite Mann war nach einer überaus komplizierten Operation voll Optimismus und Tatendrang. Den Unterschied machte einzig die Einstellung zur Gesundheit aus!

Aber es gibt noch andere Fälle, die beweisen, daß man mit einem Gebrechen gut leben kann.

Ein enger Freund von mir, der sich inzwischen als College-

Professor einen guten Namen gemacht hat, kam 1945 mit nur einem Arm aus Europa zurück. Trotz dieses Handikaps lächelt John immer und hilft anderen, wo er nur kann. Er gehört zu den optimistischsten Menschen, die ich kenne. Wir hatten einmal ein langes Gespräch über seine Behinderung.

»Ist doch bloß ein Arm«, sagte er schließlich. »Natürlich sind zwei Arme besser als einer. Mein Geist dagegen ist hundertprozentig in Ordnung, und dafür bin ich wirklich dankbar.«

Ein anderer Freund, der ebenfalls nur einen Arm hat, spielt ausgezeichnet Golf. Ich fragte ihn einmal, wie er es geschafft habe, sich mit nur einem Arm diesen nahezu perfekten Stil anzueignen. Seine Antwort ist sehr aufschlußreich: »Nach meiner Erfahrung tragen die richtige Einstellung und ein einziger Arm immer den Sieg über die falsche Einstellung und zwei Arme davon.«

Denken Sie über dieses Wort nach! Es trifft nicht nur auf dem Golfplatz zu, sondern in allen Lebenssituationen.

Vier Mittel gegen Gesundheits-Ausfluchtitis

Am besten läßt sich die Gesundheits-Ausfluchtitis mit folgenden vier »Medikamenten« bekämpfen:

○ Lehnen Sie es ab, über Ihre Gesundheit zu sprechen. Je mehr Sie über ein Leiden reden, und sei es eine simple Erkältung, desto schlimmer wird es. Das Reden über Krankheiten wirkt auf diese wie Dünger auf eine Pflanze. Außerdem ist es langweilig für einen Zuhörer, wenn jemand ständig über seine Krankheiten spricht. Erfolgsorientierte Menschen bezwingen den natürlichen Impuls, über ihre »schlechte« Gesundheit zu sprechen. Wer ständig klagt und jammert, erntet vielleicht (ich betone das Wort vielleicht) ein bißchen Mitleid, gewinnt aber nicht die Achtung und Zuneigung seiner Umwelt.

○ Machen Sie sich keine Sorgen wegen Ihrer Gesundheit. Ein ehemaliger fachärztlicher Berater der weltberühmten Mayo-Klinik schrieb vor einiger Zeit: »Ich bitte besorgte Patienten immer dringend, etwas Selbstbeherrschung zu üben. Als ich beispielsweise diesen Herrn zu sehen bekam (einen Mann, der überzeugt war, seine Gallenblase sei geschädigt, obwohl acht Röntgenuntersuchungen gezeigt hatten, daß das Organ vollkommen in Ordnung war), ersuchte ich ihn, seine Gallenblase nicht mehr röntgen zu lassen. Hunderte Menschen, die sich Sorgen wegen ihres Herzens machen, bat ich, nicht mehr ständig EKGs vornehmen zu lassen.«

○ Seien Sie ehrlich dankbar dafür, daß Ihre Gesundheit so gut ist, wie sie ist. Ein altes Wort lautet: »Ich tat mir selber leid, weil ich löchrige Schuhe trug, bis mir ein Mann begegnete, der keine Füße hatte.« Statt zu klagen, weil Sie sich »nicht wohl fühlen«, sollten Sie lieber froh sein, daß Sie einigermaßen gesund sind. Allein schon die Dankbarkeit für die Gesundheit, derer Sie sich erfreuen, ist eine starke Impfung gegen neue Wehwehchen, Schmerzen und wirkliche Krankheiten.

○ Erinnern Sie sich oft daran, daß es besser ist, sich zu verbrauchen als zu verrosten. Das Leben ist dazu da, daß Sie es genießen. Vergeuden Sie es nicht. Versäumen Sie nicht zu leben!

»Man muß gescheit sein, um Erfolg zu haben!«

Die Verstandes-Ausfluchtitis ist ungeheuer verbreitet, tatsächlich sind fast fünfundneunzig Prozent der Menschen in unserer Umgebung mehr oder weniger davon befallen. Anders als bei anderen Arten der Ausfluchtitis leiden hier die Opfer stumm. Kaum jemand gibt offen zu, daß es ihm an Verstand mangelt.

Bezüglich des Verstandes machen die meisten von uns zwei grundlegende Fehler: Erstens unterschätzen sie ihren eigenen Verstand; zweitens überschätzen sie den Verstand der anderen.

Der gravierendste Fehler ist jedoch der, daß viele Verstand mit Wissen gleichsetzen.

Wegen dieses Fehlers verkaufen sich viele Menschen unter Wert. Sie werden mit herausfordernden Situationen nicht fertig, weil man »dazu Verstand braucht«.

Wichtig ist nicht Ihr Wissen, sondern die Art, wie Sie Ihren Verstand nutzen. Das Bewußtsein, das Ihren Verstand steuert, ist entscheidend! Um es ganz klar zu betonen: *Ihre geistige Beweglichkeit ist wichtiger als Ihr Wissen!*

Die Frage vieler Eltern, ob ihr Kind Wissenschaftler werden solle, beantwortete einer der namhaftesten amerikanischen Physiker so: »Ein Kind braucht kein großes Wissen, um ein erfolgreicher Wissenschaftler zu werden, und auch kein Wundergedächtnis. Auch ist es nicht nötig, daß es in der Schule sehr gute Noten hat. Der einzig entscheidende Punkt ist, daß das Kind großes Interesse an der Wissenschaft hat.«

Interesse und Begeisterung sind also sogar in der Wissenschaft ausschlaggebende Faktoren!

Mit einer positiven, optimistischen, kooperativen Einstellung wird ein Mensch mehr Geld verdienen, sich mehr Achtung verschaffen und erfolgreicher sein als ein negativer, pessimistischer, nicht zur Zusammenarbeit bereiter Mensch, dessen Wissen bedeutend höher anzusetzen ist als das des Erstgenannten.

Geistige Beweglichkeit ist wichtig

Bei einer Wiedersehensfeier traf ich einen ehemaligen Studienkollegen, den ich seit zehn Jahren nicht mehr gesehen hatte. Chuck war ein glänzender Student gewesen und hatte das College mit Auszeichnung abgeschlossen. Er hatte damals die Absicht gehabt, im Westen Nebraskas ein eigenes Geschäft zu eröffnen.

Ich fragte Chuck, in welchen Geschäftszweig er nun eigentlich eingestiegen sei.

»Weißt du«, bekannte er, »ich habe gar kein eigenes Geschäft. Vor einem Jahr hätte ich das niemandem verraten, aber jetzt bin ich soweit, daß ich darüber reden kann. Wenn ich heute auf meine College-Ausbildung zurückschaue, erkenne ich, daß ich zum Experten für Begründungen wurde, warum ein Geschäft keinen Sinn hat. Ich wurde über alle nur denkbaren Fallstricke unterrichtet, über jeden Grund, warum ein kleines Geschäft kaputtgehen *muß*: ›Man braucht ein gutes Kapitalpolster. Man muß darauf achten, daß der Konjunkturrhythmus stimmt. Herrscht auch wirklich lebhafte Nachfrage nach dem, was angeboten werden soll? Ist die ortsansässige Industrie stabil?‹ Darüber hinaus gibt es noch tausend andere Dinge, die man beachten muß.

Das schmerzlichste für mich ist, daß einige meiner Schulfreunde aus der Kindheit, die nie ein College besucht haben, jetzt erfolgreiche Geschäftsleute sind. Aber ich, ich komme grade so durch – als Rechnungsprüfer für Frachtsendungen. Hätte man mir damals Argumente dafür geliefert, daß ein kleines Geschäft zum

Erfolg geführt werden *kann*, wäre ich heute in jeder Hinsicht besser dran.« Chucks geistige Unbeweglichkeit hinderte ihn also daran, sein Wissen richtig einzusetzen!

Wissen ist nicht entscheidend …

Warum scheitern manche Leute, die über ein sehr großes Wissen verfügen? Ich bin seit Jahren mit einem Mann eng befreundet, der als Genie gilt, ein hochentwickeltes abstraktes Erkenntnisvermögen hat und sogar einer Vereinigung von wissenschaftlich hervorragenden Akademikern angehört. Trotz seines Wissens gehört er zu den erfolglosesten Menschen, die ich kenne: Er hat eine untergeordnete Stellung (weil er Verantwortung scheut); er hat nicht geheiratet (weil viele Ehen mit einer Scheidung enden); er hat kaum Freunde (weil ihn Menschen langweilen); er hat nie in Immobilien oder etwas anderes investiert (weil man dabei sein Geld verlieren kann). Dieser Mann benutzt sein Superhirn dazu, sich zu beweisen, daß bestimmte Dinge nicht funktionieren können, anstatt sein Wissen für die Suche nach Wegen zum Erfolg einzusetzen.

Das Superhirn dieses Mannes wird von einem negativen Denken gesteuert, und aus diesem Grunde ist er auch so erfolglos. Bei einer veränderten Haltung könnte er Großes bewerkstelligen. Er hat das Wissen, um phantastische Erfolge zu erringen, aber er setzt dieses Wissen nicht um.

Rufen Sie sich immer wieder ins Gedächtnis, daß Ihre geistige Beweglichkeit viel wichtiger ist als das Ausmaß Ihres Wissens. Auch ein Doktortitel kann an diesem grundlegenden Erfolgsprinzip nichts ändern!

Vor einigen Jahren freundete ich mich mit Phil an, einem der leitenden Männer einer großen Werbeagentur. Phil war Direktor für Marktforschung und leistete ausgezeichnete Arbeit.

War Phil ein »Superhirn«? Weit gefehlt! Er verstand so gut wie gar nichts von Forschungstechnik und so gut wie gar nichts von Statistik. Und im Gegensatz zu den Leuten, die für ihn arbeiteten, hatte er nie ein College besucht. Was also befähigte Phil, dreißigtausend Dollar im Jahr zu verdienen, während keiner seiner Untergebenen auch nur zehntausend bekam?

Phil war ein »Menschen-Ingenieur«. Er war hundertprozentig positiv eingestellt. Er konnte andere aufmuntern, wenn sie deprimiert waren. Er arbeitete begeistert und weckte in anderen Begeisterung. Nicht Phils Wissen, sondern seine geistige Beweglichkeit machte ihn für seine Firma dreimal wertvoller als jemand mit einem höheren Intelligenzquotienten.

Von einhundert jungen Menschen, die ein Studium anfangen, halten weniger als fünfzig bis zum Ende durch und machen ihren Abschluß. Weil mich der Grund interessierte, bat ich den Zulassungsdirektor einer großen Universität um eine Erklärung.

»Der Grund liegt nicht in mangelndem Wissen«, sagte er. »Wir lassen keine Studenten zu, die nicht über entsprechende Fähigkeiten verfügen. Der wirkliche Grund liegt in der Einstellung. Es würde Sie überraschen, wie viele junge Menschen weggehen, weil sie ihre Professoren, die Themen, mit denen sie sich befassen müssen, oder ihre Kommilitonen nicht mögen.«

Vor einiger Zeit untersuchte ich für eine Versicherungsgesellschaft, warum das erfolgreichste Viertel der Vertreter mehr als drei Viertel aller Versicherungsabschlüsse tätigte, das schwächste Viertel der Vertreter dagegen nur fünf Prozent.

Das gründliche Studium unzähliger Personalakten erwies zweifelsfrei, daß sich die Unterschiede im Verkaufserfolg nicht mit besserer oder schlechterer Bildung erklären ließen. Es kristallisierte sich heraus, daß der Unterschied zwischen den Erfolgreichsten und den Erfolglosen einzig in der Haltung lag, in der Gedankensteuerung. Die Vertreter der Spitzengruppe machten sich weniger Sorgen, waren mit mehr Begeisterung bei der Sache und liebten den Umgang mit Menschen.

Wir können nicht viel tun, um das Maß unserer angeborenen Fähigkeiten zu ändern, *aber wir können die Art ändern, in der wir dieses Maß nutzen.*

... aber Wissen kann Macht bedeuten

Ein bekanntes Sprichwort heißt: *Wissen ist Macht.* Das stimmt jedoch nur zur Hälfte. Wissen ist lediglich *mögliche* Macht. Wissen ist einzig dann Macht, wenn Sie es nutzen, und zwar nur, wenn Sie es *konstruktiv* nutzen.

Albert Einstein wurde einmal gefragt, wieviel Fuß eine Meile habe. Einsteins Antwort lautete: »Ich weiß es nicht. Warum soll ich mein Gehirn mit Fakten vollstopfen, die ich binnen zwei Minuten in jedem normalen Nachschlagewerk finde?«

Einstein erteilt uns hier eine große Lektion. Nach seiner Ansicht ist es wichtiger, den Verstand zum *Denken* zu benutzen, als ihn zu einem Faktenspeicher zu degradieren.

Was ist ein wandelnder Faktenspeicher wert? Vor kurzem verbrachte ich einen höchst interessanten Abend bei einem Freund, der Direktor eines jungen, rasch wachsenden Fertigungsbetriebes ist. Zufällig lief im Fernseher eine der beliebtesten Quizsendungen. Der Kandidat hielt sich schon seit Wochen in der Show, denn er vermochte Fragen zu allen möglichen und unmöglichen Themenkreisen zu beantworten.

Nach einiger Zeit fragte mich mein Gastgeber: »Was meinst du, wieviel ich dem Burschen bezahlen würde, damit er für mich arbeitet?«

»Wieviel?« erkundigte ich mich.

»Keinen Cent mehr als dreihundert Dollar – nicht wöchentlich, nicht monatlich, sondern ein einziges Mal bis ans Lebensende. Ich habe ihn genau taxiert. Dieser ›Experte‹ kann nicht denken, sondern nur auswendig lernen. Er ist lediglich ein menschliches Lexikon, und ich glaube, daß ich für dreihundert Dollar ein ziemlich gutes Konversationslexikon bekomme – wenn es das überhaupt kostet. Neunzig Prozent dessen, was der Bursche weiß, finde ich in einem Almanach für zwei Dollar.

Ich will Leute um mich haben, die Probleme lösen können, die Ideen haben, Menschen, die Träume haben und ihre Träume dann in die Praxis umsetzen. Ein Ideenmensch kann bei mir Geld verdienen, nicht aber ein Faktenmensch.«

Drei einfache Wege zur Heilung von Verstandes-Ausfluchtitis

○ Unterschätzen Sie nie Ihren eigenen Verstand, und überschätzen Sie nie den Verstand anderer. Da *jeder* Mensch, ganz abgesehen von dem Grad seines Wissens, gute Anlagen aufweist und auf gewissen Gebieten mit beachtenswertem Talent gesegnet ist, gilt es, diese positiven Wesensmerkmale zu entdecken, um sie dann zu entwickeln und sie zu seinem Kapital werden zu lassen. Steuern Sie also Ihr Denken, indem Sie Ihren Verstand für sich arbeiten lassen!

○ Sagen Sie sich mehrmals täglich: »Meine Einstellung ist wichtiger als mein Wissen.« Bemühen Sie sich bei der Arbeit und zu Hause um eine positive Haltung. Suchen Sie nach Gründen, warum Sie etwas schaffen können, und nicht nach Gründen, warum Sie dieses oder jenes nicht schaffen können. Gewöhnen Sie sich eine Siegerhaltung an. Setzen Sie Ihren Verstand in schöpferischer, positiver Weise ein!

○ Machen Sie sich immer wieder klar, daß die Denkfähigkeit wertvoller ist als die Fähigkeit, sich Fakten einzuprägen. Lassen Sie Ihren Geist als Ideenschöpfer arbeiten, als Erfinder neuer und besserer Möglichkeiten, bestimmte Dinge zu tun!

»Es hat keinen Sinn, ich bin zu alt (oder zu jung)!«

Alters-Ausfluchtitis, die Versagenskrankheit des niemals richtigen Alters, tritt in zwei leicht erkennbaren Formen auf. Häufig heißt es: »Ich bin zu alt.« Aber man hört auch manchmal: »Ich bin zu jung.«

Bestimmt sind Sie schon oft Menschen begegnet, die ihre mittelmäßigen Leistungen etwa so entschuldigen: »Ich bin einfach zu alt, um hier einzusteigen. Mein Alter ist mein Handikap!« Aber auch Bemerkungen wie die folgende sind alltäglich: »Ich bin zu jung, um eine solche Verantwortung zu übernehmen.«

Es ist erstaunlich, wie viele Menschen das Gefühl haben, daß gerade ihr Alter sie daran hindert, bestimmte Vorstellungen zu verwirklichen. Das ist ein Unglück, denn die Altersausflucht verschließt Tausenden von Menschen die Tür zu echten Chancen: Weil sie glauben, nicht das richtige Alter zu haben, versuchen sie erst gar nicht, Chancen wahrzunehmen.

Die erste Variante ist die häufigere Form der Alters-Ausfluchtitis. Diese Krankheit verbreitet sich auf fast unmerkliche Weise. Es gibt Fälle, in denen ein Manager wegen einer Fusion seinen Posten verloren hat und keinen neuen findet, weil er »zu alt« ist. Der Manager sucht monatelang nach einer neuen Stellung, findet keine und kommt schließlich zu der Überzeugung, daß es eigentlich ganz angenehm sein kann, auf dem Abstellgleis zu stehen. Und Bemerkungen wie: »Jetzt habe ich endlich Zeit, meinen Hobbys nachzugehen« bestätigen oft seine neue Einstellung.

Ein halbes Jahrhundert Produktivität

Alters-Ausfluchtitis kann geheilt werden. Vor ein paar Jahren, als ich einen Verkaufslehrgang abhielt, entdeckte ich ein gutes Serum, das diese Krankheit mit einem Male heilen kann.

An dem Kurs nahm ein vierzigjähriger Mann namens Cecil teil, der beruflich umsteigen und einen Vertreterposten übernehmen wollte, sich dafür aber zu alt fühlte. »Schließlich«, meinte er, »muß ich ganz von vorn anfangen, und für so was ist man mit vierzig schon zu alt.«

Ich sprach mehrmals mit ihm über sein »Altersproblem« und verabreichte ihm die alte Medizin: »Man ist so alt, wie man sich fühlt.« Doch sie wirkte nicht (meist erwidern die Menschen: »Ich fühle mich aber tatsächlich alt!«).

Schließlich fand ich ein wirksames Mittel und wandte es an. Ich fragte ihn: »Cecil, wann beginnt das produktive Leben eines Menschen?«

Er überlegte ein paar Sekunden, dann antwortete er: »Oh, etwa mit zwanzig, denke ich.«

»Gut«, sagte ich, »und wann endet das produktive Leben eines Menschen?«

Cecil antwortete: »Hm, wenn er fit bleibt und seine Arbeit mag, kann er mit siebzig oder so noch recht nützlich sein.«

»Gut«, entgegnete ich. »Viele Leute sind zwar auch nach dem siebzigsten Lebensjahr noch sehr produktiv, aber gehen wir einmal davon aus, daß die produktiven Jahre des Menschen von zwanzig bis siebzig reichen, wie Sie eben sagten. Das sind also fünfzig Jahre oder ein halbes Jahrhundert. Sie, Cecil, sind vierzig. Wie viele Jahre Ihres produktiven Lebens haben Sie hinter sich?«

»Zwanzig«, antwortete er.

»Und wie viele haben Sie demnach noch vor sich?«

»Dreißig«, sagte er.

»Mit anderen Worten: Sie haben noch nicht einmal die Halbzeit erreicht, sondern erst vierzig Prozent Ihrer produktiven Jahre aufgebraucht.«

Man sah Cecil an, daß er jetzt begriffen hatte. Er war schlagartig von seiner Krankheit geheilt, denn ihm war bewußt geworden, daß ihm noch viele chancenreiche Jahre blieben. Künftig dachte er nicht mehr: »Ich bin zu alt«, sondern: »Ich bin noch jung.« Cecil hatte erkannt, daß es nicht wichtig ist, wie alt wir sind!

Wie ein Bankangestellter Geistlicher und ein Aktienmakler College-Professor wurde

Die Heilung von Alters-Ausfluchtitis öffnet Ihnen oft Türen, die Sie fest verschlossen wähnen. Ein Verwandter von mir arbeitete jahrelang in den verschiedensten Berufen – als Verkäufer, selbständiger Geschäftsmann und zuletzt als Bankangestellter –, doch nirgends fand er, was er wirklich suchte. Schließlich erkannte er, daß er sich zum Geistlichen berufen fühlte. Allerdings meinte er, dafür schon zu alt zu sein. Immerhin war er bereits fünfundvierzig; außerdem hatte er drei kleine Kinder und verfügte nicht gerade über ansehnliche finanzielle Mittel.

Doch er nahm seine ganzen Kräfte zusammen und sagte sich: »Ob fünfundvierzig oder nicht, ich werde Geistlicher.«

Und mit dem Glauben an sich und dem festen Willen, seine Vorstellung zu verwirklichen, begann er ein fünfjähriges Theologiestudium in Wisconsin. Danach wurde er zum Priester geweiht und übernahm eine Pfarrei in Illinois.

Ist er alt? Natürlich nicht. Er hat noch zwanzig Prozent seines produktiven Lebens vor sich. Ich sprach erst unlängst mit ihm, und er sagte zu mir: »Weißt du, hätte ich nicht mit fünfundvierzig diesen großen Entschluß gefaßt, würde ich den Rest meines Lebens damit verbracht haben, einfach alt und bitter zu werden. Jetzt aber fühle ich mich nicht älter als vor fünfundzwanzig Jahren.«

Er sah auch nicht älter aus. Wenn man die Alters-Ausfluchtitis überwindet, erlangt man ganz natürlich den Optimismus der Jugend. *Wer die Angst vor altersbedingten Einschränkungen ablegt, gewinnt Jahre des Lebens und der Erfolge.*

Ein ehemaliger Studienkollege liefert ebenfalls ein interessantes

Beispiel für die Überwindung der Alters-Ausfluchtitis. Bill war nach dem Universitätsabschluß vierundzwanzig Jahre als Aktienmakler tätig gewesen und hatte in dieser Zeit ein kleines Vermögen verdient. Plötzlich aber hatte er den Entschluß gefaßt, College-Professor zu werden. Bills Freunde hatten warnend gesagt, er werde sich bei dem intensiven Studium, das ihm bevorstehe, todsicher überfordern. Doch Bill war entschlossen gewesen, sein Ziel zu erreichen, und hatte sich an der Universität von Illinois immatrikuliert – mit einundfünfzig Jahren. Vier Jahre später hatte er seinen akademischen Grad erlangt. Heute ist Bill Vorsteher der volkswirtschaftlichen Abteilung eines angesehenen Colleges. Und er ist glücklich. Lächelnd sagt er: »Ich habe noch fast ein Drittel meiner guten, produktiven Jahre vor mir.«

Es ist eine Versagenskrankheit, sich »zu alt« zu wähnen. Überwinden Sie diese Krankheit, indem Sie sich durch Ihr Alter von nichts abhalten lassen.

Das Problem eines Dreiundzwanzigjährigen

Auch die andere Variante der Alters-Ausfluchtitis richtet viel Schaden an. Etwa vor einem Jahr kam ein dreiundzwanzigjähriger Mann namens Jerry mit einem Problem zu mir. Er hatte seinen Militärdienst als Fallschirmjäger abgeleistet und danach ein College absolviert. Da er verheiratet war und ein Kind hatte, war er während seiner Studienzeit aus finanziellen Gründen gezwungen gewesen, als Vertreter für eine große Transport- und Lagerfirma zu arbeiten. Er hatte im College wie in seiner Firma großartige Arbeit geleistet.

Jerry wirkte besorgt. »Herr Doktor Schwartz«, sagte er, »ich habe ein Problem. Meine Firma hat mir den Posten des Verkaufsleiters angeboten. Das würde mich zum Chef von acht Vertretern machen.«

»Gratuliere, das ist eine wunderbare Neuigkeit«, entgegnete ich, »aber Sie scheinen sich deswegen Sorgen zu machen.«

»Wissen Sie«, erklärte Jerry, »alle acht Männer, deren Chef ich werden soll, sind viel älter als ich, und zwar sind sie zwischen sieben und einundzwanzig Jahre älter. Was soll ich nach Ihrer Ansicht tun? Kann ich einen solchen Posten ausfüllen?«

»Jerry«, antwortete ich, »der Generaldirektor Ihrer Firma hält Sie offensichtlich für alt genug, sonst hätte er Ihnen die Stellung nicht angeboten. Beherzigen Sie einfach drei Dinge, dann wird alles glattgehen.

Erstens: Denken Sie nicht an Ihr Alter. Auf einer Farm wurde früher ein Junge zum Mann, wenn er bewies, daß er die Arbeit eines Mannes leisten konnte. Sein Alter hatte damit nichts zu tun. Und das gilt auch für Sie. Wenn Sie beweisen, daß Sie den Posten eines Verkaufsleiters ausfüllen können, sind Sie automatisch alt genug dafür.

Zweitens: Nutzen Sie Ihren neuen Rang nicht aus. Begegnen Sie den Vertretern mit Achtung. Bitten Sie sie um Vorschläge. Dann geben Sie Ihren Leuten das Gefühl, für einen Mannschaftskapitän und nicht für einen Machthaber zu arbeiten. Wenn Sie dies tun, werden Ihre Leute für Sie und nicht gegen Sie arbeiten.

Drittens: Gewöhnen Sie sich daran, daß ältere Menschen für Sie arbeiten. Führungskräfte auf allen Gebieten erleben es, daß sie jünger sind als ihre Untergebenen. Also gewöhnen Sie sich an ältere Mitarbeiter. Das wird Ihnen bei größeren zukünftigen Aufgaben, die Ihnen im Laufe der Zeit bestimmt gestellt werden, zugute kommen.

Und denken Sie daran, Jerry: Ihr Alter ist kein Hindernis, wenn Sie es nicht zu einem machen.«

Heute kommt Jerry glänzend zurecht. Er liebt das Transportgeschäft und hat die Absicht, in ein paar Jahren ein eigenes Unternehmen zu gründen.

Jugend ist kein Nachteil, auch wenn man oft hört, daß für bestimmte Berufe, beispielsweise für Versicherungsvertreter oder Anlageberater, nur Menschen mit beträchtlicher »menschlicher Reife« geeignet seien. Es ist jedoch blanker Unsinn, daß man ein bestimmtes Alter haben muß, um das Vertrauen von Kapitalanlegern zu gewinnen. In Wirklichkeit kommt es nur darauf an, wie gut Sie Ihre Arbeit beherrschen. Wenn Sie Ihr Metier verstehen und Menschenkenntnis haben, sind Sie reif genug für einen solchen Beruf. Das Alter steht in keiner echten Relation zum Können. Reden Sie sich also nicht ein, daß nur die Jahre Ihnen das Rüstzeug geben, das Sie brauchen, um sich durchzusetzen.

Drei Heilmittel gegen Alters-Ausfluchtitis

○ Stehen Sie Ihrem augenblicklichen Alter positiv gegenüber. Sie sind niemals »zu alt«, sondern »jung genug«, um eine Aufgabe meistern zu können. Gewöhnen Sie sich an, nach neuen Horizonten Ausschau zu halten, die Begeisterung der Jugend aufzubringen und sich jung zu fühlen.

○ Rechnen Sie aus, wie viele produktive Jahre Sie noch vor sich haben. Denken Sie daran, ein Dreißigjähriger hat noch achtzig Prozent seines produktiven Lebens vor sich und ein Fünfzigjähriger immer noch vierzig Prozent – die besten vierzig Prozent seiner »fruchtbaren« Jahre. Das Leben ist länger, als die meisten Menschen meinen!

○ Verwenden Sie künftig Ihre Zeit auf das, was Sie wirklich tun wollen. Zu spät ist es für etwas erst, *wenn Sie denken,* daß es zu spät ist. Hören Sie auf, sich zu sagen: »Ich hätte vor Jahren damit anfangen sollen.« Das ist Versagensdenken. Sagen Sie sich stattdessen: »Ich werde jetzt damit anfangen, ich habe die besten Jahre noch vor mir.« *So und nicht anders denken Erfolgsmenschen!*

»Mein Fall liegt anders, ich ziehe das Unglück an!«

Es vergeht kaum ein Tag, ohne daß ein Mensch aus unserer Umgebung erklärt, er sei ein Pechvogel und habe einfach »kein Glück«. Und nicht weniger selten geschieht es, daß jemand die Erfolge eines anderen dem »Glück« zuschreibt.

Lassen Sie mich veranschaulichen, wie Menschen der Glück-Ausfluchtitis zum Opfer fallen. Vor einiger Zeit aß ich mit drei jüngeren leitenden Angestellten zu Mittag. Das Gespräch drehte sich um George, der aus ihrer Vierergruppe ausgewählt und befördert worden war.

Warum hatte gerade George die einflußreiche Stellung bekommen? Die drei Männer brachten Gründe aller Art vor: Beziehungen, Kriecherei, Georges Frau, die angeblich den Chef umschmeichelt hatte, vor allen Dingen eine gehörige Portion Glück, alles, nur nicht die Wahrheit. Tatsächlich war George einfach besser qualifiziert. Er brachte eine bessere Leistung, arbeitete mehr und war auch vom Wesen her effektiver.

Erfolg hat mit Glück nichts zu tun

Vor noch nicht allzu langer Zeit sprach ich mit dem Verkaufsleiter einer Werkzeugmaschinenfabrik über das Problem der Glück-Ausfluchtitis. Er geriet richtig in Erregung und schilderte mir daraufhin den nachfolgenden Fall.

»Ich habe diese Bezeichnung für das Problem noch nie gehört«, sagte er, »aber für jeden Verkaufsleiter ist das, wovon Sie reden, eines der schwierigsten Probleme, mit denen er sich herumschlagen muß. Erst gestern erlebte ich in meiner eigenen Firma hierfür ein vollkommenes Beispiel.

Einer meiner Vertreter erschien nachmittags um vier mit einem Auftrag für Werkzeugmaschinen im Wert von hundertzwölftausend Dollar. Ein anderer Vertreter, der so wenige Abschlüsse tätigt, daß er für uns zum Problem wird, war gerade in meinem Büro. Als John die gute Neuigkeit verkündet hatte, gratulierte ihm der andere ziemlich neidisch und sagte dann: ›Da haben Sie ja wieder mal Glück gehabt, John!‹

Dieser schlechte Vertreter will einfach nicht einsehen, daß Johns großer Auftrag nichts mit Glück zu tun hat. John bemühte sich monatelang um den Kunden. Er hatte wiederholt mit mehreren einflußreichen Leuten der betreffenden Firma gesprochen, hatte nächtelang wachgelegen und sich überlegt, was das beste für den Kunden sei, und dann von unseren Konstrukteuren Entwürfe für die Maschinen zeichnen lassen. John hatte nicht ›Glück gehabt‹ – oder bezeichnet man gründlich geplante und geduldig durchgeführte Arbeit neuerdings als Glück?«

Nehmen Sie einmal an, der Großkonzern General Motors werde umorganisiert, und zwar mit Hilfe des Glücks. Wie sähe eine Umorganisation bei General Motors auf Glücksbasis in der Praxis aus? Die Namen aller Beschäftigten würden auf Zettel geschrieben und die Zettel in ein Faß gegeben. Derjenige, dessen Name als erster gezogen würde, wäre Generaldirektor, der zweite sein Stellvertreter und so fort. Diese Praxis klingt töricht, nicht wahr? Aber genauso würde das Glück »funktionieren«.

Menschen, die Spitzenpositionen – in welchem Bereich auch immer – bekleiden, haben diese durch das Umsetzen ihrer Ideen und durch harte Arbeit – auch an sich selbst – und nicht etwa durch Glück erreicht.

Überwinden Sie die Glück-Ausfluchtitis durch zwei Schritte

Schauen Sie sich das, was bei einem anderen als Glück erscheint, genau an, und Sie werden feststellen, daß nicht Glück, sondern Überlegung, Planung und erfolgbringendes Denken seinem »Glück« vorausgingen. Auch wenn der Erfolgreiche einen Rückschlag erleidet, also »Pech« hat, so lernt er daraus und profitiert davon.

Geben Sie sich keinem Wunschdenken hin. Verschwenden Sie Ihre geistig-seelische Energie nicht darauf, von einem mühelosen Weg zum Erfolg zu träumen. Wir werden nicht einfach durch Glück erfolgreich. Erfolg stellt sich ein, wenn man jene Dinge tut und jene Prinzipien beherrscht, die Erfolg produzieren. Bauen Sie nicht auf das Glück, sondern konzentrieren Sie sich vielmehr darauf, in sich selbst jene Eigenschaften zu entwickeln, die Sie zum Gewinner machen. Denn: »Jeder ist seines Glückes Schmied.«

Kapitel 3

Bauen Sie Selbstvertrauen auf und streifen Sie alle Angst ab

Angst ist etwas sehr Wirkliches

Wohlmeinende Freunde sagen zu einem von Angst beherrschten Menschen oft: »Du bildest dir das nur ein. Mach dir keine Sorgen. Es gibt nichts, wovor du Angst haben müßtest.«

Doch diese in bester Absicht verabreichte »Angstmedizin« wirkt nicht nachhaltig. Solch besänftigende Bemerkungen lindern unsere Angst für ein paar Minuten oder vielleicht sogar für ein paar Stunden. Aber die Behandlungsformel, man leide nur an Einbildung, bringt keine Heilung.

Angst ist etwas sehr Wirkliches. Und bevor wir sie besiegen können, müssen wir erst einmal erkennen, daß sie tatsächlich existiert.

Heutzutage ist die Angst vorwiegend psychischer Natur. Besorgnis, Angespanntheit, Verwirrung, Panik, alle diese Formen der Angst erwachsen aus einer fehlgeleiteten, negativen Vorstellungskraft. Die Kenntnis der Ursache allein heilt jedoch noch nicht von der Angst. Ein Arzt begnügt sich nicht damit, in irgendeinem Teil Ihres Körpers eine Infektion zu diagnostizieren, sondern er leitet sofort eine Heilbehandlung ein. Das muß auch bei der Angst geschehen.

Die alte Behandlungsformel: »Du bildest dir das nur ein« geht davon aus, daß es die Angst gar nicht gibt. Doch sie *existiert;* sie ist, wie bereits gesagt, etwas sehr Wirkliches. Angst ist der größte Feind des Erfolgs. Angst hindert die Menschen daran, Möglichkeiten zu nutzen; Angst höhlt die körperliche Vitalität aus; Angst macht die Menschen buchstäblich krank; sie verursacht organische Leiden und verkürzt das Leben; Angst verschließt Ihnen den Mund, wenn Sie sprechen wollen.

Angst – Unsicherheit, mangelndes Vertrauen – ist die Erklärung dafür, daß wir noch immer wirtschaftliche Rezessionen haben. Sie erklärt, warum Millionen Menschen so gut wie nichts vollbringen und sich nur weniger Dinge erfreuen können.

Die Angst ist eine mächtige Kraft. Sie unterbindet auf die eine oder andere Weise, daß Menschen bekommen, was sie sich vom Leben wünschen.

Angst in allen Formen und Stärken ist eine psychische Infektion. Glücklicherweise können wir geistig-seelische Infektionen genauso heilen wie körperliche – nämlich durch entsprechende Behandlung.

Als Vorbereitung auf die Behandlung sollten Sie sich zunächst einmal einprägen, daß Selbstvertrauen immer erworben und entwickelt werden muß. Niemand kommt mit Selbstvertrauen auf die Welt. Jene Menschen, die Selbstsicherheit ausstrahlen, frei von Furcht sind und sich überall zurechtfinden, haben ihr Selbstvertrauen nach und nach erworben.

Auch Sie können Selbstvertrauen erwerben. Dieses Kapitel zeigt Ihnen, wie man das macht.

Aktion heilt von Angst

Vor mehreren Monaten kam ein Mann zu mir, der sehr besorgt wirkte. Er war etwa Anfang Vierzig und hatte einen verantwortungsvollen Posten als Chefeinkäufer in einem großen Einzelhandelsunternehmen inne.

Nervös erklärte er: »Ich fürchte, daß ich meine Stellung verlieren werde. Ich habe das Gefühl, daß meine Tage in der Firma gezählt sind.«

»Warum?« fragte ich.

»Einiges spricht gegen mich. Die Verkaufszahlen in meiner Abteilung liegen um sieben Prozent unter denen vom vorigen Jahr. Das ist schlimm, vor allem weil der Gesamtumsatz sechs Prozent höher ist als letztes Jahr. Ich habe in letzter Zeit einige unkluge Entscheidungen getroffen und bin vom Firmenchef schon mehrmals gerügt worden, weil ich mit der Expansion der Firma nicht Schritt gehalten habe.

Ich habe mich noch nie so mies gefühlt«, bekannte er. »Mir gleiten die Dinge aus der Hand, und das merkt man. Meine

Untereinkäufer spüren das und meine Verkäufer auch. Inzwischen sind andere Abteilungsleiter dahintergekommen, daß ich ›schwimme‹. Einer meiner ›lieben‹ Kollegen hat neulich bei einer Besprechung aller Chefeinkäufer vorgeschlagen, daß ein Teil meines Sortiments von seiner Abteilung übernommen werden solle, wo es, wie er sich ausdrückte, ›dem Unternehmen Geld einbringen werde‹. Das ist, als sei man dem Ertrinken nahe. Ich spüre, wie eine Zuschauerschar nur dasteht und darauf wartet, daß ich endgültig untergehe.«

Ich unterbrach ihn: »Was unternehmen Sie dagegen, was tun Sie, um eine Änderung herbeizuführen?«

»Ich fürchte«, antwortete er, »daß ich nicht viel tun kann. Ich kann nur das Beste hoffen.«

Auf diese Äußerung entgegnete ich: »Sagen Sie ehrlich, ist ›hoffen‹ genug? Warum wollen Sie Ihrer Hoffnung nicht durch Taten ein Fundament geben?«

»Sprechen Sie weiter«, bat er.

»In Ihrer Situation scheinen zwei Schritte angebracht. Erstens sollten Sie noch heute nachmittag anfangen, Ihren Umsatz zu steigern. Eines steht doch fest: Für das Absinken Ihrer Verkaufsziffern gibt es einen Grund. Suchen Sie ihn. Vielleicht müssen Sie einen Sonderverkauf veranstalten, um Ihre ›Ladenhüter‹ loszuschlagen und neue Ware kaufen zu können. Vielleicht sollten Sie Ihre Artikel attraktiver ausstellen. Vielleicht ist größere Begeisterung Ihres Verkaufspersonals notwendig. Ich kann natürlich nicht sagen, was den Umsatz steigert, aber irgend etwas wird ihn steigern. Und vermutlich wäre es klug, ein vertrauliches Gespräch mit Ihrem Chef zu führen. Er erwägt vielleicht, Sie zu entlassen, aber wenn Sie mit ihm reden und ihn um Rat bitten, läßt er Ihnen bestimmt etwas Zeit, um Abhilfe zu schaffen. Es wäre zu teuer, Sie zu entlassen, solange die Firmenleitung das Gefühl hat, daß Sie eine Lösung finden werden.«

Ich sah ihn aufmunternd an und fuhr fort: »Bringen Sie Ihre Untereinkäufer auf Trab. Hören Sie auf, sich wie ein Ertrinkender zu benehmen. Zeigen Sie den Leuten in Ihrer Umgebung, daß Sie noch leben.«

In seinem Blick war zu lesen, daß er Mut faßte. Er fragte: »Sie sprachen von zwei Schritten, welcher ist der zweite?«

»Zweitens sollten Sie, als eine Art Versicherungspolice, einige

Ihrer engsten Geschäftsfreunde in der Branche wissen lassen, daß Sie einem Wechsel nicht abgeneigt wären, vorausgesetzt man bietet Ihnen mehr, als Sie in Ihrer augenblicklichen Stellung bekommen.

Ich glaube nicht, daß Ihre Stellung gefährdet ist, wenn Sie positive Schritte unternehmen, um Ihren Umsatz zu steigern. Doch falls Gefahr bestehen sollte, ist es gut, ein oder zwei Angebote vorliegen zu haben. Denken Sie daran, daß es für einen ungekündigten Angestellten zehnmal leichter ist, eine neue Stellung zu finden, als für einen arbeitslosen.«

Nach einiger Zeit rief mich der Einkäufer an.

»Nach dem Gespräch mit Ihnen«, sagte er, »habe ich mich an die Arbeit gemacht. Ich habe eine Reihe Veränderungen vorgenommen, die wichtigste betrifft mein Verkaufspersonal. Früher hatte ich einmal wöchentlich eine Verkaufsbesprechung abgehalten, jetzt findet jeden Morgen eine statt. Ich habe bei meinen Leuten echte Begeisterung geweckt. Seit sie in mir wieder Leben sehen, sind sie offenbar bereit, selbst auch härter anzupacken. Sie haben nur darauf gewartet, daß ich ein Signal setze. Heute läuft alles bestens. Vergangene Woche war mein Umsatz wesentlich höher als vor einem Jahr und lag weit über dem Ladendurchschnitt.«

Nach einer kurzen Pause fuhr er fort: »Übrigens, ich habe noch eine gute Nachricht. Seit unserem Gespräch erhielt ich zwei Stellenangebote. Natürlich bin ich froh darüber, aber ich habe beide abgelehnt, weil hier alles wieder gut aussieht.«

Wenn wir schwere Probleme haben, bleiben wir so lange im Sumpf stecken, bis wir aktiv werden. Hoffnung ist ein Anfang, aber zur Hoffnung muß die Tat kommen, damit wir siegen.

Wenden Sie das Aktionsprinzip an. Denn *Aktion heilt von Angst!* Bei der nächsten Anwandlung von Angst beruhigen Sie sich zuerst einmal. Dann suchen Sie eine Antwort auf die Frage: Was kann ich tun, durch welche Aktion kann ich meine Angst besiegen?

Grenzen Sie zunächst Ihre Angst ein, und unternehmen Sie dann geeignete Schritte.

Bezwingen Sie Ihre Angst

In der nachfolgenden Tabelle finden Sie häufig auftretende Angstformen und die entsprechenden Aktionen mit Heilwirkung.

Form der Angst	*Aktion*
1. Unsicherheit wegen des eigenen Aussehens	Verbessern Sie Ihr Aussehen. Eventuell ist ein Besuch beim Friseur angebracht. Sorgen Sie dafür, daß Ihre Kleidung und Ihre Schuhe sauber und gepflegt sind. Pflegen Sie sich generell besser.
2. Angst, einen wichtigen Kunden zu verlieren	Arbeiten Sie doppelt so hart, damit Sie dem Kunden bessere Dienste leisten können. Korrigieren Sie alles, was das Vertrauen des Kunden zu Ihnen beeinträchtigt haben könnte.
3. Angst, bei einer Prüfung durchzufallen	Verwenden Sie Ihre Zeit auf das Lernen statt darauf, sich Sorgen zu machen.
4. Angst vor Dingen, die außerhalb Ihrer Kontrolle liegen	Wenden Sie Ihre Aufmerksamkeit anderen Dingen zu.
5. Angst vor dem, was andere Menschen denken und sagen könnten	Stellen Sie sicher, daß das, was Sie tun wollen, richtig und anständig ist. Tun Sie es dann. Niemand tut je etwas Lohnendes, ohne deswegen kritisiert zu werden.
6. Angst, eine Investition zu tätigen.	Analysieren Sie alle Faktoren. Fassen Sie dann einen Entschluß und bleiben Sie dabei. Vertrauen Sie Ihrem Urteil.

7. Angst vor Menschen	Sehen Sie Ihre Mitmenschen im richtigen Verhältnis. Denken Sie daran, daß jeder andere auch nur ein Mensch und ziemlich ähnlich wie Sie ist.

Wenden Sie folgendes Verfahren an, um Ihre Angst zu bezwingen und Selbstvertrauen aufzubauen:

Erstens: Grenzen Sie Ihre Angst ein. Bestimmen Sie sie. Stellen Sie genau fest, wovor Sie Angst haben.

Zweitens: Schreiten Sie dann zur Tat. Gegen jede Art von Angst kann man etwas tun.

Und denken Sie daran, daß Zögern die Angst nur steigert, vergrößert. Handeln Sie sofort. Seien Sie entschlossen.

Ihre »Gedächtnisbank«

Mangelndes Selbstvertrauen kann man meist unmittelbar auf ein schlecht verwaltetes Gedächtnis zurückführen.

Ihr Verstand läßt sich gut mit einer Bank vergleichen. Jeden Tag deponieren Sie Gedanken in Ihrer »Gedächtnisbank«. Diese Gedanken sammeln sich an und bilden Ihr Gedächtnis. Wenn Sie über etwas nachdenken oder sich mit einem Problem beschäftigen, fragen Sie praktisch Ihr Gedächtnis: »Was weiß ich bereits darüber?«

Ihre Gedächtnisbank antwortet automatisch und liefert Ihnen situationskonforme Informationen, die Sie bei entsprechenden früheren Gelegenheiten in ihr deponiert haben.

Wenn Sie einmal erkannt haben, wie wichtig Ihre Gedächtnisbank für die Bewältigung Ihrer Angst und für die Etablierung Ihres Selbstvertrauens ist, sollten Sie die folgenden zwei Schritte unbedingt beachten.

Deponieren Sie nur positive Gedanken in Ihrer Gedächtnisbank

Wir wollen uns nichts vormachen: Jeder Mensch gerät in unangenehme, peinliche, entmutigende Situationen. Doch die Erfolglosen und die Erfolgreichen verhalten sich in solchen Situationen genau entgegengesetzt.

Erfolglose Menschen betonen die mißlichen Situationen zu stark, denken über sie zu oft nach und verleihen ihnen dadurch in ihrem Gedächtnis zu großes Gewicht. Sie kommen von diesen Situationen nicht mehr los und beschäftigen sich mit ihnen fast ausschließlich.

Selbstsichere, erfolgreiche Menschen lösen solche Situationen und verschwenden dann keine Gedanken mehr daran. Sie haben sich darauf spezialisiert, in ihrer Gedächtnisbank nur positive Gedanken zu deponieren.

Welche Leistung würde Ihr Wagen bringen, wenn Sie morgens vor der Abfahrt eine Handvoll Sand zusammenkratzen und ins Getriebe geben würden? Der Motor wäre bald ruiniert und könnte keine Leistung mehr erbringen. Negative, unangenehme Gedanken, die Sie in Ihrem Gedächtnis ablegen, beeinträchtigen Ihren Verstand auf gleiche Weise. Derartige Gedanken erzeugen in Ihrem geistigen Motor eine überflüssige Spannung und eine gewisse Abnützung, sie rufen Störungen in Form von Sorge, Enttäuschungen und Minderwertigkeitsgefühlen hervor und lassen Sie scheitern.

Tun Sie Folgendes: Erinnern Sie sich in Momenten, wo Sie alleine sind, an angenehme, positive Erlebnisse. Deponieren Sie gute Gedanken in Ihrer Gedächtnisbank. Das stärkt Ihr Selbstvertrauen!

Eine weitere ausgezeichnete Maßnahme ist die, unmittelbar vor dem Einschlafen gute Gedanken in der Gedächtnisbank abzulegen. Denken Sie an die Segnungen in Ihrem Leben. Zählen Sie die vielen angenehmen Dinge auf, für die Sie dankbar sein müssen: Ihren Ehepartner, Ihre Kinder, Ihre Freunde, Ihre Gesundheit, Ihre gute gesellschaftliche Stellung... Erinnern Sie sich auch an das Gute, das Sie an diesem Tag andere Menschen vollbringen sahen. Rufen Sie sich Ihre kleinen Siege und Erfolge ins Gedächtnis. Gehen Sie die Gründe durch, die Ihr Leben auch wirklich lebenswert erscheinen lassen.

Entnehmen Sie Ihrer Gedächtnisbank nur positive Gedanken

Vor mehreren Jahren arbeitete ich in Chikago eng mit einer psychologischen Beratergruppe zusammen. Die Psychologen wurden in den verschiedensten Fällen zu Rate gezogen, meist aber bei Eheproblemen und Schwierigkeiten psychischer Anpassung, also seelisch-geistigen Angelegenheiten.

Eines Nachmittags unterhielt ich mich mit dem Leiter der Gruppe über seinen Beruf und seine Techniken bei der Behandlung schlecht angepaßter oder milieugeschädigter Menschen. Er machte die Bemerkung: »Wissen Sie, meine Dienste wären überflüssig, wenn die Menschen nur eines täten.«

»Was?« fragte ich interessiert.

»Ihre negativen Gedanken vernichten, bevor sich diese zu geistig-seelischen Ungeheuern entwickeln.«

Er erklärte: »Die meisten Menschen, denen ich zu helfen versuche, schaffen sich ihr privates Horrormuseum. Hinter vielen Eheproblemen beispielsweise steht ein Erlebnis, das sich während der Flitterwochen ereignete. Die Flitterwochen waren nicht so befriedigend, wie einer oder beide Ehepartner gehofft hatten, doch statt die Erinnerung daran zu begraben, dachten sie immer wieder daran, bis die Erinnerung zum riesigen Hindernis für eine erfolgreiche eheliche Beziehung wurde. Noch fünf oder sogar zehn Jahre später kommen Menschen deswegen zu mir.

Gewöhnlich wissen meine Patienten natürlich nicht, wo ihr Problem liegt. Meine Aufgabe ist es, den Ursprung ihrer Schwierigkeiten aufzudecken und ihnen dann zu zeigen, um was für eine Trivialität es sich in Wirklichkeit handelt.

Der Mensch kann aus fast jedem unangenehmen Ereignis ein geistig-seelisches Ungeheuer machen. Eine berufliche Fehlleistung, eine geplatzte Romanze, eine falsche Investition, Enttäuschung über das Verhalten eines heranwachsenden Kindes – dies sind die häufigsten Ungeheuer, bei deren Vernichtung ich bekümmerten Menschen helfen muß.«

Es ist erwiesen, daß sich ein negativer Gedanke, wenn man ihm den Dünger häufiger Wiederholung angedeihen läßt, zu einem echten Ungeheuer entwickeln kann, das jedes Selbstvertrauen aushöhlt und ernste psychische Schwierigkeiten verursacht.

Vor kurzem brachte ein Magazin einen Artikel über den »Drang zur Selbstvernichtung«, worin die Verfasserin darauf aufmerksam macht, daß jedes Jahr mehr als dreißigtausend Amerikaner durch Selbstmord sterben und weitere hunderttausend Selbstmordversuche unternehmen. Sie fährt fort: »Es gibt schockierende Beweise, daß sich außerdem Millionen Menschen durch langsamere, weniger offensichtliche Methoden selber töten. Wieder andere begehen eher psychischen als physischen Selbstmord, sie suchen ständig nach Wegen, um sich zu erniedrigen, zu bestrafen und generell herabzuwürdigen.«

Der vorhin erwähnte Psychologe erzählte mir, wie er eine seiner Patientinnen davon abbrachte, »seelisch-geistigen Selbstmord« zu verüben. »Die Patientin«, erklärte er, »war Ende Dreißig und hatte zwei Kinder. Sie litt, laienhaft ausgedrückt, an schwerer Depression. Jedes Ereignis in ihrem Leben betrachtete sie rückschauend als unglückliches Erlebnis. Ihre Schulzeit, ihre Heirat, die Geburt der Kinder, die Orte, in denen sie gelebt hatte – alles war in der Erinnerung negativ. Sie sagte ungefragt, daß sie sich nicht erinnern könne, je wirklich glücklich gewesen zu sein. Und weil alles, woran man sich aus der Vergangenheit erinnert, das färbt, was man in der Gegenwart sieht, sah sie nichts als Pessimismus und Dunkelheit.

Auf meine Frage, was das Gemälde darstelle, das ich ihr zeigte, antwortete sie: ›Es sieht aus, als würde an dem Abend noch ein schreckliches Gewitter heraufziehen.‹ Das war die düsterste Deutung des Bildes, die ich je zu hören bekommen hatte.«

Es handelt sich um ein großes Ölgemälde mit tiefstehender Sonne und einer zerklüfteten Felsenküste. Das Gemälde ist so geschickt gemalt, daß man darin sowohl einen Sonnenaufgang als auch einen Sonnenuntergang sehen kann. Der Psychologe erklärte mir, was ein Mensch in dem Gemälde sehe, gebe Hinweise auf seine Persönlichkeit. Und ein äußerst deprimierter, geistig-seelisch gestörter Mensch sehe darin fast immer einen Sonnenuntergang.

»Als Psychologe«, so fuhr mein Gesprächspartner fort, »kann ich den Inhalt eines Gedächtnisses nicht mehr ändern. Doch wenn der Patient mit mir zusammenarbeitet, kann ich ihm helfen, die Vergangenheit in einem anderen Licht zu sehen. Auch bei der Frau wandte ich diese Behandlung an. Ich arbeitete mit ihr und versuchte zu erreichen, daß sie in ihrer Vergangenheit Freude und Erfreuliches sah statt totale Enttäuschung.

Nach sechs Monaten zeigte sich eine leichte Besserung. Ich erteilte der Frau nun einen besonderen Auftrag. Sie sollte jeden Tag drei für sie positive Begebenheiten suchen und diese dann aufschreiben. Wenn sie dann zu ihrem nächsten Termin kam, ging ich die Liste mit ihr durch. Diese Behandlung setzte ich drei Monate fort. Die Besserung war äußerst zufriedenstellend. Heute ist die Frau positiv eingestellt und bestimmt so glücklich wie die meisten Menschen.«

Als diese Frau aufhörte, ihrer Gedächtnisbank Negatives zu entnehmen, setzte die Besserung ein!

Ob ein psychisches Problem groß ist oder klein, die Heilung erfolgt, wenn der Patient lernt, seiner Gedächtnisbank statt negativer Erinnerungen nur positive zu entnehmen.

Konstruieren Sie keine geistig-seelischen Ungeheuer. Lehnen Sie es ab, unangenehme Gedanken aus Ihrer Gedächtnisbank zu holen. Wenn Sie an vergangene Situationen denken, sollten Sie sich stets auf die guten Seiten Ihrer Erlebnisse konzentrieren und die unangenehmen vergessen. *Begraben Sie schlechte Erinnerungen.* Wenn Sie sich dabei ertappen, daß Sie an Negatives denken, sollten Sie Ihre Gedanken sofort entschlossen davon abwenden.

Unangenehmes ist nicht gefragt

Eine sehr wichtige und ermutigende Erkenntnis besagt: Ihr Bewußtsein will Ihren Verstand nicht mit Unangenehmem belasten! Sofern Sie nur einigermaßen mitarbeiten, werden unerfreuliche Erinnerungen nach und nach blasser, und schließlich sind sie in Ihrer Gedächtnisbank gar nicht mehr vorhanden.

Über die Erinnerungsfähigkeit gibt es eine interessante Erkenntnis aus dem Bereich der Werbepsychologie: »Wenn das hervorgerufene Gefühl angenehm ist, hat die Werbung bessere Chancen, im Gedächtnis der Leute haftenzubleiben. Ist das hervorgerufene Gefühl unangenehm, neigt der Leser oder Hörer dazu, die Werbung zu vergessen. Das Unangenehme läuft dem zuwider, was wir uns wünschen, wir wollen uns nicht daran erinnern.«

Kurz, es ist wirklich nicht schwer, das Unangenehme zu vergessen, wenn wir einfach ablehnen, uns daran zu erinnern.

Entnehmen Sie Ihrer Gedächtnisbank nur positive Gedanken, und lassen Sie die anderen verblassen. Dann wird Ihr Selbstvertrauen, das Gefühl, in der Welt obenan zu stehen, verblüffend schnell zunehmen. Sie machen einen großen Schritt auf die Überwindung Ihrer Angst zu, wenn Sie es ablehnen, sich an negative, selbsterniedrigende Begebenheiten zu erinnern.

Wir alle sind uns ähnlich

Warum haben Menschen Angst vor anderen Menschen? Warum sind viele in Gesellschaft so verlegen oder gehemmt? Was verbirgt sich hinter Schüchternheit? Und was können wir in solchen Fällen tun?

Angst vor Menschen ist eine schwerwiegende Angst. Es gibt jedoch einen Weg, sie zu überwinden. Diese Angst verlieren Sie, wenn Sie lernen, andere Menschen im »richtigen Verhältnis« zu sehen.

Ein Bekannter von mir schilderte mir, wie er die Menschen im richtigen Verhältnis sehen lernte. Sein Fall bietet ein höchst interessantes Beispiel.

»Bevor ich im Zweiten Weltkrieg eingezogen wurde, hatte ich fast vor jedermann Angst. Sie würden nicht glauben, wie scheu und schüchtern ich damals war. Ich hatte das Gefühl, alle anderen seien viel gescheiter. Ich machte mir Sorgen wegen meiner körperlichen und geistigen Unzulänglichkeiten, kurz: Ich hielt mich für einen geborenen Versager.

Durch eine glückliche Schicksalswendung verlor ich dann beim Militär jede Angst vor Menschen. In den Jahren 1942 und 1943 war ich während jener Monate, da Massenrekrutierungen stattfanden, als Sanitäter in einem der großen Musterungszentren eingesetzt. Tag für Tag assistierte ich bei der Untersuchung der Männer, und je mehr Rekruten ich zu Gesicht bekam, desto weniger Angst empfand ich vor Menschen.

Alle diese jungen Leute, die zu Hunderten im Adamskostüm bei uns durchgingen, glichen einander. Klar, es gab Dicke und Dünne, Große und Kleine, aber alle wirkten unsicher und einsam. Noch ein paar Tage zuvor waren einige von ihnen aufstrebende junge Manager gewesen und andere Farmer, Vertreter, Fabrikarbeiter oder auch Aussteiger. Ein paar Tage zuvor waren sie vielerlei gewesen, aber in dem Musterungszentrum schauten sie alle gleich aus.

Mir kam damals ein grundlegender Gedanke. Ich erkannte, daß die Menschen weit mehr Ähnlichkeiten als Unterschiede aufweisen. Ich erkannte, daß der Kamerad neben mir oftmals die gleichen Interessen wie ich hatte. Auch er mochte gutes Essen, auch er vermißte seine Familie und seine Freunde, auch er wollte vorwärtskommen, auch er hatte Probleme und auch er entspannte sich gern. Wenn nun der andere im wesentlichen so war wie ich, bestand kein Grund, vor ihm Angst zu haben.«

Klingt das nicht einleuchtend? Wenn die anderen uns gleichen, haben wir keinen Grund, uns vor ihnen zu fürchten.

Die ausgewogene Perspektive

Denken Sie an zwei Punkte, wenn Sie Menschen begegnen: Erstens, der andere ist wichtig und bedeutend. Jeder Mensch ist bedeutend! Daraus ergibt sich der zweite Punkt: Auch Sie sind bedeutend! Gewöhnen Sie sich deshalb an, bei der Begegnung mit einem anderen Menschen zu denken: »Wir sind zwei bedeutende Menschen, die nun zusammen etwas erörtern, das von beiderseitigem Interesse und zu beiderseitigem Nutzen ist.«

Unlängst rief mich der Personalchef einer großen Firma an und sagte, er habe gerade einen jungen Mann eingestellt, den ich ihm empfohlen hatte. »Wissen Sie, was mich an dem Mann bestach?« fragte er. Ich erkundigte mich, was es sei. »Es war die Art seines Auftretens. Die meisten Bewerber haben Angst, wenn sie hier hereinkommen. Alle geben mir Antworten, von denen sie glauben, daß ich sie hören möchte. In gewissem Sinn sind die meisten Bewerber ein bißchen wie Bettler – sie akzeptieren alles und sind nicht wählerisch.

George verhielt sich anders. Er erwies mir Achtung, doch was genauso wichtig ist, er hat auch Achtung vor seinem Selbst. Und was noch mehr wiegt: Er stellte mir genauso viele Fragen wie ich ihm. Er ist kein Duckmäuser. Er ist wirklich eine Persönlichkeit und wird seinen Weg machen.«

Das Bewußtsein beiderseitiger Bedeutung verhilft Ihnen zu

einer ausgewogenen Perspektive. Dadurch wird Ihr Gegenüber in Ihrem Denken nicht zu gewichtig im Verhältnis zu Ihnen.

Vielleicht sieht jemand, mit dem Sie zu tun haben, angsterregend groß und bedeutend aus, aber denken Sie daran, er ist trotzdem nur ein Mensch mit weitgehend ähnlichen Interessen, Wünschen und Problemen wie Sie.

Zeigen Sie Verständnis

Es geschieht nicht selten, daß andere Menschen wütend auf Sie losgehen, Sie anfauchen, kritisieren und Ihnen Vorhaltungen aller möglichen Art machen. Wenn Sie auf solche Menschen nicht vorbereitet sind, können diese Ihr Selbstvertrauen schwer anschlagen und Ihnen das Gefühl geben, eine Niederlage erlitten zu haben. Sie brauchen eine Waffe gegen Menschen, die respektlos vorgehen und andere einzuschüchtern versuchen. Die Waffe heißt: Verständnis.

An der Rezeption eines Hotels in Memphis erlebte ich vor mehreren Monaten eine ausgezeichnete Demonstration der richtigen Art, mit Menschen umzugehen, die respektlos vorgehen.

Es war kurz nach siebzehn Uhr, im Hotel herrschte reger Betrieb, zahlreiche neue Gäste trafen ein und wollten sich an der Rezeption anmelden. Der Mann vor mir nannte seinen Namen in einem sehr scharfen Kommandoton. Der Portier sagte: »Jawohl, mein Herr, wir haben ein sehr schönes Einzelzimmer für Sie reserviert.«

»Ein Einzelzimmer?« dröhnte der Mann. »Ich habe ein Doppelzimmer bestellt.«

Der Portier erwiderte sehr höflich: »Lassen Sie mich nachsehen, mein Herr.« Er zog den Reservierungsordner heraus und schaute nach. »Tut mir leid, Ihr Telegramm lautet auf ein Einzelzimmer. Ich würde Ihnen gern ein Doppelzimmer geben, wenn eines frei wäre. Aber leider haben wir keines mehr frei.«

Der gereizte Gast brüllte: »Es ist mir sch . . . egal, was in dem Telegramm steht. Ich will ein Doppelzimmer.« Dann kam natürlich das, was unvermeidlich kommen mußte: »Sie wissen wohl nicht, wer ich bin?! Ich werde dafür sorgen, daß Sie fliegen. Sie werden schon sehen, ich sorge dafür!«

Der junge Portier sagte in eine kurze Pause des Wortgewitters hinein: »Mein Herr, es tut mir schrecklich leid, aber wir haben gemäß Ihren Anweisungen gehandelt.«

Schließlich erklärte der wütende Gast: »Ich würde nicht in der besten Suite dieses ... dieses Hotels bleiben, jetzt, wo ich weiß, wie miserabel es geführt ist.« Damit stürmte er hinaus.

Ich trat nun an die Rezeption, und zwar in der Erwartung, der Portier müsse erregt oder verlegen sein, nachdem er vor aller Augen in einer Weise abgekanzelt worden war, wie ich sie selten erlebt hatte. Statt dessen begrüßte mich der Mann mit einem ausgesucht höflichen, gelassenen »Guten Abend, mein Herr!« Als ich mich angemeldet hatte und er mir meinen Zimmerschlüssel reichte, sagte ich zu ihm: »Ich bewundere die Haltung, die Sie vorhin gezeigt haben. Sie verfügen über eine gehörige Portion Selbstbeherrschung.«

»Wissen Sie, Herr Doktor«, antwortete er, »ich kann solchen Menschen nicht böse sein. Im Grunde ist er gar nicht auf mich wütend. Ich war nur der Sündenbock. Der arme Kerl hat vielleicht Schwierigkeiten mit seiner Frau, seine Geschäfte gehen womöglich schlecht, unter Umständen hat er Minderwertigkeitsgefühle, und das vorhin war für ihn *die* Chance, sich als hohes Tier zu fühlen. Ich war einfach derjenige, der ihm die Möglichkeit gab, sich abzureagieren.«

Nach einer Pause fügte der Portier hinzu: »In Wirklichkeit ist er wahrscheinlich ein sehr netter Mensch ... wie die meisten.«

Als ich zum Lift ging, ertappte ich mich dabei, daß ich laut wiederholte: »In Wirklichkeit ist er wahrscheinlich ein sehr netter Mensch ... wie die meisten.«

Denken Sie an diese beiden kurzen Sätze, wenn Ihnen bei der nächsten Gelegenheit jemand den Krieg erklärt. Halten Sie sich zurück. In derartigen Situationen bleibt man Sieger, wenn man den anderen sich austoben läßt und die Sache dann vergißt.

Handeln Sie nie gegen Ihr Gewissen

Es liegt ein paar Jahre zurück, daß ich bei einer Korrektur von Prüfungsarbeiten meiner Studenten eine Arbeit in die Hand bekam, die mich ziemlich fassungslos machte. Der Student, von dem sie stammte, war bei vorausgegangenen Tests und Diskussionen ungleich besser gewesen. Tatsächlich hatte ich gedacht, er würde als Bester abschneiden, doch diese Arbeit zählte zu den schlechtesten. Ich ließ den Betreffenden zu mir bitten.

Paul erschien wenig später. Er sah aus, als habe er ein schreckliches Erlebnis hinter sich. Als er bequem in einem Sessel saß, sagte ich: »Was war los, Paul? Diese Arbeit entspricht bei weitem nicht dem, was ich von Ihnen erwartet habe.«

Paul rang mit sich, schaute nachdenklich auf den Boden und antwortete schließlich: »Herr Professor, als ich sah, daß Sie meine Mogelei entdeckt hatten, war ich am Boden zerstört. Ich konnte mich auf nichts mehr konzentrieren. Ehrlich: Ich habe vorher nie gespickt. Aber ich wollte unbedingt ein Sehr Gut, darum habe ich mir einen kleinen Spickzettel geschrieben.«

Er war furchtbar erregt, und nachdem er einmal zu reden angefangen hatte, konnte er nicht mehr aufhören: »Ich denke, Sie werden mich melden müssen, und man wird mich relegieren. In der Universitätssatzung steht, daß jeder Student, der bei einem Betrug ertappt wird, für immer von der Universität verwiesen wird.«

Paul kam auf die Schande zu sprechen, die er über seine Familie bringe, auf die verheerenden Auswirkungen, die das Vorkommnis für ihn haben werde. Er sagte, sein Leben sei ruiniert – und ähnliches mehr.

Schließlich unterbrach ich ihn: »Hören Sie auf. Beruhigen Sie sich. Lassen Sie mich eines klarstellen: Ich habe Sie nicht mogeln sehen. Bis Sie hier hereinspaziert sind und es mir gesagt haben, hatte ich keine Ahnung, wo das Problem liegt. Ich bedaure, Paul, daß Sie es gesagt haben.« Ich hielt kurz inne und fragte dann: »Was erwarten Sie von der Universität, Paul? Was soll sie Ihnen bringen?«

Er war jetzt ein wenig ruhiger. Nach einer Weile antwortete er: »Ich glaube, Herr Professor, mein Hauptziel ist, das Leben meistern zu lernen. Aber ich fürchte, ich bin ein arger Versager.«

»Wir lernen auf verschiedene Arten«, entgegnete ich. »Meiner Meinung nach können Sie aus dieser Erfahrung eine echte Erfolgslehre ziehen. Als Sie bei dem Examen Ihren Spickzettel benutzten, hatten Sie ein furchtbar schlechtes Gewissen. Das rief in Ihnen einen Schuldkomplex hervor, und der wiederum raubte Ihnen jegliches Selbstvertrauen. Sie waren ›am Boden zerstört‹, wie Sie es ausdrücken. Meistens, Paul, sehen wir die Frage von Recht und Unrecht vom moralischen oder religiösen Standpunkt. Verstehen Sie mich recht, ich will Ihnen hier keine Predigt über Recht und Unrecht halten. Betrachten wir die Sache einmal von der praktischen Seite. Wenn Sie etwas tun, das gegen Ihr Gewissen verstößt, fühlen Sie sich schuldig, und dieses Schuldgefühl blokkiert Ihren Denkprozeß. Sie können nicht mehr richtig denken, weil in Ihrem Geist die Frage kreist: ›Wird er mich erwischen?‹

Wie Sie sagten, Paul, wollten Sie unbedingt ein Sehr Gut und taten darum wissentlich etwas Unrechtes. Noch sehr oft in Ihrem Leben werden Sie so dringend ein Sehr Gut haben wollen, daß Sie in Versuchung geraten, etwas zu tun, das gegen Ihr Gewissen verstößt. Eines Tages wollen Sie vielleicht unbedingt etwas verkaufen und lassen sich dazu hinreißen, Ihren Kunden durch ein Täuschungsmanöver zum Kauf zu verleiten. Und er kauft. Aber was wird geschehen? Sie werden sich schuldig fühlen, und wenn Sie Ihrem Kunden wieder begegnen, werden Sie verlegen sein, sich unbehaglich fühlen. Sie werden sich fragen: ›Hat er gemerkt, daß ich ihn hereingelegt habe?‹ Als Folge davon tragen Sie Ihre Sache schlecht vor, denn Sie können sich nicht konzentrieren. Es steht zu erwarten, daß Sie bei diesem Kunden keinen weiteren Abschluß tätigen werden. Auf lange Sicht werden dann Ihre Täuschungsmanöver keine Erfolge zeitigen.«

Zum Schluß bemerkte ich noch, daß viele Verbrecher ertappt würden, nicht weil Indizien auf sie hinwiesen, sondern weil sie sich durch ihr schuldbewußtes Verhalten selbst verrieten: Ihr eigenes Schuldgefühl bringe sie auf die Liste der Verdächtigen.

Pflanzen Sie kein Krebsgeschwür in Ihr Gewissen

Jeder von uns hat den Wunsch, anständig zu sein, anständig zu denken und anständig zu handeln. Wenn wir gegen diesen Wunsch verstoßen, pflanzen wir ein Krebsgeschwür in unser Gewissen. Das Geschwür wächst und wächst, ernährt sich von unserem Selbstvertrauen und frißt es endlich ganz auf. Vermeiden Sie darum, etwas zu tun, bei dem Sie sich fragen müssen: »Wird man mich erwischen? Werden sie es entdecken? Werde ich ungeschoren davonkommen?«

Versuchen Sie nicht, ein Sehr Gut zu erhalten, wenn damit ein Verstoß gegen Ihr Gewissen verbunden ist.

Paul verstand mich, das kann ich zu meiner Freude sagen. Er lernte den praktischen Wert rechten Handelns kennen. Ich riet ihm, das Examen noch einmal zu machen. Auf seine Frage nach der fälligen Relegation antwortete ich: »Mir ist bekannt, was in den Statuten steht. Aber wissen Sie, würden wir alle Studenten von der Uni verweisen, die an Betrug denken, könnten wir zumachen. Ich will darum die ganze Sache vergessen, wenn Sie mir einen Gefallen tun.«

»Gern«, sagte er eifrig.

Ich ging zu meinem Bücherregal, zog ein Exemplar des Buches »Fünfzig Jahre mit der Goldenen Regel« heraus und sagte: »Lesen Sie dieses Buch, Paul, und geben Sie es mir dann zurück. Führen Sie sich zu Gemüte, wie J. C. Penney zu einem der reichsten Männer Amerikas wurde, indem er – nach seinen eigenen Worten – ›einfach das Richtige tat‹.«

Tun auch Sie das Richtige

Wenn man »das Richtige« tut, hat man ein reines Gewissen. Und dies stärkt das Selbstvertrauen. Handelt man dagegen unrecht, geschehen zwei negative Dinge. Erstens: Wir fühlen uns schuldig, und dieses Gefühl zehrt an unserem Selbstvertrauen. Zweitens: Andere Menschen kommen früher oder später dahinter und verlieren das Vertrauen zu uns.

Handeln Sie richtig und bewahren Sie Ihr Selbstvertrauen. Dies bedeutet, *sich selbst zum Erfolg zu denken.*

Das folgende psychologische Prinzip ist es wert, daß Sie es so lange lesen, bis Sie vollkommen davon durchdrungen sind: *Handeln Sie vertrauensvoll, um vertrauensvoll zu denken.*

Der große Psychologe Dr. George W. Crane schrieb einmal: »Denken Sie daran, daß Motion, also Bewegung, der Vorläufer der Emotion ist. Sie können Ihre Gefühle nur durch die Wahl von Bewegungen oder Aktionen direkt steuern ... Um diese allzu häufige Tragödie [Probleme und Mißverständnisse in der Ehe] zu vermeiden, sollten Sie sich der psychologischen Fakten bewußt werden. Führen Sie jeden Tag die richtigen Bewegungen durch, dann werden Sie bald die entsprechenden Gefühle haben! Achten Sie darauf, daß Sie und Ihr Partner diese Bewegungen in Form von Verabredungen und Zärtlichkeiten absolvieren, einander täglich aufrichtige Komplimente machen und sich viele andere kleine Aufmerksamkeiten erweisen, dann brauchen Sie keine Sorgen wegen des Liebesgefühls zu haben. Sie können nicht sehr lange verliebt handeln, ohne sich zu verlieben.«

Die Psychologen versichern, daß wir unsere Haltung ändern können, indem wir unsere körperlichen Aktionen ändern. So ist Ihnen beispielsweise eher nach Lächeln zumute, wenn Sie Ihr Gesicht zu einem Lächeln zwingen. Bei einer aufrechten Körperhaltung fühlen Sie sich überlegener als bei einer gebeugten. Versuchen Sie umgekehrt einmal, wirklich düster die Stirn zu runzeln, und Sie werden feststellen, daß sich Ihre Stimmung wirklich verdüstert.

Der Beweis, daß gesteuerte Bewegungen tatsächlich Gefühle verändern können, läßt sich leicht erbringen. Menschen, die schüchtern sind, wenn sie sich mit jemandem bekanntmachen müssen, können ihre Schüchternheit durch Selbstvertrauen ersetzen, indem sie drei Dinge gleichzeitig tun: erstens, von sich aus die Hand des fremden Menschen zu ergreifen und herzlich zu drücken; zweitens, dem anderen direkt in die Augen zu schauen; und drittens zu sagen: »Es freut mich sehr, Sie kennenzulernen.«

Diese einfachen drei Aktionen verbannen sofort, und zwar automatisch, Ihre Schüchternheit. Vertrauensvolles Handeln ruft vertrauensvolles Denken hervor.

Handeln Sie also vertrauensvoll, damit Sie auch vertrauensvoll denken. Handeln Sie so, wie Sie empfinden möchten. Die folgenden fünf Abschnitte zeigen deutlich, wie bewußtes Handeln Vertrauen in die eigene Stärke fördert.

Setzen Sie sich nach vorn

Haben Sie schon bemerkt, daß überall dort, wo sich Menschen versammeln – in Kirchen, Klassenzimmern, Tagungsräumen und andernorts –, die hinteren Sitzreihen immer zuerst besetzt sind? Die meisten Menschen drängen sich in die hinteren Reihen, um nicht »zu sehr aufzufallen«. Und der Grund, warum sie nicht auffallen wollen, ist mangelndes Selbstvertrauen.

Es stärkt das Selbstvertrauen, vorne zu sitzen. Setzen Sie sich darum künftig in die erste Reihe. Natürlich fallen Sie vorne ein bißchen mehr auf, aber denken Sie daran, daß der Erfolg nun einmal nicht unauffällig ist.

Suchen Sie stets den Blickkontakt

Die Art, wie ein Mensch seine Augen gebraucht, verrät sehr viel über ihn. Instinktiv stellen Sie sich diverse Fragen über einen Menschen, der Ihnen nicht in die Augen sieht: »Was versucht er zu verbergen? Wovor hat er Angst? Will er mich hereinlegen? Verschweigt er etwas?«

Die Vermeidung des Blickkontakts geschieht gewöhnlich aus einem von zwei Gründen. Der erste: »Ich fühle mich neben dir schwach. Ich fühle mich dir unterlegen. Ich habe Angst vor dir.« Der zweite: »Ich fühle mich schuldig. Ich habe etwas getan oder gedacht, von dem ich nicht will, daß du es weißt. Ich fürchte, daß du mich durchschaust, wenn ich dich in meine Augen blicken lasse.«

Wenn Sie den Blickkontakt meiden, sagen Sie nichts Gutes über sich selbst. Damit geben Sie zu verstehen: »Ich habe Angst. Mir fehlt es an Selbstvertrauen.« Überwinden Sie Ihre Angst, indem Sie sich dazu *zwingen,* Ihren Mitmenschen in die Augen zu schauen.

Wer einem anderen Menschen in die Augen sieht, zeigt diesem »Ich bin ehrlich und offen. Ich glaube an das, was ich dir sage. Ich habe keine Angst. Ich bin voll Selbstvertrauen.«

Lassen Sie Ihre Augen für sich arbeiten. Richten Sie sie direkt auf die Augen des anderen Menschen. Sie gewinnen dadurch nicht nur Selbstvertrauen, sondern auch das Vertrauen des anderen.

Gehen Sie um fünfundzwanzig Prozent schneller

Viele werden sich jetzt fragen: »Was hat mein Gang mit meinem Selbstvertrauen zu tun?« Doch lesen Sie bitte weiter, und Sie werden feststellen, daß hier ein Zusammenhang besteht.

Psychologen verbinden eine schlaffe Haltung und einen trägen Gang mit einer unguten Einstellung zu sich selbst, zur eigenen Arbeit und zu den Mitmenschen. Sie sagen aber auch, daß man seine Einstellung ändern kann, indem man seine Körperhaltung und das Tempo seiner Bewegungen ändert. Achten Sie einmal darauf, dann werden Sie sehen, daß die körperliche Aktion eine Folge der geistigen Aktion ist. Übertrieben »geschlagene« oder »restlos fertige« Menschen schlurfen, stolpern oder bewegen sich ängstlich: Sie haben keinerlei Selbstvertrauen mehr.

Aber es gibt noch eine andere Gruppe. Die Menschen dieser Gruppe strahlen großes Selbstvertrauen aus, sie gehen rascher als der Durchschnitt, scheinen fast zu laufen. Ihr Gang sagt der Welt: »Ich gehe an einen wichtigen Ort. Ich habe etwas Wichtiges zu erledigen. Was ich als nächstes unternehme, wird mir ohne Frage gelingen.«

Gehen Sie um fünfundzwanzig Prozent rascher, wenden Sie diese Technik zur Stärkung Ihres Selbstvertrauens an. Straffen Sie die Schultern, heben Sie den Kopf, legen Sie ein paar Schritte zu, und Sie spüren, wie Ihr Selbstvertrauen wächst!

Sprechen Sie frei heraus

Bei der Arbeit mit Gruppen unterschiedlicher Art beobachte ich immer wieder, daß natürlich begabte, scharfsinnige Menschen regelrecht erstarren und nicht an der Diskussion teilnehmen. Ihr Schweigen entspringt keineswegs dem Wunsch, sich von den anderen zurückzuziehen und abzusondern, ganz im Gegenteil: Ihnen fehlt es einfach am nötigen Selbstvertrauen.

Der notorische Schweiger denkt: »Meine Meinung ist sicher uninteressant. Wenn ich was sage, mache ich mich vermutlich zum Narren. Ich sage lieber nichts. Außerdem wissen die anderen in der Gruppe sicher mehr als ich. Ich möchte nicht, daß die anderen merken, wie ungebildet ich bin.«

Je öfter der Schweiger es versäumt zu sprechen, desto unzulänglicher und minderwertiger fühlt er sich. Häufig gibt er sich selbst das laue Versprechen (von dem er im Innersten weiß, daß er es nicht halten wird), »beim nächsten Mal« zu reden.

Wichtig ist hier eines: Jedesmal, wenn unser Schweiger zu reden versäumt, mindert er sein Selbstvertrauen. Die Folge ist, daß er sich immer weniger zutraut.

Umgekehrt aber wird Ihr Selbstvertrauen um so größer, je öfter sie reden, und je öfter Sie einen Diskussionsbeitrag leisten, desto leichter fällt Ihnen beim nächsten Mal das Sprechen. Reden Sie daher frei und ohne Hemmungen, und Sie werden merken, wie Ihr Selbstvertrauen an Stabilität gewinnt!

Nutzen Sie Ihr Selbstvertrauen besser. Machen Sie es sich zur Regel, bei jeder öffentlichen Diskussion, die Sie besuchen, mitzureden. Sprechen Sie frei heraus. Sagen sie bei *jeder* geschäftlichen Besprechung, Vereinsversammlung oder Tagung, an der sie teilnehmen, *freiwillig* etwas. Gestatten Sie sich keine Ausnahme. Geben Sie einen Kommentar, bringen Sie einen Vorschlag an, stellen Sie eine Frage. Und reden Sie nicht als letzter. Versuchen Sie, der »Eisbrecher« zu sein und durch einen Kommentar die Diskussion in Gang zu bringen.

Sorgen Sie sich nicht darum, daß Sie eventuell nicht verstanden werden. Sie werden verstanden! Denn auf jeden Anwesenden, der anderer Meinung ist als Sie, kommt einer, der Ihnen zustimmt. Hören Sie auf, sich zu fragen: »Soll ich es wagen zu reden?« Konzentrieren Sie sich lieber darauf, die Aufmerksamkeit des Diskussionsleiters zu erregen, damit Sie reden *können*.

Wenn Sie eine besondere Redeschulung wünschen und Erfahrung im Reden sammeln wollen, sollten Sie einen Redekurs besuchen. Tausende befangener Menschen haben durch einen solchen Kurs so viel Selbstvertrauen gewonnen, daß sie nun vollkommen gelassen *mit* Menschen und *zu* Menschen sprechen können.

Lächeln Sie strahlend

Immer wieder kann man lesen oder hören, daß ein Lächeln richtigen Auftrieb gibt und eine wirksame Medizin gegen mangelndes Selbstvertrauen ist. Doch viele Menschen glauben das noch immer nicht, weil sie nie zu lächeln versucht haben, wenn sie Angst empfinden.

Machen Sie folgenden kleinen Test: Probieren Sie, sich niedergeschlagen zu fühlen und gleichzeitig strahlend zu lächeln. Sie können es nicht. Ein strahlendes Lächeln gibt Ihnen Selbstvertrauen. Es vertreibt Sorge und Angst, es besiegt Mutlosigkeit und Verzweiflung.

Ein echtes Lächeln heilt Sie nicht nur von Ihrer Besorgnis, es bewirkt noch mehr. Es läßt den Widerstand anderer gegen Sie schmelzen – auf der Stelle. Kein anderer Mensch kann Ihnen ernsthaft böse sein, wenn Sie ihn offen und strahlend anlächeln.

Erst neulich erfuhr ich dies am eigenen Leib. Ich saß im Auto und wartete an einer Kreuzung auf Grün. Plötzlich wurde mein Wagen durch einen unsanften Stoß einige Zentimeter nach vorne befördert. Dem Fahrer hinter mir war wohl der Fuß vom Bremspedal gerutscht, jedenfalls hatte er die Festigkeit der Stoßstange meines Wagens auf die Probe gestellt. Ich schaute in den Rückspiegel und sah ihn aussteigen. Auch ich stieg aus. Meine Grundsätze vergessend, bereitete ich mich auf ein Wortgefecht vor. Ich gestehe, daß ich den Kerl verbal in Stücke hauen wollte.

Doch glücklicherweise kam er lächelnd heran und sagte in ernstem Ton: »Mein Freund, das wollte ich wirklich nicht.« Sein Lächeln und die aufrichtige Erklärung ließen meinen Zorn verfliegen. Ich murmelte etwas wie: »Schon gut. Kann jedem passieren.« Im Bruchteil einer Sekunde hatte sich meine Erbitterung in Nachgiebigkeit verwandelt.

Lächeln Sie, und das Leben wird sofort schöner aussehen. Aber lächeln Sie *strahlend.* Denn ein halbes Lächeln wirkt auch nur halb. Nur strahlendes Lächeln garantiert die volle Wirkung.

Bieten Sie daher die Kraft des Lächelns auf, wann immer Sie können.

Beherzigen Sie fünf nutzbringende Verhaltensempfehlungen

1. Aktion heilt Angst. Grenzen Sie Ihre Angst ein und unternehmen Sie dann konstruktive Schritte dagegen. Inaktivität – das untätige Verharren in einer Situation – steigert die Angst und zerstört das Selbstvertrauen.
2. Bemühen Sie sich nach Kräften, in Ihrer Gedächtnisbank nur positive Gedanken zu deponieren. Lassen Sie negative, selbstzerstörerische Gedanken nicht zu geistig-seelischen Ungeheuern heranwachsen. Weigern Sie sich einfach, an vergangene unangenehme Ereignisse oder Situationen zu denken.
3. Sehen Sie Ihre Mitmenschen im richtigen Verhältnis. Sagen Sie sich immer wieder, daß die Menschen einander sehr ähnlich sind und wesentlich mehr Gemeinsamkeiten als Unterschiede aufweisen. Bemühen Sie sich um ein ausgewogenes Bild von Ihren Mitmenschen. Jeder andere ist auch nur ein Mensch. Und zeigen Sie Verständnis. Viele Menschen »bellen«, aber kaum einer »beißt«.
4. Gewöhnen Sie sich an, nur das zu tun, was nach Ihrem Gewissen richtig ist. Dies bewahrt Sie vor einem Schuldkomplex, der wie ein Gift wirkt. Richtiges Handeln ist eine sehr praktische Erfolgsmethode.
5. Verkünden Sie durch Ihre Person Ihrer Umgebung: »Ich habe Selbstvertrauen, wirklich echtes Selbstvertrauen.«
   Stärken Sie dieses Selbstvertrauen durch folgende kleine Techniken:
   - Setzen Sie sich nach vorn!
   - Suchen Sie stets den Blickkontakt!
   - Gehen Sie um fünfundzwanzig Prozent schneller!
   - Sprechen Sie frei heraus!
   - Lächeln Sie strahlend!

KAPITEL 4

Wie Sie großzügig und groß denken

Die Größe unseres Denkens bestimmt die Größe unserer Leistungen

Vor einiger Zeit unterhielt ich mich mit einem leitenden Angestellten eines großen amerikanischen Industrieunternehmens. Jedes Jahr besucht er im Laufe von vier Monaten verschiedene Colleges, um Studienabgänger für das Programm seines Unternehmens zur Ausbildung leitender Angestellter anzuwerben. Aus seinen Worten ging hervor, daß ihn die Einstellung vieler junger Männer, mit denen er sprach, ziemlich mutlos machte.

»An den meisten Tagen«, so erzählte er, »rede ich mit acht bis zwölf Studenten des letzten Semesters, die von der Leistung her zum besten Drittel gehören und auch Interesse bekunden, zu uns zu kommen. Diese Sondierungsgespräche sollen zeigen, welche Selbstmotivation die jungen Leute besitzen. Wir wollen prüfen, ob sie geeignet sind, in ein paar Jahren als Projekt-, Abteilungs- oder Zweigstellenleiter selbständig zu arbeiten, oder ob sie fähig sind, irgendeine andere verantwortliche Tätigkeit in unserem Unternehmen bekleiden zu können.

Ich muß sagen, daß mir die persönlichen Ziele der meisten jungen Männer, mit denen ich rede, nicht sehr gefallen. Sie würden sich wundern, wie viele Zweiundzwanzigjährige mehr an unserem Firmenrentenplan interessiert sind als an allem anderen, was wir zu bieten haben. Die meisten scheinen *Sicherheit* als größten *Erfolg* anzusehen. Ich frage Sie: ›Können wir es riskieren, unser Unternehmen solchen Männern anzuvertrauen?‹«

Die Tendenz vieler Menschen, kleinlich und eng zu denken, weist darauf hin, daß weniger Konkurrenz um lohnende Posten herrscht, als man allgemein annimmt.

Wenn es um den Erfolg geht, werden die Menschen nicht in

Zentimetern gemessen, nicht in Kilogramm gewogen und nicht nach ihrer Ausbildung oder ihrem Herkommen beurteilt, sondern nach der Größe ihres Denkens bewertet. *Die Größe unseres Denkens bestimmt demnach die Größe unserer Leistungen.*

Die Selbstherabwürdigung

Grundvoraussetzung für die Größe unseres Denkens ist jedoch die Beseitigung der größten menschlichen Schwäche: der Selbstherabwürdigung, des Hangs, sich selber schlechtzumachen. Dieser Hang offenbart sich auf verschiedenste Weise.

John beispielsweise sieht in einer Zeitung ein Stellenangebot, das genau seinen Wünschen entspräche; doch er unternimmt nichts, weil er denkt: »Ich bin nicht gut genug für den Posten, also bewerbe ich mich erst gar nicht.«

Jim würde gern mit Jenny ausgehen, aber er ruft sie nicht an, weil er meint, neben ihr nicht bestehen zu können.

Tom hat das Gefühl, daß Herr Richards ein guter Kunde für das Produkt wäre, das er als Vertreter anbietet; trotzdem spricht er nicht bei ihm vor, weil er glaubt, Herr Richards sei zu bedeutend, um ihn zu empfangen.

Peter füllt ein Bewerbungsformular aus. Eine Frage lautet: »Welches Anfangsgehalt erwarten Sie?« Peter setzt eine bescheidene Ziffer ein, weil er findet, er sei die höhere Summe, die er gern hätte, nicht wert.

Seit Jahrtausenden geben Philosophen den guten Rat: *Erkenne dich selbst.* Die meisten Menschen scheinen diese Empfehlung jedoch so zu verstehen: *Erkenne nur dein negatives Ich.* Selbstbeurteilungen beschränken sich gewöhnlich auf die Zusammenstellung einer langen Liste von Fehlern, Mängeln und Unzulänglichkeiten.

Es ist gut, die eigenen Schwächen zu kennen, denn damit wissen wir auch um jene Gebiete, auf denen wir uns verbessern können. Doch wenn wir nur über unsere negativen Seiten Bescheid wissen, halten wir uns kaum für wertvoll.

Erkennen Sie Ihre wirkliche Größe

Die folgende Übung soll dazu dienen, wie Sie Ihre wirkliche Größe erkennen können. Ich habe sie in Schulungsprogrammen oft angewandt, und sie hat sich stets bewährt.

○ Bestimmen Sie Ihre fünf wertvollsten Eigenschaften. Bitten Sie eine objektive Person um Mithilfe – irgendeinen intelligenten Menschen, der Ihnen gegenüber ehrlich ist (zu den häufig aufgeführten Eigenschaften zählten Bildung, Erfahrung, technische Fertigkeiten, Aussehen, Einstellung, starke Persönlichkeit, Initiative).

○ Schreiben Sie nun unter jede Ihrer guten Eigenschaften die Namen von drei Ihnen bekannten Personen, die sehr erfolgreich sind, aber die betreffende Eigenschaft nicht im selben Maß besitzen wie Sie.

Wenn Sie diese Übung durchgeführt haben, werden Sie feststellen, daß Sie viele erfolgreiche Menschen zumindest in einem Punkt übertreffen.

Daraus können Sie nur einen einzigen ehrlichen Schluß ziehen: Sie sind »größer« oder wertvoller, als Sie glauben. Passen Sie also Ihr Denken Ihrer wirklichen Größe an. Denken Sie so groß, wie Sie wirklich sind! Machen Sie sich *niemals* selbst verächtlich!

Die Wirkung des Wortes

Ein Mensch, der in einer normalen Unterhaltung »immobil« sagt, wenn er »unbeweglich« meint, oder »deliziös«, wenn wir »köstlich« besser verstünden, hat möglicherweise einen großen Wortschatz. Aber hat er den Wortschatz eines Menschen, der großzügig und groß denkt? Wahrscheinlich nicht. Menschen, die hochtrabende Wörter und komplizierte Redewendungen gebrauchen, bei denen viele Gesprächspartner Verständnisschwierigkeiten haben, neigen oft zu Arroganz. Und gewöhnlich zählen sie zu den kleinlichen, engstirnigen Denkern.

Der Wert des Wortschatzes eines Menschen läßt sich nicht an der Zahl oder Großartigkeit der gebrauchten Wörter ablesen. Was zählt, was als *einziges* zählt, ist die Wirkung der geäußerten Wörter und Sätze auf das Denken des Sprechenden und seiner Zuhörer.

Hier eine grundlegende Erkenntnis: *Wir denken nicht in Wörtern und Sätzen. Wir denken in Bildern und/oder Vorstellungen.* Wörter sind das Rohmaterial des Denkens. Gesprochene oder gelesene Wörter und Sätze werden von unserem Verstand automatisch in geistige Bilder umgesetzt. Jedes Wort und jeder Satz erzeugt ein etwas anderes Bild. Wenn Ihnen jemand sagt: »Jim hat eine Eigentumswohnung im obersten Stockwerk gekauft«, sehen Sie ein bestimmtes Bild. Wenn aber jemand sagt: »Jim hat eine Penthousewohnung gekauft«, sehen Sie ein anderes Bild. Die geistigen Bilder, die wir sehen, werden durch jene Wörter geändert, mit denen wir Dinge benennen und beschreiben.

Betrachten Sie es einmal so: Wenn Sie sprechen oder schreiben, sind Sie in gewissem Sinn ein Projektor, der in der Vorstellung anderer Menschen Filme ablaufen läßt. Und die von Ihnen geschaffenen Bilder oder Bildfolgen bestimmen, wie Sie selbst und die anderen Menschen reagieren.

Erzeugen Sie positive Vorstellungsbilder

Nehmen wir einmal an, daß Sie zu einer Gruppe von Menschen sagen: »Ich muß Ihnen leider melden, daß wir gescheitert sind.« Was sehen diese Menschen? Niederlage, Enttäuschung und den ganzen Kummer, den das Wort »gescheitert« vermittelt. Nehmen wir nun an, Sie hätten statt dessen gesagt: »Es gibt noch einen Weg, ich denke, auf dem werden wir es schaffen.« Die Leute würden Mut fassen und bereit sein, ihre ganze Energie aufzuwenden, um zur Verwirklichung der betreffenden Sache beizutragen.

Nehmen wir an, Sie sagen: »Wir stehen vor einem Problem.« Damit erzeugen Sie ein Bild von einer schwierigen, nur mühsam zu lösenden Angelegenheit. Sagen Sie lieber: »Hier stellt sich uns eine Herausforderung.« Damit erzeugen Sie ein Vorstellungsbild von einer zwar schwierigen Situation, die aber durch den verstärkten Einsatz aller gemeistert werden kann.

Wenn Sie zu einer Gruppe sagen: »Wir haben uns in hohe Kosten gestürzt«, sehen die Leute ausgegebenes Geld, das unwiederbringlich verloren scheint. Sagen Sie statt dessen: »Wir haben eine hohe Investition getätigt«, dann sehen die Leute ein Bild von Ausgaben, die später Gewinne einbringen werden.

Entscheidend ist also, daß groß denkende Menschen es verstehen, in sich selbst und in anderen positive, vorwärts orientierte, optimistische Vorstellungsbilder hervorzurufen. *Um groß zu denken, müssen wir Wörter und Sätze gebrauchen, die große, positive geistige Bilder erzeugen.*

Negative und positive Bilder

Nachstehend finden Sie in der linken Spalte Beispiele von Sätzen, die kleinliche, negative, deprimierende Gedanken entstehen lassen, während in der rechten die gleiche Situation in groß angelegter, positiver Weise erörtert wird.

Sätze, die kleinliche, negative geistige Bilder erzeugen	*Sätze, die große, positive geistige Bilder erzeugen*
1. Es hat keinen Sinn, wir sind geschlagen.	Wir versuchen es weiter. Hier ist ein neuer Gesichtspunkt.
2. Ich war in dieser Branche tätig und bin gescheitert. Einmal und nie wieder!	Zwar war es meine eigene Schuld, daß ich gescheitert bin, aber ich werde es noch einmal versuchen.
3. Ich habe es probiert, aber das Produkt läßt sich nicht verkaufen. Die Leute wollen es nicht.	Bis jetzt ist es mir noch nicht gelungen, das Produkt zu verkaufen. Aber ich weiß, daß es gut ist, und ich werde ein Rezept finden, um es anzubringen.
4. Der Markt ist gesättigt. Drei Viertel der möglichen Kunden haben das Produkt bereits. Ich will lieber aussteigen.	Ein Viertel des Marktpotentials ist noch nicht ausgeschöpft. Das sieht recht gut aus. Rechnen Sie mit mir.
5. Der Kunde hat wenig bestellt. Streichen wir ihn.	Der Kunde hat wenig bestellt. Es ist daher angebracht, seinen echten Bedarf herauszufinden, um ihm ein neues Angebot unterbreiten zu können.

6. Fünf Jahre sind zuviel. So lange kann ich nicht warten, um in die Spitzenränge Ihrer Firma aufzusteigen. Streichen Sie mich von der Bewerberliste.	Fünf Jahre sind eigentlich nicht viel. Denken Sie nur, da bleiben mir noch dreißig Jahre, um auf höchster Ebene zu arbeiten.
7. Die Konkurrenz ist überall im Vorteil. Wie können Sie erwarten, daß ich gegen diese Übermacht aufkomme und gut verkaufe?	Die Konkurrenz ist mächtig, das läßt sich nicht leugnen. Aber niemand hat *alle* Vorteile auf seiner Seite. Wir wollen uns zusammensetzen und einen Weg suchen, um sie mit ihren eigenen Waffen zu schlagen.
8. Niemand wird dieses Produkt je haben wollen.	In der gegenwärtigen Form ist es vielleicht nicht zu verkaufen, doch wir könnten Änderungen vornehmen.
9. Wir wollen warten, bis eine Rezession kommt, und dann Aktien kaufen.	Wir wollen jetzt investieren. Wir setzen auf Aufschwung und nicht auf eine Flaute.
10. Das klappt nicht, lassen Sie es mich beweisen.	Das klappt, lassen Sie es mich beweisen.
Die Aussagen erzeugen folgende Bilder: Düsternis, Dunkelheit, Enttäuschung, Kummer, Versagen.	Die Aussagen erzeugen folgende Bilder: Helligkeit, Hoffnung, Interesse, Erfolg.

Vier Wege zum Wortschatz des Großdenkers

Über folgende vier Wege gelangen Sie zum Wortschatz eines groß denkenden Menschen.

○ Verwenden Sie große, positive, heitere Wörter und Sätze, um zu beschreiben, wie Sie sich fühlen. Wenn Sie auf die Frage nach Ihrem Befinden antworten: »Ich bin müde, ich habe Kopfweh, ich wünschte, es wäre Samstag, ich fühle mich nicht sehr wohl«, werden Sie sich tatsächlich gleich schlechter fühlen: Wenn Sie jedoch auf die gleiche Frage mit: »Danke, wunderbar, großartig, glänzend« antworten, dann lassen Sie nicht nur erkennen, daß es Ihnen ausgezeichnet geht, sondern Sie werden sich auch bald ausgezeichnet fühlen – und auch größer. Schaffen Sie sich den Ruf, ein Mensch zu sein, dem es immer glänzend geht.

○ Wählen Sie freundliche, vorteilhafte, heitere Wörter und Sätze, um andere Menschen zu schildern. Machen Sie es sich zur Regel, für alle Ihre Freunde und Kollegen ein großes, positives Wort zu finden. Wenn Sie mit jemandem über einen abwesenden Dritten sprechen, sollten Sie darauf achten, daß Sie ihn günstig darstellen. Das fällt nicht schwer, da *jeder* Mensch angenehme Wesenszüge besitzt. Hüten Sie sich daher vor einer kleinlich-abschätzigen Sprache.

○ Gebrauchen Sie positive Formulierungen, um andere zu ermutigen oder aufzumuntern. Machen Sie anderen bei jeder passenden Gelegenheit persönliche Komplimente. Jeder Mensch hungert nach Lob. Finden Sie für Ihren Ehepartner jeden Tag ein besonders ansprechendes Wort. Beachten Sie die Menschen, mit denen Sie zusammenarbeiten, und machen Sie ihnen Komplimente. *Ehrlich* erteiltes Lob ist ein vortreffliches Erfolgswerkzeug. *Benutzen Sie es!*

○ Bedienen Sie sich positiver Worte, um neue Pläne vorzutragen. Wenn Sie sagen: »Ich habe eine *gute* Nachricht. Uns bietet sich eine echte Chance...«, erhellen sich die Gedanken der Angesprochenen. Aber wenn Sie sagen: »Ob wir wollen oder nicht, wir müssen unsere Arbeit tun, also ...«, läuft bei Ihren Zuhörern ein mattes, langweiliges geistiges Kino ab, und die Leute werden dementsprechend reagieren. Versprechen Sie den Sieg, und Sie werden die Augen aufleuchten sehen. Versprechen Sie den Sieg, und Sie werden Unterstützung erhalten. *Schaufeln Sie keine Gräber, sondern bauen Sie Schlösser!*

Sehen Sie das Mögliche, nicht nur den Ist-Zustand!

Großdenker schulen sich darin, nicht nur zu sehen, was ist, sondern auch das, was sein kann. Fünf Beispiele sollen Ihnen zeigen, wie diese Schulung vor sich geht.

○ *Was verleiht Immobilien zusätzlichen Wert?*

Ein sehr erfolgreicher Immobilienmakler, der sich auf heruntergekommene Farmen spezialisiert hat, demonstriert uns, was man erreichen kann, wenn man lernt, dort etwas zu sehen, wo nichts oder wenig vorhanden ist.

»Die meisten landwirtschaftlichen Anwesen in unserer Gegend hier«, begann er, »sind abgewirtschaftet und sehen nicht sehr verlockend aus. Würde ich versuchen, meinen Kunden ein Anwesen so zu verkaufen, wie es ist, hätte ich keinen Erfolg.

Meine Verkaufsstrategie ist jedoch so angelegt, daß ich darlege, wie groß der Nutzen dieses Anwesens *sein kann.* Wenn ich dem Kunden einfach sage: ›Die Farm hat soundso viele Hektar Ackerland und soundso viele Hektar Wald, sie liegt soundso viele Kilometer vor der Stadt‹, wird er kaum begeistert sein. Aber wenn ich ihm einen konkreten Plan vorlege, der ihm zeigt, was er aus der Farm machen *kann,* ist er meistens begeistert. Ich will Ihnen zeigen, was ich meine.«

Er öffnete seine Aktentasche und nahm einen Ordner heraus. »Diese Farm«, erklärte er, »haben wir neu auf unserer Liste. Sie ist wie viele andere. Die Entfernung vom Stadtzentrum beträgt knapp siebzig Kilometer; fünf Jahre ist dort nichts angebaut worden, außerdem ist das Haus baufällig. Ich habe nun Folgendes getan: Letzte Woche habe ich zwei volle Tage dort draußen verbracht, ich bin überall herumgegangen und habe mir alles gründlich angesehen. Ich habe die Nachbarfarmen besichtigt und die Lage der Farm im Hinblick auf vorhandene und geplante Straßen studiert. Dann habe ich mich gefragt: ›Wozu taugt diese Farm?‹ Drei Möglichkeiten habe ich gefunden. Hier sind sie.«

Er zeigte mir die Vorschläge. Alle waren gründlich ausgearbeitet und leichtverständlich abgefaßt. Der erste Plan empfahl die Umwandlung der Farm in einen Reitstall und lieferte einleuchtende Argumente: eine wachsende Stadt in der Nähe, zunehmende Liebe zur freien Natur, mehr Geld für die Freizeitgestaltung, gute Straßen. Erläutert wurde auch, wie die Farm die nötige Zahl Pferde tragen konnte, so daß die Einkünfte aus dem Reitstall weitgehend als Reingewinn bleiben würden. Der Plan wirkte sehr fundiert und so überzeugend, daß ich buchstäblich ein Dutzend reitende Paare zwischen den Bäumen »sah«.

Genauso gründlich hatte der findige Makler die anderen beiden

Vorschläge ausgearbeitet. Der zweite Plan sah die Nutzung der Farm als Baumschule vor und der dritte eine Kombination aus Baumschule und Geflügelfarm.

»Wenn ich jetzt mit meinen Interessenten spreche, muß ich sie nicht durch langes Reden überzeugen, daß die Farm ein guter Kauf ist. Ich vermittle ihnen einfach ein Bild der in ein rentables Unternehmen verwandelten Farm.

Abgesehen davon, daß ich mehr Farmen verkaufe und sie schneller verkaufe, lohnt sich meine Methode, zusätzlich zum Existierenden auch das Mögliche anzubieten, noch in anderer Weise. Ich kann einen höheren Preis verlangen als meine Konkurrenten. Die Leute bezahlen natürlich mehr für Anbau- und Weideflächen *plus* Nutzungsidee als für Anbau- und Weideflächen *allein.* Aus diesem Grund wenden sich mehr verkaufswillige Farmer an mich, und ich erziele aus jedem Verkauf eine höhere Provision.«

Die Erkenntnis aus dieser Geschichte: *Betrachten Sie die Dinge nicht, wie sie sind, sondern wie sie sein können.* Vorstellungsvermögen verleiht allen Dingen zusätzlichen Wert. Ein Großdenker vergegenwärtigt sich stets, was in Zukunft getan werden *kann.* Er verharrt nicht in der Gegenwart.

○ *Wieviel ist ein Kunde wert?*

Vor einiger Zeit hielt ein Warenhausdirektor auf einer Verkaufsleiterkonferenz folgenden Vortrag: »Ich bin vielleicht ein bißchen altmodisch, aber ich vertrete die Schule, die besagt, daß man Kunden am ehesten zum Wiederkommen bewegt, wenn man sie freundlich und höflich bedient. Vor kurzem ging ich durch unser Warenhaus und sah zufällig, wie ein Verkäufer mit einer Kundin stritt. Die Kundin verließ ziemlich verärgert unser Haus. Der Verkäufer sagte daraufhin zu einem Kollegen: ›Ich werde mir meine Zeit doch nicht von einer Zweidollar-Kundin stehlen lassen und ihretwegen doch nicht das ganze Warenhaus auf den Kopf stellen, um zu suchen, was sie haben will. Das ist sie einfach nicht wert.‹

Auf dem Rückweg zu meinem Büro ging mir diese Bemerkung nicht aus dem Kopf. Eine ziemlich schwerwiegende Sache, dachte ich, wenn unser Verkaufspersonal einen Teil unserer Kunden in die Zweidollar-Kategorie einordnet. Ich beschloß auf der Stelle, etwas gegen diese Klassifizierung zu unternehmen. Als ich in mein Büro kam, rief ich sofort unseren Marketingleiter an und bat ihn, gleich zu ermitteln, wieviel der Durchschnittskunde letztes Jahr in unserem Geschäft ausgegeben hatte. Der Betrag, den er mir nannte, überraschte sogar mich. Nach der sorgfältigen Berechnung des Marketingleiters hatte der typische Kunde in unserem Unternehmen Waren im Wert von dreihundertzweiundsechzig Dollar eingekauft.

Nun berief ich eine Versammlung unseres gesamten Aufsichtspersonals ein und schilderte den Zwischenfall. Dann verdeutlichte ich den Leuten, was ein Kunde wirklich wert ist. Als sie begriffen hatten, daß man einen Kunden nicht nach einem einzigen Einkauf bewerten kann, sondern nur auf jährlicher Basis, wurde die Bedienung unserer Kunden wesentlich besser.«

Was der Warenhausdirektor hier aufgezeigt hat, gilt für alle Geschäfte. Erst wiederholte Verkäufe an einen Kunden bringen Gewinn. Oft erzielt man bei den ersten Verkäufen überhaupt keinen Profit. Betrachten Sie darum die möglichen künftigen Ausgaben Ihrer Kunden!

Wer seinen Kunden großen Wert beimißt, verwandelt sie in eine Stammkundschaft, die gerne bei Ihnen einkauft. Wer ihnen jedoch nur geringen Wert zuerkennt, der schickt sie zur Konkurrenz.

○ *Wieviel gibt ein Kunde im Jahr für sein Mittagessen aus?*

Ein Student schilderte mir einen einschlägigen Fall und erklärte, warum er ein bestimmtes Selbstbedienungsrestaurant nie mehr besucht.

»Eines Tages«, so erzählte er, »beschloß ich, mittags eine neue Cafeteria auszuprobieren, die erst vor wenigen Wochen eröffnet hatte. Für mich ist zur Zeit auch das Kleingeld ziemlich wichtig, darum schaue ich mir sehr genau an, was ich kaufe. Als ich zu den Fleischspeisen kam, sah ich dort Truthahn mit Dressing, der recht gut ausschaute und mit neununddreißig Cents ausgezeichnet war.

An der Kasse dann warf die Kassiererin einen Blick auf mein Tablett und sagte: ›Einen Dollar neun.‹ Ich bat sie höflich, noch einmal nachzurechnen, denn nach meiner Rechnung hatte ich neunundneunzig Cents zu bezahlen. Sie schaute mich böse an und rechnete nach. Wie sich zeigte, hatte sie mir für den Truthahn neunundvierzig Cents statt neununddreißig berechnet, daher der

Unterschied. Ich wies auf das Preisschild hin, auf dem neununddreißig Cents stand.

Jetzt schien mir die Kassiererin äußerst erregt: ›Es ist mir egal, was auf dem Schild steht. Der Truthahn kostet neunundvierzig Cents. Schauen Sie her, da ist meine heutige Preisliste. Irgend jemand dort hinten hat ein falsches Schild aufgestellt. Sie müssen neunundvierzig Cents zahlen!‹

Ich versuchte ihr klarzumachen, daß ich den Truthahn nur darum gewählt hatte, weil er neununddreißig Cents kosten sollte. Wäre er mit neunundvierzig Cents ausgezeichnet gewesen, hätte ich etwas anderes genommen.

Darauf gab sie mir zur Antwort: ›Sie müssen trotzdem neunundvierzig Cents zahlen.‹ Ich bezahlte, weil ich keine Szene machen wollte. Aber ich schwor mir, nie wieder in dieser Cafeteria zu essen. Ich gebe im Jahr etwa zweihundertfünfzig Dollar fürs Mittagessen aus, und Sie können sicher sein, daß die dort keinen Cent davon kriegen.«

Ein anschauliches Beispiel für eine kleinliche Sicht der Dinge! Die Kassiererin sah zehn klägliche Cents, aber nicht die möglichen zweihundertfünfzig Dollar.

○ *Der Fall des blinden Milchmannes*

Es ist verblüffend, wie blind die Menschen oft gegenüber dem Möglichen sind. Vor ein paar Jahren klingelte ein junger Milchmann bei uns, um uns seine Dienste anzubieten. Ich erklärte ihm, daß wir die Milch bereits geliefert bekämen und mit unserem Lieferanten zufrieden seien. Dann riet ich ihm, mit der Frau nebenan zu sprechen.

Darauf antwortete er: »Ich habe schon mit Ihrer Nachbarin gesprochen, aber sie braucht nur alle zwei Tage einen Liter Milch, und bei einer so kleinen Menge lohnt sich das für mich nicht.«

»Kann schon sein«, entgegnete ich, »aber haben Sie nicht gesehen, daß der Milchbedarf im Haushalt unserer Nachbarin in etwa einem Monat beträchtlich steigen wird? Dort drüben erwartet man Zuwachs, und der wird große Mengen Milch konsumieren.«

Der junge Mann schaute mich einen Augenblick betroffen an, dann sagte er: »Wie blind kann ein Mensch bloß sein?!«

Heute kauft die Familie jeden zweiten Tag sieben Liter von

einem Milchmann, der vorausblickender war. Das erste Kind, ein Junge, hat inzwischen zwei Brüder und eine Schwester bekommen. Und wie ich höre, hat sich schon wieder Nachwuchs angemeldet.

o *Was bestimmt Ihren Wert?*

Nach einem Schulungsvortrag, den ich vor einigen Wochen hielt, kam ein junger Mann zu mir und fragte, ob er mich kurz sprechen könne. Ich wußte, daß dieser Sechsundzwanzigjährige in seiner Kindheit unter großer Armut gelitten und darüber hinaus in seinen ersten Jahren als Erwachsener ein Unglück nach dem anderen erlebt hatte. Jetzt aber scheute er keine Mühe, um sich eine solide Zukunft aufzubauen.

Nachdem wir einige unwesentliche Fragen erörtert hatten, kamen wir auf seine Zukunftsvorstellungen zu sprechen.

»Ich habe nicht ganz zweihundert Dollar auf der Bank«, sagte er. »Meine Stellung als Gemeindekassierer trägt wenig ein und ist nicht sehr verantwortungsvoll. Ich lebe mit meiner Frau in einer engen, lauten Wohnung. Aber ich bin entschlossen, mich nicht von dem aufhalten zu lassen, was ich nicht habe.«

Eine seltsame Aussage. Ich bat ihn, sie zu erklären.

»In letzter Zeit«, führte er aus, »habe ich oft Menschen analysiert, und dabei habe ich eines festgestellt: Menschen, die nicht viel besitzen, sehen sich so, wie sie derzeit sind. Sie blicken nicht in die Zukunft, sondern sehen nur ihre hoffnungslose Gegenwart.

Mein Nachbar ist ein gutes Beispiel. Er beklagt sich ständig über seine schlecht bezahlte Stellung, über die immer wieder verstopfte Wasserleitung, über die Glückssträhne eines anderen, über die Arztrechnungen, die sich ansammeln. Er erinnert sich so oft an seine Armut, daß er inzwischen felsenfest glaubt, er werde immer arm sein. Er handelt, als sei er dazu verurteilt, für den Rest seines Lebens in seinem jetzigen Zustand verharren zu müssen.«

Mein junger Freund sprach erfrischend offen. Nach einer kurzen Pause fuhr er fort: »Wenn ich mich ausschließlich so sähe, wie ich zur Zeit lebe, könnte ich gar nicht anders, als mutlos zu sein. Ich sähe einen Niemand, und ich *wäre* für den Rest meines Lebens ein Niemand.

Ich habe beschlossen, mich als den Menschen zu sehen, der ich in wenigen Jahren sein werde. Ich sehe mich nicht als Gemeindekassierer, sondern als leitender Angestellter. Ich sehe keine schäbige Wohnung, sondern ein schönes neues Zuhause am Stadtrand. Wenn ich mich selbst so betrachte, fühle ich mich größer und denke auch größer. Und aus reicher persönlicher Erfahrung weiß ich, daß sich das lohnt.«

Ist dies nicht ein ausgezeichneter Plan zur Steigerung des Selbstwertes? Der junge Mann befindet sich auf der Schnellstraße zu einem wirklich schönen Leben. Er beherrscht ein grundlegendes Erfolgsprinzip: *Wichtig ist nicht, was man hat, sondern wieviel man zu bekommen plant.*

Das »Wertsteigerungstraining«

Die Kraft und Fähigkeit, zusätzlich zum Bestehenden auch das Mögliche zu sehen, können Sie mit Übungen schulen, die ich als »Wertsteigerungstraining« bezeichne.

○ Üben Sie sich darin, Dingen und Sachen größeren Wert zu geben. Denken Sie an das Beispiel des Immobilienmaklers. Überlegen Sie: »Was kann ich tun, um diesem Zimmer, diesem Haus oder diesem Geschäft mehr Wert zu verleihen?« Suchen Sie nach wertsteigernden Ideen. Denn der Wert von Sachen oder Dingen steht in einem direkten Verhältnis zu den Ideen für ihre Nutzung.

○ Üben Sie sich darin, Menschen wertvoller zu machen. Je höher Sie auf der Erfolgsleiter steigen, desto häufiger wird es Ihre Aufgabe sein, für die Weiterentwicklung von Menschen zu sorgen. Überlegen Sie: »Was kann ich tun, um meinen Untergebenen größeren ›Wert‹ zu geben? Was kann ich tun, um ihnen zu einer besseren Leistung zu verhelfen?« Denken Sie daran, um in einem Menschen das Beste zum Vorschein zu bringen, müssen Sie sich dieses Beste zunächst einmal gedanklich vergegenwärtigen.

○ Üben Sie sich darin, Ihren eigenen Wert zu steigern. Führen Sie täglich eine Selbstbefragung durch. Überlegen Sie: »Was kann ich heute tun, um mich wertvoller zu machen?« Sehen Sie sich nicht, wie Sie sind, sondern wie Sie sein können. Dann werden Sie automatisch Wege entdecken, auf denen Sie die angestrebten Wertsteigerungen erreichen. Probieren Sie es aus! Sie werden sehen, es funktioniert.

Harrys ehrliches, aktives Interesse

Ein im Ruhestand lebender Besitzer und ehemaliger Leiter einer mittelgroßen Druckerei (sechzig Beschäftigte) schilderte mir, wie er seinen Nachfolger wählte:

»Vor fünf Jahren brauchte ich einen Buchhalter, der unsere Buchhaltung und die ganze Büroarbeit leiten sollte. Der Mann, den ich damals anstellte, hieß Harry und war erst sechsundzwanzig. Er verstand nichts vom Druckereigeschäft, aber seine Zeugnisse wiesen ihn als guten Buchhalter aus. Vor eineinhalb Jahren, als ich mich aus dem Geschäft zurückzog, machten wir ihn zum Geschäftsführer und Druckereileiter.

In der Rückschau gesehen hatte Harry eine Eigenschaft, durch die er sich von allen anderen abhob: Harry zeigte ehrliches, aktives Interesse an der ganzen Firma. Er befaßte sich nicht nur mit dem Führen der Bücher und der Ausstellung von Schecks. Wenn er irgendwo eine Möglichkeit sah, Kollegen zu helfen, tat er es.

Im ersten Jahr nach Harrys Eintritt verloren wir mehrere Leute. Harry legte mir ein Sozialleistungsprogramm vor und versicherte, es werde bei nur geringen Kosten den Personalwechsel reduzieren. Und das tat es auch.

Harry arbeitete in vieler Hinsicht zum Nutzen der ganzen Firma, nicht nur seiner eigenen Abteilung. Er fertigte eine detaillierte Kostenstudie unserer Herstellung an und wies mich darauf hin, wie lohnend eine Investition von dreißigtausend Dollar in neue Maschinen wäre.

Einmal gerieten wir in eine ziemlich schlimme Absatzkrise. Harry ging zu unserem Verkaufsleiter und sagte in etwa folgendes: ›Ich verstehe nicht viel vom Verkauf, aber lassen Sie mich versuchen, Ihnen zu helfen.‹ Und er half. Er hatte mehrere gute Ideen, die wesentlich zur Ankurbelung unseres Absatzes beitrugen.

Wenn ein neuer Mitarbeiter eintrat, half Harry ihm bei der Eingewöhnung. Wie gesagt, Harry zeigte echtes Interesse am gesamten Unternehmen.

Als ich in den Ruhestand trat, war er der einzige logische Nachfolger.

Verstehen Sie mich bitte nicht falsch«, fügte der Druckereibesitzer hinzu, »Harry versuchte nicht, sich bei mir anzubiedern. Er war kein zudringlicher Mensch, der sich ungefragt einmischte. Er war nicht auf negative Art aggressiv. Er fiel niemandem in den Rücken. Er ging nicht herum und erteilte Befehle. Harry ging herum und half. Er handelte einfach, als berühre ihn alles in der Firma. Er machte die Angelegenheiten der Firma zu seinen eigenen.«

Harrys Verhalten zeigt etwas sehr Wichtiges: Die Einstellung, es reiche vollauf, daß man seine Arbeit tue, entspringt kleinlichem, negativem Denken. Großdenker sehen sich als Mitglied eines Teams, das sich gemeinsam bemüht und gemeinsam siegt oder verliert – sie sehen sich nicht als Einzelwesen, sondern helfen in jeder möglichen Weise, auch wenn für sie kein direkter, unmittelbarer Gewinn zu erwarten ist. Wer ein Problem, das eine andere und nicht die eigene Abteilung betrifft, mit einem Schulterzucken und der Bemerkung abtut: »Das geht mich nichts an, sollen die sich darum kümmern«, hat keine Einstellung, die man für eine Führungsposition braucht.

Üben Sie sich darin, in großem Rahmen und großzügig zu denken. Setzen Sie die Interessen Ihrer Firma mit Ihren eigenen gleich. Wahrscheinlich haben in Großunternehmen nur wenige Beschäftigte echtes, selbstloses Interesse an ihrer Firma. Aber schließlich sind auch nur relativ wenige Menschen wirkliche Großdenker. Und diese wenigen werden irgendwann mit den verantwortungsvollsten, höchstbezahlten Stellungen belohnt.

Viele Menschen, die das Zeug zu einflußreichen, bedeutenden Persönlichkeiten hätten, lassen zu, daß unwichtige, kleine, nebensächliche Dinge ihnen den Weg nach oben verbauen. Die folgenden drei Beispiele zeigen dies ganz deutlich.

Was kennzeichnet den guten Redner?

Fast jeder von uns wünscht sich, die »Fähigkeit« zu besitzen, in der Öffentlichkeit glänzende Reden zu halten. Doch dieser Wunsch geht gewöhnlich nicht in Erfüllung. Die meisten Menschen sind miserable Redner.

Warum? Aus einem einfachen Grund: Fast immer konzentriert sich ein Mensch, der eine Rede halten will, auf die kleinen, nebensächlichen Dinge statt auf die wichtigen. Bei der Vorbereitung auf seine Rede gibt er sich eine Menge Anweisungen wie:

»Denke daran, dich aufrecht zu halten. Bewege dich nicht zuviel und rede nicht mit den Händen. Laß die Zuhörer nicht merken, daß du Notizen benutzt. Achte darauf, keine grammatikalischen Fehler zu machen, und sage vor allem nicht ›trotzdem ich ...‹, sondern ›obwohl ich ...‹. Prüfe, ob deine Krawatte richtig sitzt. Sprich laut, aber nicht zu laut.«

Was passiert nun, wenn dieser Redner vor seine Zuhörer tritt? Er hat Angst, weil er an eine schrecklich lange Liste von Dingen denken muß, die er nicht tun darf. Das lenkt ihn von seiner Rede ab. Ständig fragt er sich: »Habe ich einen Fehler gemacht?« Als Folge davon spricht er schlecht. Kurz: Er ist eine Niete. Er versagt, weil er sich auf die kleinen, nebensächlichen, relativ unwichtigen Eigenschaften eines guten Redners konzentriert statt auf die hervorstechenden Qualitäten, die einen außergewöhnlichen Redner charakterisieren: nämlich auf die *genaue Kenntnis* dessen, worüber er sprechen wird, und auf den *lebhaften Wunsch,* es anderen Menschen *mitzuteilen.*

Viele hervorragende Redner haben kleine Fehler. Der erste gestikuliert zu stark, dem zweiten unterlaufen gelegentlich grammatikalische Fehler, und beim dritten klingt sogar die Stimme etwas unangenehm. Doch alle erfolgreichen Redner zeichnet eines aus: Sie haben etwas zu sagen und sind von dem glühenden Wunsch erfüllt, es anderen Menschen *mitzuteilen.*

Was verursacht Streitigkeiten?

Haben Sie sich je überlegt, wie es zu Streitereien kommt? In über neunzig Prozent der Fälle fangen zwei Menschen wegen Nichtigkeiten zu streiten an.

Ein Beispiel: John kommt müde und leicht gereizt nach Hause. Das Abendessen schmeckt ihm nicht sonderlich, also rümpft er die Nase und kritisiert daran herum. Auch für Jenny war der zu Ende gehende Tag nicht gerade schön, deshalb verteidigt sie sich mit der Frage: »Was erwartest du denn bei dem Haushaltsgeld, das du mir gibst?« Das wiederum verletzt Johns Stolz, darum greift er an: »Nein, Jenny, es ist nicht das Geld, sondern du kannst einfach nicht haushalten.«

Und schon geht es rund! Bevor endlich der Waffenstillstand

erklärt wird, hat jede Partei diverse Anschuldigungen erhoben. Streitpunkte wie Sex, Geld, Schwiegereltern, Versprechen vor und nach der Heirat und ähnliches mehr werden in die »Debatte« geworfen. Nach der »Schlacht« sind beide Parteien nervös und angespannt. Nichts wurde geklärt und nichts ausdiskutiert, aber beide Parteien haben neue Munition, die den nächsten Streit noch bösartiger werden läßt.

Unwichtige Dinge und kleinliches Denken sind die Ursache von Streitigkeiten. Um sie zu vermeiden, sollten Sie es sich abgewöhnen, kleinlich zu denken.

Hier eine wirksame Technik: Bevor Sie irgendwelche Beschwerden, Anschuldigungen oder Vorwürfe erheben oder zu Ihrer Verteidigung einen Gegenangriff starten, sollten Sie sich immer fragen: »Ist es wirklich wichtig?« In den meisten Fällen ist »es« nicht wichtig, und Sie vermeiden eine Auseinandersetzung.

Diese Frage schafft wie durch Zauber ein besseres häusliches Klima. Sie wirkt auch im Büro. Sie wirkt auch auf Ihrer Heimfahrt, wenn ein anderer Fahrer rücksichtslos vor Ihnen einschert. Sie wirkt in *jeder* streitanfälligen Lebenssituation.

John bekam das kleinste Büro und baute ab

Vor mehreren Jahren erlebte ich mit, wie kleinliches Denken die aussichtsreiche Karriere eines jungen Mannes in der Werbebranche zerstörte.

Vier junge Angestellte in gleichrangigen Positionen erhielten neue Büroräume. Drei der Büros glichen einander in Größe und Ausstattung. Nur das vierte Büro war kleiner und etwas weniger gut eingerichtet.

Dieses vierte Büro bekam John zugeteilt. Er fühlte sich in seinem Stolz verletzt und grob benachteiligt. Negatives Denken, Groll, Bitterkeit und Eifersucht begannen ihn zu beherrschen. Die Folge war, daß John rapide abbaute. Er ließ in seiner Leistung nach und wurde feindselig gegenüber seinen Kollegen. Statt mit ihnen zusammenzuarbeiten, tat er alles, um ihre Anstrengungen zu unterminieren. Er glitt immer weiter ab, und nach drei Monaten passierte ihm ein solcher Ausrutscher, daß der Firmenleitung nichts anderes übrigblieb, als ihm den blauen Brief zu schicken.

Kleinliches Denken in einer unbedeutenden Angelegenheit ließ John scheitern. Weil er damit beschäftigt gewesen war, sich benachteiligt zu fühlen, hatte er nicht registriert, daß die Firma rasch gewachsen und der Büroraum knapp geworden war. Er hatte sich nicht überlegt, daß der für die Zuteilung zuständige Mann in der Firmenleitung vermutlich gar nicht gewußt hatte, welches Büro das kleinste war. Niemand in der Firma außer John hatte die Größe seines Büros als Maßstab für seinen Wert betrachtet.

Kleines, engstirniges Denken in unwesentlichen Dingen kann Ihnen schaden. Denken Sie großzügig und groß, dann werden derartige Belanglosigkeiten Sie nicht berühren.

Drei Übungen gegen kleinliches Denken

Erstens: Behalten Sie immer ein großes Ziel im Auge! In der Ehe sind Frieden, Glück und Harmonie das große Ziel, nicht der Sieg in einem Streit. Bei der Arbeit mit Menschen ist es das große Ziel, ihnen zu ihrer vollen Entfaltung zu verhelfen und aus ihren kleinen Fehlern keine großen Probleme zu machen. Beschließen Sie, das große Ziel nicht aus den Augen zu verlieren!

Zweitens: »Ist es wirklich wichtig?« Diese Frage sollten Sie sich stellen, bevor Sie sich erregen! Über neunzig Prozent aller Streitigkeiten und Auseinandersetzungen könnten wir uns damit ersparen.

Drittens: Halten Sie sich nicht mit Nebensächlichkeiten auf! Denken Sie, wenn Sie eine Rede halten, ein Problem lösen oder Arbeitnehmer beraten, an die wirklich wichtigen Dinge, an jene Dinge, auf die es ankommt. Lassen Sie sich nicht vom Unwesentlichen ablenken, sondern konzentrieren Sie sich auf das Wesentliche.

Ein Test: Kleinliches oder großes Denken?

In der linken Spalte der nachfolgenden Tabelle werden stichwortartig Situationen aufgeführt, mit denen man häufig konfrontiert wird. Die mittlere und die rechte Spalte bieten Vergleiche, wie der

Kleindenkende und der Großdenkende sich in derselben Situation verhalten. Bei genauer Prüfung werden Sie feststellen, welcher Weg der bessere für Sie ist.

Situation	*Der Kleindenkende*	*Der Großdenkende*
1. Spesenkonto	Sucht Wege, sein Einkommen zu steigern, indem er bei den Spesen mogelt.	Sucht Wege, sein Einkommen zu steigern, indem er mehr verkauft.
2. Unterhaltung	Spricht über das Negative, das er an seinen Freunden, der Wirtschaftslage, seiner Firma, der Konkurrenz sieht.	Spricht über das Positive, das er an seinen Freunden, der Wirtschaftslage, seiner Firma, der Konkurrenz sieht.
3. Fortschritt	Glaubt an Schrumpfung oder bestenfalls an den Status quo.	Glaubt an Expansion und unternimmt entsprechende Schritte.
4. Zukunft	Erachtet sie als wenig aussichtsreich.	Erachtet sie als vielversprechend.
5. Arbeit	Sucht nach Möglichkeiten, ihr aus dem Weg zu gehen.	Sucht nach Möglichkeiten, seine Arbeit noch effektiver zu gestalten.
6. Konkurrenz	Konkurriert immer nur mit dem Durchschnitt.	Konkurriert mit den Besten.
7. Finanzprobleme	Versucht durch Beschränkung auf die nötigsten Dinge zu sparen.	Versucht mehr zu verdienen, damit er sich auch außergewöhnliche Dinge leisten kann.
8. Ziele	Setzt sich keine hohen.	Setzt sich hohe.
9. Sicht der Dinge	Sieht nur das Naheliegende.	Plant längerfristig.

10. Persönlicher Umgang	Umgibt sich mit Kleindenkern.	Umgibt sich mit Menschen, die fortschrittliche, große Ideen haben.
11. Fehler	Bauscht kleine Fehler auf, macht sie zu großen Problemen.	Übersieht Fehler, die von geringer Tragweite sind.

ES LOHNT SICH IMMER, GROSS ZU DENKEN!

1. Machen Sie sich nicht selbst verächtlich. Besiegen Sie die verbrecherische Selbsterniedrigung. Konzentrieren Sie sich auf Ihre Tugenden; Sie sind besser, als Sie meinen.
2. Gebrauchen Sie den Wortschatz des Großdenkers. Verwenden Sie positive, heitere, große Wörter; Wörter, die Sieg, Hoffnung, Glück und Freude versprechen. Vermeiden Sie Wörter wie Fehlschlag, Niederlage, Sorge, die unangenehme Vorstellungen hervorrufen.
3. Weiten Sie Ihre Sicht der Dinge aus. Sehen Sie nicht nur den jeweiligen Ist-Zustand, sondern das Mögliche. Üben Sie sich darin, Dingen, anderen Menschen und Ihnen selbst größeren Wert zu verleihen.
4. Sehen Sie Ihre Stellung positiv. Sehen Sie sich als Mitglied einer Gemeinschaft, eines wirklichen Teams – und verhalten Sie sich nicht so, daß Sie nur Ihren eigenen Aufgabenbereich vor Augen haben.
5. Denken Sie nicht an unwesentliche Dinge, sondern konzentrieren Sie Ihre Aufmerksamkeit auf große Ziele. *Werden Sie groß, indem Sie groß denken!*

Kapitel 5

Wie Sie schöpferisch denken

Nicht nur Künstler können schöpferisch denken

Lassen Sie uns zunächst einen verbreiteten Irrtum über das *schöpferische Denken* aufklären. Aus irgendeinem unlogischen Grund gelten Wissenschaftler, Ingenieure, Künstler und Schriftsteller so ziemlich als die einzigen Menschen, die schöpferisch tätig sind. Gewöhnlich wird schöpferisches Denken mit Dingen wie der Entdeckung des elektrischen Stroms oder eines Impfstoffs gegen Kinderlähmung in Verbindung gebracht, mit dem Schreiben eines Romans oder der Entwicklung eines elektronischen Gerätes.

Solche Leistungen sind natürlich Beweise für schöpferisches Denken. Auch jeder Schritt bei der Eroberung des Weltraums ist das Ergebnis schöpferischen Denkens. Doch es stimmt nicht, daß schöpferisches Denken an bestimmte Berufe gebunden oder supergescheiten Menschen vorbehalten ist.

Was also ist schöpferisches Denken?

Ein Ehepaar mit niedrigen Einkünften arbeitet einen Plan aus, um den Sohn auf eine gute Universität schicken zu können. Das ist schöpferisches Denken.

Eine Familie verwandelt das unansehnlichste Grundstück an der Straße in das schönste Fleckchen der ganzen Gegend. Das ist schöpferisches Denken.

Ein Geistlicher findet eine Idee, die bewirkt, daß am Sonntagabend doppelt so viele Gläubige in den Gottesdienst kommen als bisher. Das ist schöpferisches Denken.

Das Ersinnen von Wegen, um beispielsweise die Buchführung zu vereinfachen, um Kinder konstruktiv zu beschäftigen, um in Arbeitnehmern echte Freude an ihrer Arbeit zu wecken oder um einen »unvermeidlichen« Streit zu verhindern – dies alles sind Beispiele von praktischem, schöpferischem Denken.

Glauben Sie, daß etwas machbar ist ...

Was können wir tun, um die Fähigkeit schöpferischen Denkens in uns zu entwickeln und zu stärken?

Eine grundlegende Erkenntnis lautet: Wenn Sie *irgend etwas* in Angriff nehmen, müssen Sie zuerst einmal *glauben,* daß es machbar ist. Dies setzt den Verstand in Bewegung und veranlaßt ihn, Durchführungsmöglichkeiten zu suchen. Wichtig ist also *der Glaube, daß etwas machbar ist!*

Bei meinen Schulungskursen führe ich zur Erläuterung dieses Punktes oft ein Beispiel an. Ich frage meine Gruppe: »Wie viele von Ihnen halten es für möglich, daß die Gefängnisse im Laufe der nächsten dreißig Jahre abgeschafft werden?«

Unweigerlich schauen mich alle verblüfft an und meinen, nicht recht gehört zu haben. Darum wiederhole ich nach einer Pause die Frage: »Wie viele von Ihnen halten es für möglich, daß die Gefängnisse im Laufe der nächsten dreißig Jahre abgeschafft werden?«

Damit ist klargestellt, daß ich nicht scherze – und nach wenigen Sekunden bringt irgendeiner Einwände vor, die etwa folgenden Inhalts sind: »Sie wollen sagen, man sollte alle diese Mörder, Diebe und Räuber freilassen? Ist Ihnen bewußt, was das bedeuten würde? Wir alle wären in Gefahr, es gäbe für niemanden mehr Sicherheit. Wir *brauchen* die Gefängnisse.«

Andere stimmen ihm sofort zu.

»Jede Ordnung würde zusammenbrechen, wenn wir keine Gefängnisse hätten.«

»Manche Menschen sind geborene Verbrecher.«

»Wir brauchen ganz im Gegenteil mehr Gefängnisse.«

Und so geht es weiter. Ich bekomme allerlei *gute Gründe* genannt, warum Gefängnisse unentbehrlich sind.

Nach etwa zehn Minuten, in denen die Gruppe »beweist«, warum wir unmöglich ohne Gefängnisse auskommen können, sage ich: »Ich bekenne, daß ich die Frage nach der Abschaffung der Gefängnisse nur gestellt habe, um einen wichtigen Punkt zu veranschaulichen. Jeder von Ihnen hat Gründe vorgebracht, warum es nicht ohne Gefängnisse geht. Wollen Sie mir einen Gefallen tun? Wollen Sie ein paar Minuten angestrengt zu glauben versuchen, daß wir die Gefängnisse abschaffen *können?*«

Da es sich um ein Experiment handelt, sind die Gruppenmitglieder mit meinem Vorschlag einverstanden.

Ich frage nun: »Angenommen also, die Gefängnisse ließen sich abschaffen – welche Überlegungen müssen wir anstellen?«

Die Vorschläge kommen anfangs zögernd. Jemand sagt nach einer Weile: »Hm, die Zahl der Verbrechen ließe sich verringern, wenn wir mehr Jugendzentren schaffen würden.«

Nach kürzester Zeit findet die gleiche Gruppe, die eben noch »bewiesen« hat, warum Gefängnisse notwendig sind, Argumente für ihre allmähliche Abschaffung.

»Die Armut bekämpfen. Die meisten Verbrechen werden von Angehörigen der niedrigen Einkommensschichten verübt.«

»Mehr offene Vollzugsanstalten einführen, damit sich die Verurteilten nach der Entlassung besser in die Gesellschaft integrieren können.«

»Die Gesetzeshüter in positiven Reformmethoden schulen.«

Dies sind nur einige der achtundsiebzig von mir registrierten Ideen, mit deren Hilfe das Ziel – die Abschaffung der Gefängnisse – erreicht werden könnte.

... und Ihr Verstand findet Wege

Das vorherige Experiment beweist eines unwiderlegbar: Wenn Sie etwas für unmöglich halten, geht Ihr Verstand für Sie ans Werk und beweist es Ihnen. Wenn Sie aber glauben, wirklich glauben, daß etwas machbar ist, geht Ihr Verstand für Sie ans Werk und hilft Ihnen, Durchführungswege zu finden.

Der Glaube, daß sich etwas verwirklichen läßt, ebnet den Weg zu schöpferischen Lösungen. Der Glaube, daß etwas nicht verwirklicht werden kann, ruft destruktives, zerstörerisches Denken hervor. Dies gilt für sämtliche Situationen, unbedeutende wie wichtige. Politische Führer, die nicht aufrichtig daran glauben, daß ein dauerhafter Weltfriede geschaffen werden kann, müssen scheitern, weil ihr Verstand verschlossen ist für schöpferische Wege zum Frieden. Wirtschaftsexperten, die geschäftliche Flauten für unvermeidlich halten, werden keine schöpferischen Ideen zur Änderung des Konjunkturrhythmus entwickeln.

Sie *können* Lösungen für persönliche Probleme entdecken, wenn Sie es glauben.

Sie *können* Möglichkeiten aufspüren, um ein neues, größeres Haus zu kaufen, wenn Sie daran glauben.

○ Glaube setzt schöpferische Kräfte frei. Unglauben bremst sie.

○ Glauben Sie – und Sie werden konstruktiv zu denken beginnen!

Ein junger Mann erkannte: Nichts ist unmöglich!

Vor nicht allzu langer Zeit bat mich ein junger Mann, ihm zu helfen, eine aussichtsreichere Stellung zu finden. Er arbeitete damals in der Kreditabteilung eines Versandhauses und meinte, dort keine Zukunft zu haben. Wir sprachen über seine Ausbildung und seine Berufswünsche. Nachdem ich einiges über ihn wußte, sagte ich zu ihm: »Ich finde es bewundernswert, daß Sie aufsteigen und eine bessere, verantwortungsvollere Stellung haben wollen. Aber für den Posten, den Sie sich wünschen, braucht man heutzutage einen College-Abschluß. Drei Semester haben Sie, wie ich höre, ja schon absolviert. Ich würde Ihnen raten, Ihr Studium wieder aufzunehmen. Wenn Sie in den Sommermonaten studieren, können Sie es in zwei Jahren schaffen. Und ich bin sicher, daß Sie dann die Stellung bekommen, die Sie haben wollen, und daß Sie bei der Firma unterkommen, für die Sie arbeiten möchten.«

»Mir ist klar«, entgegnete er, »daß ein Studium hilfreich wäre. Aber es ist mir unmöglich, gewissermaßen noch einmal die Schulbank zu drücken.«

»Unmöglich? Warum?« fragte ich.

»Erstens einmal«, erklärte er, »bin ich vierundzwanzig. Zweitens erwartet meine Frau in ein paar Monaten ihr zweites Kind, und wir kommen kaum mit dem aus, was ich verdiene. Ich hätte keine Zeit zum Lernen, weil ich meine Stellung behalten müßte. Es ist einfach unmöglich, Schluß, aus!«

Der junge Mann hatte sich tatsächlich selbst überzeugt, daß es für ihn »unmöglich« sei, sein Studium zu vollenden.

Ich sagte zu ihm: »Wenn Sie glauben, daß es unmöglich ist, dann ist es unmöglich. Andererseits aber wird sich, wenn Sie eine Rückkehr auf die Universität aufrichtig für möglich halten, eine Lösung finden.

Ich möchte jetzt, daß Sie Folgendes tun: Fassen Sie den

Entschluß, zu Ende zu studieren. Dieser eine Gedanke soll Ihr ganzes Denken beherrschen. Denken Sie dann darüber nach, ich meine, denken Sie wirklich nach, wie Sie das Studium schaffen und trotzdem Ihre Familie ernähren könnten. Kommen Sie in ein paar Wochen wieder, und berichten Sie mir, welche Möglichkeiten Sie gefunden haben.«

Mein junger Freund besuchte mich zwei Wochen später.

»Ich habe viel über Ihre Worte nachgedacht«, begann er. »Mir ist klar, daß ich mein Studium zu Ende bringen muß, und ich bin dazu entschlossen. Noch sind nicht alle Dinge geregelt, aber ich werde eine Lösung finden.«

Und er fand eine.

Es gelang ihm, von einem Unternehmerverband ein Stipendium zu erhalten, das für die Studiengebühren, die Bücher und diverse Nebenausgaben reichte. Er richtete seine Arbeitszeit so ein, daß er alle Vorlesungen besuchen konnte. Dank seiner Begeisterung und der Aussicht auf ein besseres Leben hatte er die volle Unterstützung seiner Frau. Zusammen fanden beide durch schöpferisches Denken Wege, um ihr Geld und ihre Zeit besser einzuteilen.

Zwei Jahre später machte der junge Mann seinen Abschluß, und tags darauf trat er als Assistent der Geschäftsleitung in ein Großunternehmen ein.

Wo ein Wille ist, ist auch ein Weg!

Der Glaube an die Machbarkeit einer Sache ist die Grundlage schöpferischen Denkens. Ich möchte Ihnen zwei Empfehlungen geben, um Ihnen zu zeigen, wie Sie durch intensiven Glauben die Kraft zu schöpferischem Denken erhalten:

1. Merzen Sie sofort das Wort *unmöglich* aus dem Wortschatz Ihres Denkens und Sprechens aus. *Unmöglich* ist ein Versagenswort. Die Vorstellung: »Es ist unmöglich« setzt eine Kettenreaktion von Gedanken in Gang, die Ihnen beweisen, daß Sie recht haben.

2. Denken Sie an etwas Besonderes, das Sie tun wollten, von dem Sie aber glaubten, es nicht tun zu können. Stellen Sie nun eine Liste von Gründen auf, warum Sie es doch tun könnten. Wir arbeiten oft unseren Wünschen regelrecht entgegen, indem wir uns

auf Gründe konzentrieren, die unsere Wunschziele unerfüllbar erscheinen lassen. Dabei verdienen lediglich jene Gründe, aus denen sie erfüllbar sein können, unsere geistige Konzentration.

Denken Sie fortschrittlich

Neulich las ich in einer Zeitung, daß es in den meisten Ländern zu viele Verwaltungsbezirke gibt. Der Artikel machte darauf aufmerksam, daß die Grenzen der meisten Verwaltungsbezirke viele Jahrzehnte vor dem Auftauchen der ersten Automobile festgelegt worden waren, in einer Zeit also, wo Pferdewagen die wichtigsten Transportmittel darstellten. Doch heute, angesichts unserer schnellen Autos und guten Straßen, könnte man jederzeit drei oder vier Bezirke zusammenlegen. Dadurch würden die Dienststellen reduziert, und die Steuerzahler kämen für weniger Geld in den Genuß besserer Dienstleistungen.

Der Verfasser des Artikels schrieb, er habe geglaubt, auf einen wirklich erregenden Gedanken gestoßen zu sein, darum habe er dreißig willkürlich ausgewählte Personen interviewt, um ihre Reaktion zu erkunden. Das Ergebnis: Niemand hielt die Idee für sinnvoll, obwohl sich dadurch eine bessere und dabei kostengünstigere Regionalregierung hätte schaffen lassen.

Dies ist ein Beispiel für traditionsverhaftetes Denken. Der Verstand des traditionsgebundenen Menschen ist gelähmt. Er argumentiert: »Das ist schon seit hundert Jahren so, also muß es gut sein, und darum muß es so bleiben. Warum eine Veränderung riskieren?«

»Durchschnittsmenschen« haben immer etwas gegen den Fortschritt. Um die Jahrhundertwende protestierten viele gegen das Automobil mit der Begründung, es entspreche unserer Natur, zu Fuß zu gehen oder Pferde zu benützen. Das Flugzeug lehnten viele ab, weil der Mensch »kein Recht hat«, in den Raum einzudringen, der den Vögeln »vorbehalten« ist. Und heute vertreten einige Erzkonservative immer noch die Ansicht, der Mensch habe im Weltraum nichts verloren.

Einer der führenden Weltraumexperten gibt hierzu die passende Antwort auf diese Denkweise. »Der Mensch gehört dorthin«, sagt Dr. Wernher von Braun, »wohin es ihn zieht.«

Ihr Weg ist der beste!

Um das Jahr 1900 stellte ein Verkaufsleiter ein »wissenschaftliches« Verkaufsprinzip auf, das seinerzeit ziemliches Aufsehen erregte und sogar Eingang in verschiedene Sachbücher fand. Es lautete: »Für den Verkauf einer Ware gibt es *einen* besten Weg. Finden Sie den besten Weg, und weichen Sie dann nicht mehr davon ab!«

Vergleichen Sie die Ansicht des Verkaufsleiters einmal mit der Philosophie von Crawford H. Greenewalt, dem Generaldirektor eines der größten Konzerne der Welt. Bei einem Vortrag sagte er: »... es gibt viele Wege, gute Arbeit zu leisten – tatsächlich so viele, wie es Menschen gibt, denen eine bestimmte Aufgabe übertragen wird.«

In der Tat gibt es nicht *einen* besten Weg, etwas zu tun. Es gibt nicht nur einen einzigen besten Weg, ein Kind aufzuziehen, ein Produkt zu verkaufen, eine Wohnung einzurichten oder eine Landschaft zu gestalten, sondern so viele beste Wege, wie es schöpferische Menschen gibt.

Im Eis gedeiht nichts

Wenn wir unseren Verstand in der Tradition erstarren lassen, können ihm keine neuen Ideen entsprießen.

Machen Sie bitte folgenden Test: Schlagen Sie irgend jemandem eine der nachstehenden Neuerungen vor, und beobachten Sie seine Reaktion.

○ Die Post, seit langem ein Regierungsmonopol, sollte in ein Privatunternehmen umgewandelt werden.

○ Wahlen sollten alle zwei oder sechs Jahre abgehalten werden statt alle vier.

○ Die Einzelhandelsgeschäfte sollten von dreizehn bis zwanzig Uhr geöffnet sein statt von neun bis achtzehn Uhr dreißig.

○ Das Rentenalter sollte angehoben werden.

Bei dem Test geht es nicht darum, ob die Ideen vernünftig oder durchführbar sind. Entscheidend ist, wie ein Mensch auf solche Vorschläge reagiert. Lacht er (was vermutlich über neunzig Prozent der Angesprochenen tun werden) und denkt gar nicht erst darüber nach, leidet er mit ziemlicher Sicherheit an »Traditionslähmung«. Doch der eine unter den vielen, der sagt: »Das sind interessante Gedanken, erzählen Sie mir mehr darüber«, hat einen auf das Schöpferische ausgerichteten Verstand.

Drei Wege gegen traditionsverhaftetes Denken

Traditionsverhaftetes Denken ist der Feind Nummer eins jedes Menschen, der sich für ein kreatives persönliches Erfolgsprogramm interessiert. Solches Denken läßt Ihren Verstand erstarren, blockt Fortschritte ab und verhindert, daß Sie schöpferische Kraft entwickeln. Hier sind drei Wege, um dieses Denken zu bekämpfen:

1. Werden Sie aufnahmebereit für neue Ideen, begrüßen Sie sie. Verbannen Sie abwehrende Gedanken!

Ein sehr erfolgreicher Freund von mir, der eine leitende Position in einer Versicherungsgesellschaft bekleidet, sagte einmal: »Ich behaupte nicht, der Gescheiteste in diesem Geschäft zu sein. Aber ich halte mich für den besten ›Schwamm‹ im Versicherungsgewerbe. Ich habe es mir zur Aufgabe gemacht, alle guten Ideen aufzusaugen, die mir zu Ohren kommen.«

2. Seien Sie experimentierfreudig! Durchbrechen Sie die Alltagsroutine. Gehen Sie in neue Restaurants, lesen Sie neue Bücher, besuchen Sie neue Theater, schließen Sie neue Freundschaften, fahren Sie irgendwann auf einem neuen Weg zur Arbeit, machen Sie dieses Jahr einmal einen ganz anderen Urlaub, unternehmen Sie kommendes Wochenende etwas völlig Neuartiges.

Wenn Sie beispielsweise im Vertriebssektor arbeiten, sollten Sie Interesse an der Fertigung, der Buchhaltung, dem Finanzwesen und anderen Geschäftsbereichen entwickeln. Dies erweitert Ihr Gesichtsfeld und bereitet Sie auf größere, verantwortungsvollere Aufgaben vor.

3. Seien Sie fortschrittlich, nicht rückschrittlich! Sagen Sie nicht: »So habe ich es in meiner früheren Firma gemacht, also mache ich es hier auch so.« Überlegen Sie vielmehr: »Wie kann ich es besser machen als in meiner früheren Firma?« Ersteres ist auf die hinter Ihnen liegende Vergangenheit ausgerichtet, ist demnach regressives Denken, letzteres ist zukunftsorientiertes, progressives Denken.

Absolute Perfektion ist unerreichbar

Stellen Sie sich vor, was mit der Daimler-Benz AG passieren würde, wenn die Firmenleitung folgende Entscheidung träfe: »Dieses Jahr haben wir das vollendete Auto gebaut. Eine weitere Verbesserung ist unmöglich. Darum werden ab sofort alle experimentellen Entwicklungs- und Konstruktionsarbeiten endgültig eingestellt.« Bei einer solchen Haltung würde sogar die Daimler-Benz AG, eines der stabilsten Unternehmen der Automobilindustrie, sehr schnell in Schwierigkeiten geraten.

Erfolgreiche Menschen und Unternehmen leben mit der Frage: »Wie kann ich die Qualität meiner Leistung steigern, wie kann ich Besseres leisten?«

Bei menschlichen Unternehmungen ist absolute Perfektion unerreichbar. Dies bedeutet, daß endloser Raum für Verbesserungen bleibt. Erfolgreiche Menschen wissen dies und suchen immer nach einem besseren Weg. Sie fragen daher nicht: »Kann ich es besser machen?« Sie *wissen,* daß sie es können. Demnach lautet ihre Frage: »*Wie* kann ich es besser machen?«

Das »wöchentliche Verbesserungsprogramm«

Vor einigen Monaten eröffnete ein ehemaliger Schüler von mir, der erst seit vier Jahren im Geschäft ist, seinen vierten Eisenwarenladen. Eine großartige Leistung, wenn man bedenkt, daß der junge Mann als Anfangskapital nur dreitausendfünfhundert Dollar gehabt hatte, daß er noch so neu in der Branche war und daß er gegen starke Konkurrenz zu kämpfen hatte.

Ich ging kurz nach der Eröffnung in das neue Geschäft und gratulierte ihm zu seinen Fortschritten. Indirekt fragte ich ihn, wie er es geschafft habe, drei Läden zum Erfolg zu führen und sogar einen vierten aufzumachen, während die meisten Geschäftsleute Mühe hatten, nur mit einem einzigen Laden erfolgreich zu sein.

»Natürlich arbeite ich hart«, sagte er, »aber die vier Geschäfte verdanke ich keineswegs allein der Tatsache, daß ich früh anfange und spät aufhöre. Die meisten Leute in meiner Branche arbeiten hart. In der Hauptsache schreibe ich den Erfolg meinem selbstgebastelten ›wöchentlichen Verbesserungsprogramm‹ zu.«

»Ein wöchentliches Verbesserungsprogramm? Klingt beeindruckend. Wie funktioniert es?« fragte ich.

»Eigentlich ganz einfach«, erklärte er. »Im Grunde ist es nur ein Plan, der mir hilft, im Laufe einer jeden Woche die Leistung zu verbessern.

Um mein vorwärtsgerichtetes Denken in Schwung zu halten, habe ich meine Arbeit in vier Sparten unterteilt: Kunden, Beschäftigte, Ware und Werbung. Während jeder Woche mache ich mir Notizen und schreibe mir Ideen zur Verbesserung meines Geschäftes auf. Jeden Montagabend nehme ich mir dann vier Stunden Zeit, ich setze mich hin, gehe die notierten Ideen durch und überlege, wie sich die soliden in die Praxis umsetzen lassen. Während dieser vier Stunden zwinge ich mich, meinen Betrieb genau unter die Lupe zu nehmen. Ich wünsche mir nicht bloß, daß in meinen Läden mehr Kunden einkaufen, sondern ich frage mich: ›Was kann ich tun, um mehr Kunden anzuziehen? Wie kann ich treue Stammkunden gewinnen?‹«

Er zählte einige kleine Neuerungen auf, dank derer seine ersten drei Geschäfte so hervorragend liefen: bestimmte Anordnung der Waren in den Läden, eine Verkaufstechnik, die bewirkte, daß zwei Drittel der Kunden Waren kauften, die sie beim Betreten seiner Geschäfte gar nicht hatten kaufen wollen; einen Kreditplan, den er ausgearbeitet hatte, als viele seiner Kunden wegen eines Streiks arbeitslos geworden waren; einen Wettbewerb, durch den er während einer Flaute den Absatz angekurbelt hatte.

Mein ehemaliger Schüler fuhr fort: »Ich frage mich: ›Was kann ich tun, um mein Warenangebot zu verbessern?‹ Und prompt kommen mir Ideen. Glauben Sie mir: Mein wöchentlicher Verbesserungsplan funktioniert. Durch die bewußte Frage: ›Wie kann ich die Leistung verbessern?‹ finde ich die Antworten. Es geschieht selten, daß ich am Montagabend nicht irgendeinen Plan oder eine Technik finde, die meine Bilanz besser aussehen läßt. Außerdem habe ich auch etwas über erfolgreiche Verkaufspolitik gelernt, das meiner Ansicht nach jeder, der ein eigenes Geschäft eröffnen will, wissen sollte.«

»Und was ist das?« fragte ich.

»Es kommt nicht so sehr darauf an, was Sie anfangs können und wissen. Viel entscheidender ist, was Sie lernen und in die Praxis umsetzen, nachdem Sie Ihr Geschäft eröffnet haben.«

Großer Erfolg setzt voraus, daß man für sich selbst und für andere ständig höhere Normen festlegt, daß man nach Wegen sucht, um seine Leistung zu steigern, um bei niedrigeren Kosten höhere Erträge zu erzielen, um mit weniger Anstrengung mehr zu bewältigen. Größten Erfolg erringen Menschen, die sagen: »Ich kann es besser machen.«

Es gibt immer Wege – Ihr Verstand zeigt sie Ihnen

Meine Frau und ich trafen uns des öfteren mit einem Ehepaar, und dabei kam die Rede jedesmal auf »berufstätige Ehefrauen«. Sarah hatte vor ihrer Heirat mehrere Jahre gearbeitet und wirkliche Freude an ihrem Beruf gehabt.

»Aber jetzt«, sagte sie, »habe ich zwei Kinder im Schulalter, ich muß ein großes Haus sauberhalten und kochen. Ich habe einfach keine Zeit.«

Eines Sonntagabends dann wurde die Familie in einen Autounfall verwickelt. Die beiden Kinder sowie Sarah kamen mit leichten Verletzungen davon, doch ihr Mann erlitt eine Rückenverletzung, die ihn für immer erwerbsunfähig machte. Darum blieb Sarah nun gar nichts anderes übrig, als wieder zu arbeiten.

Einige Monate nach dem Unfall kamen wir mit ihr zusammen, und wir konnten nur staunen, wie großartig sie sich an ihre neuen Pflichten angepaßt hatte.

»Wissen Sie«, sagte sie, »vor einem halben Jahr hätte ich mir nicht träumen lassen, daß ich es schaffe, den Haushalt zu bewältigen und dabei voll berufstätig zu sein. Aber nach dem Unfall mußte es einfach gehen. Glauben Sie mir, meine Leistungsfähigkeit ist um einhundert Prozent gestiegen. Ich habe gemerkt, daß zahllose Dinge, die ich früher getan habe, schlicht überflüssig waren. Und ich habe erkannt, daß die Kinder helfen können und auch helfen wollen. Ich habe Dutzende Möglichkeiten gefunden, um Zeit zu sparen: weniger Einkaufsfahrten, weniger Fernsehen, weniger Telephongespräche, einfach weniger solche und andere ›Zeitkiller‹.«

Aus den Erfahrungen dieser Frau läßt sich etwas sehr Wichtiges ableiten: *Leistungsfähigkeit ist ein Bewußtseinszustand.* Wieviel wir schaffen, hängt weitgehend davon ab, wieviel wir uns zutrauen.

Wenn Sie wirklich glauben, daß Sie mehr bewältigen können, denkt Ihr Verstand schöpferisch und zeigt Ihnen neue Wege.

Die Erfahrung eines Bankangestellten

Daß es durchaus möglich ist, wirklich neue, andere Wege zu finden, zeigt die Erfahrung eines höheren Bankangestellten.

»Ein anderer höherer Angestellter unserer Bank,« so berichtete er, »verließ uns innerhalb sehr kurzer Frist. Das brachte unsere Abteilung ziemlich in Schwierigkeiten. Der Mann hatte einen wichtigen Posten innegehabt, und seine Arbeit konnte nicht aufgeschoben werden oder unerledigt bleiben.

Am Tag nach seinem Weggang rief mich der für meine Abteilung zuständige Vizepräsident zu sich. Er erklärte mir, daß er schon mit den anderen beiden Herren in meiner Abteilung gesprochen hätte und sie gefragt habe, ob sie sich die Arbeit des Mannes teilen könnten, bis Ersatz gefunden sei. ›Keiner der beiden lehnte offen ab‹, sagte der Vizepräsident, ›aber jeder behauptete, er stecke bis zum Hals in eigener, dringender Arbeit. Ich frage Sie daher: Können Sie vorübergehend die Mehrarbeit übernehmen?‹

Im Laufe meiner Berufstätigkeit habe ich gelernt, daß es sich nie lohnt, etwas abzulehnen, das nach einer Chance aussieht. Ich sagte also ja und versprach, mein Bestes zu tun, um den unbesetzten Posten zu betreuen und gleichzeitig mit meiner eigenen Arbeit auf dem laufenden zu bleiben. Der Vizepräsident war erfreut über meine Zusage.

Als ich sein Büro verließ, war mir klar, daß ich eine Riesenaufgabe übernommen hatte. Aber ich war entschlossen, einen Weg zu finden, um beide Posten auszufüllen. Ich erledigte an diesem Nachmittag meine Aufgaben, und als die Bürozeit zu Ende war, setzte ich mich hin, um nachzudenken, wie ich meine Leistungsfähigkeit steigern könnte. Ich nahm einen Bleistift und schrieb alle Ideen auf, die mir kamen.

Und mir kamen einige gute Ideen. Zum Beispiel konnte ich mit meiner Sekretärin vereinbaren, daß sie alle die Anrufe, die tagtäglich immer wieder geführt werden mußten, während einer bestimmten Stunde zu mir durchstellte, daß ich alle nach draußen gehenden Gespräche ebenfalls zu einer bestimmten Stunde führen konnte, daß meine üblichen Besprechungszeiten von fünfzehn auf zehn Minuten angesetzt und daß alle Diktate jeden Tag nacheinander gemacht wurden. Wie sich zeigte, konnte meine Sekretärin eine Reihe kleiner zeitraubender Aufgaben ebenfalls für mich übernehmen, was sie auch bereitwillig tat.

Ich hatte meine Position bereits seit mehr als zwei Jahren inne und wunderte mich jetzt, offen gesagt, wieviel Leerlauf sich während meiner Arbeitszeit eingeschlichen hatte.

Nach einer Woche diktierte ich doppelt so viele Briefe, erledigte um die Hälfte mehr Anrufe, nahm auch wesentlich häufiger an Besprechungen teil – und das alles ohne Streß.

Ein paar Wochen vergingen, dann rief mich der Vizepräsident wieder zu sich. Er beglückwünschte mich zu meiner guten Arbeit und sagte, daß er mit der Bankdirektion bereits alles geklärt habe und ermächtigt sei, die beiden Bereiche zu vereinen, mir den neuen Posten zu übertragen und mir eine ansehnliche Gehaltserhöhung zu geben.

Ich hatte mir selbst eines bewiesen: Wieviel ich leisten kann, hängt davon ab, wieviel ich *glaube,* leisten zu können!«

Leistungsfähigkeit ist tatsächlich ein Bewußtseinszustand.

Zusätzliche Arbeit bringt immer Gewinn

In unserer schnellebigen Geschäftswelt kommt bestimmt täglich irgendwo etwa folgendes vor: Der Chef ruft einen Mitarbeiter zu sich und erklärt, eine besondere Aufgabe müsse erledigt werden. Dann sagt er: »Ich weiß, daß Sie eine Menge zu tun haben. Können Sie die Sache trotzdem übernehmen?« Allzuoft antwortet der Mitarbeiter: »Es tut mir furchtbar leid, aber mir wächst die eigene Arbeit über den Kopf. Ich wünschte, ich könnte sie übernehmen, aber ich schaffe es beim besten Willen nicht.«

Weil es sich um zusätzliche Arbeit handelt, besteht der Chef nicht auf der Übernahme, doch er weiß, daß die Sache erledigt werden muß, und sucht weiter, bis er einen Mitarbeiter findet, der zwar genauso beschäftigt ist wie seine Kollegen, sich jedoch noch mehr zutraut. Und dieser Mitarbeiter ist derjenige, der vorwärtskommen wird.

Sind Sie jetzt überzeugt, daß es sich lohnt, mehr und bessere

Leistungen zu erbringen? Dann sehen Sie sich das nachstehende Zweistufenverfahren an.

1. Akzeptieren Sie Mehrarbeit bereitwillig. Es ist ein Kompliment, wenn man gebeten wird, neue Verantwortung auf sich zu nehmen. Wer größere Verantwortung auf sich nimmt, beweist darüber hinaus, daß er fähig ist, auch andere, und zwar führende Aufgaben übernehmen zu können.

2. Konzentrieren Sie sich dann auf die Frage: »Wie kann ich mehr bewältigen?« Es werden Ihnen automatisch schöpferische Antworten kommen. Einige betreffen vielleicht eine bessere Planung, andere möglicherweise die völlige Unterlassung unwichtiger Arbeiten. Wie dem auch sei, lassen Sie mich wiederholen: Die Lösung zur Bewältigung der Mehrarbeit wird ganz sicher kommen.

Nach meiner persönlichen Erkenntnis muß man Dinge, die man erledigt haben will, vielbeschäftigten Menschen übertragen. Ich weigere mich daher, bei wichtigen Projekten mit Leuten zusammenzuarbeiten, die jede Menge Zeit haben. Ich mußte oftmals die schmerzliche, kostspielige Erfahrung machen, daß ein Mensch mit viel Zeit ein untauglicher Arbeitspartner ist.

Alle erfolgreichen, fähigen Menschen, die ich kenne, haben viel zu tun. Wenn ich mit ihnen irgendein Projekt in Angriff nehme, weiß ich, daß es zufriedenstellend durchgeführt wird.

In Dutzenden von Fällen erlebte ich, daß ein vielbeschäftigter Lieferant trotz allem rechtzeitig liefert. Aber immer wieder wurde ich enttäuscht, wenn ich mit Leuten arbeitete, die »alle Zeit der Welt« hatten.

Richtiges Zuhören ist wichtig

Bei zahllosen Gesprächen mit Menschen aller Schichten machte ich eine Entdeckung: Je größer ein Mensch denkt, desto mehr tendiert er dazu, Sie zum Sprechen zu ermutigen; je kleiner ein Mensch denkt, desto mehr tendiert er dazu, Ihnen Predigten zu halten.

- Großdenkende Menschen nehmen für sich das *Zuhören* in Anspruch.
- Kleindenkende Menschen nehmen für sich das *Reden* in Anspruch.

Achten Sie auch einmal darauf: Spitzenleute aus allen Bereichen verwenden mehr Zeit auf das Einholen als auf das Erteilen von Ratschlägen. Bevor ein Spitzenmann eine wichtige Entscheidung fällt, stellt er Fragen wie: »Was für ein Gefühl haben Sie dabei? Was würden Sie empfehlen? Was würden Sie unter diesen Umständen tun? Wie klingt das für Sie?«

Betrachten Sie die Sache so: Eine Führungspersönlichkeit ist eine »menschliche Entscheidungsmaschine«. Doch um etwas herzustellen, braucht man unbedingt Rohmaterial. Für die »Produktion« von schöpferischen Entscheidungen besteht das Rohmaterial aus den Ideen und Vorschlägen anderer. Natürlich darf man nicht erwarten, daß einem die anderen fertige Lösungen liefern. Das ist nicht der Hauptgrund für die Fragen und Erkundigungen der Führungspersönlichkeit. Die Ideen der anderen helfen ihr vielmehr, im eigenen Verstand Ideen zu entzünden und ihn kreativer zu machen.

Der Manager, der »Hilfe« suchte

Vor kurzem nahm ich als Dozent an einem Fortbildungsseminar für Manager teil. Das Seminar bestand aus zwölf Kurssitzungen, und einer der Höhepunkte jeder Sitzung war ein fünfzehnminütiges Referat von Jungmanagern über das Thema: »Wie ich mein dringlichstes Managementproblem löste«.

In der neunten Sitzung ging der Manager, der das Referat halten sollte, ganz anders vor. Der Mann, Direktor einer großen Firma, schilderte nicht die Lösung seines schwierigsten Problems, sondern erklärte einfach: »Ich suche Hilfe bei der Lösung meines dringlichsten Managementproblems.«

Interessiert schauten ihn die Mitglieder der Gruppe an. Dann führte er aus: »Ich denke mir, Sie können mir ein paar Ideen liefern. Es ist sehr gut möglich, daß etwas von dem, was in der heutigen Sitzung gesagt wird, mir den Hinweis gibt, den ich für die Lösung meines Problems brauche.«

Dieser Manager trug sein Problem vor und *hörte* dann *zu*. Dadurch erhielt er entscheidungsbildendes Rohmaterial, und als positive Nebenwirkung kam hinzu, daß das Referat den anderen die Möglichkeit zu aktiver Teilnahme bot.

Ihre Ohren sind Einlaßventile

In einem Büro las ich neulich auf einem Schild: »Damit Sie John Brown das verkaufen können, was er kaufen soll, müssen Sie die Ware durch seine Augen sehen.« Und durch John Browns Augen lernt man sehen, indem man sich anhört, was er zu sagen hat.

Ihre Ohren sind Einlaßventile, sie speisen Ihr Bewußtsein mit Rohmaterial, das in schöpferische Kraft umgewandelt werden kann. Durch Reden lernen wir nichts. Dagegen sind dem, was wir durch Fragen und Zuhören lernen können, keine Grenzen gesetzt.

Fragen und Zuhören stärken Ihre Kreativität

Sehen Sie selbst, wie das nachstehende dreistufige Programm zur Stärkung Ihrer Kreativität durch Fragen und Zuhören beitragen kann.

1. Ermutigen Sie andere zum Reden. Aktivieren Sie bei privaten Gesprächen oder Gruppenversammlungen die Menschen, indem Sie behutsam drängen: »Bitte erzähl mir von deinem Erlebnis.« Oder fragen Sie: »Was sollte man nach Ihrer Meinung in der Sache tun? Welchen Punkt halten Sie für den entscheidenden?« Ermutigen Sie andere zum Reden, und Sie werden einen zweifachen Sieg erringen: Ihr Bewußtsein nimmt Rohmaterial auf, das Sie zur Erzeugung schöpferischer Gedanken benutzen können – und Sie gewinnen Freunde. Sie werden immer wieder feststellen: Wenn Sie Menschen zum Sprechen auffordern, wird Ihnen sofort Vertrauen entgegengebracht.

2. Unterziehen Sie ihre eigenen Ideen einem Fragetest, der Ihnen hilft, sie abzuschleifen und zu polieren. Fragen Sie andere Menschen beispielsweise: »Was halten Sie von diesem Vorschlag?« Seien Sie nicht dogmatisch. Verkünden Sie nie eine Idee, als wäre sie das Nonplusultra. Ziehen Sie zunächst einige informelle Erkundigungen ein, finden Sie heraus, wie Ihre Kollegen oder Geschäftspartner auf die Idee reagieren. Wenn Sie dies tun, bestehen große Chancen, daß Ihre Idee eine wesentliche Verbesserung erfährt.

3. Konzentrieren Sie sich auf das, was Ihr Gesprächspartner sagt. Zuhören bedeutet, daß Sie das Gesagte in Ihr Bewußtsein

eindringen lassen. Oft tun die Menschen so, als würden sie zuhören, doch in Wirklichkeit warten sie nur darauf, daß der andere eine Pause macht und sie selbst das Wort ergreifen können. Konzentrieren Sie sich auf die Aussagen des anderen. Werten Sie seine Aussagen aus. So erweitern Sie Ihr Bewußtsein.

Lassen Sie sich stimulieren

Immer mehr führende Universitäten bieten Schulungsprogramme für Manager und höhere Angestellte an. Der große Nutzen dieser Programme besteht nicht etwa darin, daß die Teilnehmer fertige Formeln für eine effektivere Unternehmensleitung geliefert bekommen, sondern darin, daß sie Gelegenheit haben, neue Ideen auszutauschen und zu erörtern. Die Teilnehmer profitieren so in der Hauptsache von Stimulierungen, von Anregungen.

Der Buchhalter, der Immobilien verkaufte

Ein junger Buchhalter aus einer Farbenfabrik erzählte mir von einer sehr erfolgreichen Unternehmung, zu der er durch Ideen anderer angeregt wurde.

»Eines Tages«, begann er, »lud mich ein Immobilienmakler, mit dem ich befreundet bin, zu einem Mittagessen ein, das von einer Immobiliengruppe der Stadt gegeben wurde.

Bei dem Essen sprach ein älterer Herr, der unsere Stadt hatte wachsen sehen, über das Thema: ›Die nächsten zwanzig Jahre.‹ Er sagte voraus, daß die Stadt weiter wachsen und sich in die ländliche Umgebung ausdehnen werde. Dann sagte er weiter voraus, daß eine große Nachfrage nach kleinen Gütern mit etwa einem bis zwei Hektar Grund entstehen würde, die groß genug seien, damit der Besitzer einen Swimmingpool und einen Garten anlegen, Pferde halten und anderen Hobbys nachgehen könne.

Die Rede dieses Mannes faszinierte mich. Er beschrieb genau den Wunsch, den ich schon seit einiger Zeit hegte. In den folgenden Tagen fragte ich mehrere Freunde, was sie davon hielten, irgendwann ein zwei Hektar großes Stück Land zu besitzen. Jeder, mit dem ich sprach, sagte in etwa: ›Das wäre großartig!‹

Ich dachte weiter über die Sache nach und überlegte, wie ich aus der Idee Gewinn schlagen könnte. Eines Tages fand ich die Lösung. Warum nicht eine Farm kaufen und sie in Parzellen aufteilen? Ich sagte mir, daß das Land in relativ kleinen Parzellen vermutlich mehr wert wäre.

Fünfunddreißig Kilometer vom Stadtzentrum entfernt fand ich eine ziemlich heruntergekommene, zwanzig Hektar große Farm, die achteinhalbtausend Dollar kosten sollte. Ich kaufte sie, bezahlte nur ein Drittel an und einigte mich mit dem Besitzer auf eine Hypothek über die Restsumme.

Als nächstes pflanzte ich dort, wo keine Bäume waren, Jungkiefern an. Ein Immobilienmakler, der meiner Meinung nach sein Geschäft versteht, hatte mir nämlich gesagt: ›Die Leute wünschen sich heutzutage Bäume, viele Bäume!‹

Ich wollte meinen zukünftigen Interessenten zeigen, daß ihr Grundstück in einigen Jahren einen prächtigen Kiefernbestand aufweisen würde.

Dann ließ ich von einem Landvermesser die zwanzig Hektar in zehn Grundstücke zu je zwei Hektar aufteilen.

Nun konnte ich mit dem Verkauf beginnen. Ich besorgte mir mehrere Adressen von jungen leitenden Angestellten in unserer Stadt und startete eine kleine Briefkampagne. Ich wies die Angeschriebenen darauf hin, daß sie für ganze dreitausend Dollar, dem Preis einer kleinen Parzelle in der Stadt, ein großes Grundstück erwerben könnten. Außerdem schilderte ich die Möglichkeiten der Freizeitgestaltung, der Erholung und des gesunden Lebens.

Binnen sechs Wochen verkaufte ich alle Grundstücke, obwohl ich nur an den Abenden und den Wochenenden für dieses Projekt tätig war. Da ich für die zehn Grundstücke dreißigtausend Dollar bekam und insgesamt etwas mehr als zehntausend Dollar Unkosten hatte (Grunderwerb, Vermessung, Werbung sowie sämtliche Gebühren), betrug mein Gewinn knapp zwanzigtausend Dollar.

Dies habe ich erreicht, weil ich mich den Ideen intelligenter Menschen ausgesetzt habe. Hätte ich die Einladung zum Mittagessen nicht angenommen, würde mein Verstand diesen erfolgreichen Plan für ein einträgliches Geschäft nie und nimmer ausgearbeitet haben.«

Lassen Sie sich geistig anregen

Es gibt viele Möglichkeiten der geistigen Anregung, doch ich will Ihnen hier zwei nennen, die Sie leicht in Ihr Lebensschema einbauen können.

Die erste: Treffen Sie sich regelmäßig mit Angehörigen von mindestens einer Berufsgruppe, die Ihnen Anregungen für Ihren eigenen Beruf geben können. Suchen Sie den näheren Kontakt mit anderen erfolgsorientierten Menschen. Sehr oft höre ich jemanden sagen: »Heute mittag bei dem und dem Treffen kam mir eine großartige Idee.« Oder: »Während der gestrigen Zusammenkunft fiel mir ein . . .« Denken Sie daran, ein Verstand, der sich nur aus sich selbst speist, ist unterernährt, wird schwach und verliert die Fähigkeit, schöpferische, progressive Gedanken hervorzubringen. Anregungen von anderen sind eine ausgezeichnete geistige Nahrung.

Die zweite: Treffen Sie sich regelmäßig mit Angehörigen von mindestens einer Berufsgruppe, die Ihren eigenen beruflichen Interessen völlig fernstehen. Die Verbindung mit Menschen anderer Berufe weitet Ihr Denken aus und schärft Ihren Blick für Zusammenhänge. Sie werden staunen, wie wach Ihr Erfolgsdenken durch regelmäßige Zusammenkünfte mit Menschen »fremder« Berufe wird.

Ideen müssen entwickelt . . .

Ideen sind die Früchte unseres Denkens. Aber um Wert zu besitzen, müssen sie auch geerntet und genutzt werden.

Eine Eiche produziert jedes Jahr genügend Eicheln für einen Hain ansehnlicher Größe. Doch von den zahllosen Samen wachsen wahrscheinlich nur einer oder zwei zu Bäumen heran. Da sind einmal die Eichhörnchen, die den größten Teil der Eicheln für sich beanspruchen, und da ist zum anderen der harte Boden unter dem Mutterbaum, der verhindert, daß die wenigen, die übrigbleiben, keimen können.

Genauso ist es mit den Ideen. Nur sehr wenige kommen zum Tragen. Ideen sind leicht verderblich. Der Großteil wird uns, wenn wir nicht achtgeben, von negativ denkenden Menschen zerstört.

Ideen brauchen eine besondere Behandlung: vom Augenblick ihres Entstehens an bis zu ihrer Umsetzung in eine praktische Denkweise. Wenden Sie daher die folgenden drei Methoden zur Entwicklung und Nutzbarmachung Ihrer Ideen an.

○ Lassen Sie Ihre Ideen nicht entfliehen. Schreiben Sie sie auf. Jeden Tag werden zahllose gute Ideen geboren, aber sie verflüchtigen sich rasch, weil niemand sie zu Papier bringt. Das Gedächtnis ist ein schlechter Diener, wenn es Ideen erhalten und nähren soll. Schreiben Sie jede Idee, die Ihnen kommt, sofort auf. Menschen mit einem fruchtbaren, schöpferischen Geist wissen, daß eine gute Idee zu jeder Zeit und an jedem Ort geboren werden kann. Lassen Sie nicht zu, daß Ihre Ideen in Vergessenheit geraten, denn damit würden Sie die Früchte Ihres Denkens zerstören. Halten Sie sie fest.

○ Gehen Sie ihre aufgeschriebenen Ideen später durch und bewahren Sie sie in einer Ablage auf. Studieren Sie ihr Ideenarchiv regelmäßig. Bei diesen Durchsichten können sich einige Ideen aus guten Gründen als völlig wertlos erweisen; sortieren Sie diese aus. Doch solange eine Idee irgendwie aussichtsreich erscheint, sollten Sie sie aufbewahren.

○ Pflegen und fördern Sie eine vielversprechende Idee. Bringen Sie sie zur Entfaltung. Denken Sie darüber nach. Konfrontieren Sie sie mit verwandten Ideen. Lesen Sie alles Verfügbare, was mit Ihrer Idee zusammenhängt. Untersuchen Sie Ihre Idee aus allen Blickwinkeln. Und wenn sie dann ausgereift ist, nutzen Sie sie für sich selbst, für Ihren Beruf, Ihre Zukunft.

... und formuliert werden

Wenn ein Architekt eine Idee für ein neues Gebäude hat, fertigt er eine Skizze an. Wenn ein einfallsreicher Werbemann eine Idee für eine neue Fernsehreklame hat, zeichnet er eine Bilderserie, die erkennen läßt, wie die fertige Sendung aussehen soll. Schriftsteller halten ihre Ideen in einem ersten Entwurf fest.

Formulieren Sie Ihre Idee auf einem Blatt Papier. Dafür gibt es zwei gute Gründe. Der erste: Wenn eine Idee greifbare Form erhält, können Sie sie tatsächlich anschauen. Der zweite: Sie erkennen, was ihr noch fehlt und wie sie noch geschliffen werden muß. Jede Idee muß außerdem jemandem »verkauft« werden – beispielsweise Kunden, Mitarbeitern, Vorgesetzten, Freunden, Klubkameraden oder Investoren – sonst hat sie keinen Wert –, und in schriftlicher Form ist sie besser anzubringen.

Vorigen Sommer besuchten mich zwei Vertreter, die beide meine Lebensversicherung zu meinem besseren Schutz umändern wollten. Beide versprachen, mit einem Plan zur Durchführung der nötigen Änderungen wiederzukommen.

Der erste Vertreter trug mir seine Sache ausschließlich mündlich vor. Er sagte mir mit vielen Worten, was unbedingt für mich notwendig sei. Doch ich war bald ganz durcheinander, denn er redete von Steuern, Optionen, sozialer Sicherheit und all den technischen Einzelheiten eines Versicherungsprogramms. Offen gesagt, er konnte mich nicht überzeugen, und ich sagte schließlich nein.

Der zweite Vertreter ging die Sache ganz anders an. Er hatte seine Empfehlungen zu Papier gebracht, alle Einzelheiten waren in Form von Diagrammen dargestellt. Ich erfaßte seine Vorschläge mühelos und schnell, denn ich sah sie buchstäblich vor mir. Er überzeugte mich, und ich ließ die Änderungen vornehmen.

Beschließen Sie, Ihre Ideen in eine verkäufliche Form zu bringen. Eine niedergeschriebene oder irgendwie bildlich festgehaltene Idee hat ungleich mehr Überzeugungskraft als eine nur mündlich vorgetragene.

Zusammenfassung der Wege zu schöpferischem Denken

1. Glauben Sie, daß etwas machbar ist. Wenn Sie glauben, daß Sie etwas vollbringen können, zeigt Ihr Verstand Ihnen Wege, es zu tun. Der Glaube an eine Lösung ebnet den Weg zur Lösung. Merzen Sie die Ausdrücke »unmöglich«, »geht nicht«, »nicht zu machen«, »keinen Versuch wert« aus Ihrem Denken und Sprechen aus.
2. Lassen Sie nicht zu, daß Traditionsdenken Ihren Verstand lähmt. Seien Sie aufgeschlossen für neue Ideen. Machen Sie Experimente. Versuchen Sie, neue Wege zu gehen. Seien Sie progressiv in allem, was Sie tun.
3. Fragen Sie sich täglich: »Wie kann ich Besseres leisten?« Der Selbstverbesserung sind keine Grenzen gesetzt. Wenn Sie sich diese Frage stellen, werden Ihnen vernünftige Antworten kommen.
4. Fragen Sie sich: »Wie kann ich mehr leisten?« Leistungsfähigkeit ist tatsächlich ein Bewußtseinszustand! Die obige Frage setzt Ihren Verstand in Bewegung. Er wird Ihnen kluge Möglichkeiten offenbaren.
5. Üben Sie sich im Fragen und Zuhören. Dadurch erhalten Sie Rohmaterial, das Ihnen zu richtigen Entscheidungen verhilft. Es ist tatsächlich so: Großdenker nehmen das *Zuhören* für sich in Anspruch, Kleindenkende das *Reden*.
6. Weiten Sie Ihr Gesichtsfeld aus. Lassen Sie sich anregen. Pflegen Sie Umgang mit Menschen, die Sie auf neue Ideen bringen und Ihnen helfen können, neue Durchführungswege zu finden. Treffen Sie sich mit Menschen, die andere berufliche und gesellschaftliche Interessen haben als Sie.

KAPITEL 6

Sie sind, was Sie zu sein glauben

Ihr Denken bestimmt Ihr Handeln

Das menschliche Verhalten gibt uns wahrhaftig oft Rätsel auf. Haben Sie sich schon einmal gefragt, warum Verkäufer oder Verkäuferinnen den einen Kunden zuvorkommend nach seinen Wünschen fragen und den anderen praktisch ignorieren? Oder warum ein Mann der einen Frau die Tür öffnet und der anderen nicht? Oder warum ein Untergebener willig die Anweisungen des einen Vorgesetzten ausführt, aber nur murrend tut, was ein anderer anordnet? Oder warum wir dem einen Menschen aufmerksam zuhören und dem anderen nicht?

Sehen Sie sich um. Sie werden feststellen, daß bestimmte Menschen kumpelhaft behandelt, andere dagegen automatisch als »gnädige Frau« oder »mein Herr« tituliert und mit ausgesuchter Höflichkeit bedient werden. Beobachten Sie die Menschen in Ihrer Umgebung, und Sie werden sehen, daß einige Respekt einflößen und Bewunderung erregen, andere dagegen nicht.

Schauen Sie noch genauer hin, dann werden Sie erkennen, daß jene Menschen, die am meisten Respekt einflößen, auch die erfolgreichsten sind.

Was ist die Erklärung dafür? Sie läßt sich in einem einzigen Wort zusammenfassen: *Denken.* Das Denken ist der Grund. Andere Menschen sehen in uns, was wir selbst in uns sehen. Wir werden so behandelt, wie wir es nach unserer eigenen Meinung verdienen.

Unser Denken ist wirklich der Grund. Hält ein Mensch sich ungeachtet seiner Qualifikationen für minderwertig, so *ist* er minderwertig, denn das Denken bestimmt das Handeln. Ein Mensch, der sich minderwertig fühlt, handelt entsprechend, und keine Tünche, Tarnung oder Verstellung kann seine grundlegende

Überzeugung lange verbergen. Wer sich unbedeutend fühlt, *ist* unbedeutend.

Andererseits ist ein Mensch, der sich einer Aufgabe wirklich gewachsen fühlt, ihr auch gewachsen.

Wenn wir bedeutend sein wollen, müssen wir es zuerst in unseren Gedanken sein. Wir müssen *wirklich denken und glauben,* daß wir bedeutend sind, dann denken und glauben es andere auch.

Dies ist die logische Abfolge: Ihr Denken bestimmt Ihr Handeln. Ihr Handeln wiederum bestimmt, *wie andere auf Sie reagieren.*

Die einzelnen Stufen Ihres persönlichen Erfolgsprogramms sind im Grunde einfach zu bewältigen. Und es ist auch einfach, Achtung zu erringen. Damit Ihnen das gelingt, müssen Sie nur zuerst denken und glauben, daß Sie Achtung verdienen. Und je mehr Achtung Sie vor sich selbst haben, desto mehr Achtung werden Ihnen andere bezeigen. Stellen Sie dieses Prinzip auf die Probe. Empfinden Sie große Achtung vor einem Trinker? Natürlich nicht. Warum nicht? Weil er sich selber nicht achtet. Aus Mangel an Selbstachtung läßt er es zu, daß er verkommt.

Selbstachtung zeigt sich in allem, was wir tun. Wenden wir uns nun einigen speziellen Dingen zu, durch die wir unsere Selbstachtung stärken und folglich bei anderen mehr Achtung gewinnen können.

Bedeutendes Aussehen hilft Ihnen, bedeutend zu denken

Vergessen Sie nicht, daß Ihr Aussehen »spricht«. Sorgen Sie dafür, daß es positive Dinge über Sie sagt. Gehen Sie nie von zu Hause weg, ohne überzeugt zu sein, daß Sie in Ihrem Aussehen als der Mensch erscheinen, der Sie sein möchten.

Einer der treffendsten Werbesprüche, der je gedruckt wurde, lautete: »Kleiden Sie sich richtig. Sie können sich nicht leisten, es nicht zu tun!« Dieser Slogan würde es verdienen, in allen Büros, Aufenthaltsräumen, Ankleidezimmern und auch Schulen aufgehängt zu werden. Es kostet so wenig, gediegen auszusehen. Legen Sie den Werbeslogan so aus: »Ziehen Sie sich richtig an. Das macht sich *immer* bezahlt.« Geben Sie sich ein bedeutendes Aussehen, denn es hilft Ihnen, bedeutend zu denken.

Verwenden Sie die Kleidung als Werkzeug, um Ihre Stimmung zu heben und Selbstvertrauen aufzubauen. Ein alter Psychologieprofessor gab uns als Studenten folgenden Rat für die letzten Vorbereitungen auf das Abschlußexamen: »Kleiden Sie sich für dieses wichtige Examen besonders sorgfältig. Kaufen Sie eine neue Krawatte. Lassen Sie Ihren Anzug bügeln. Polieren Sie Ihre Schuhe blank. Geben Sie sich ein flottes Aussehen, denn das wird Ihnen helfen, flott zu denken.«

Dieser Professor verstand zweifellos etwas von Psychologie! Geben Sie sich keinem Irrtum hin: Ihr Aussehen beeinflußt tatsächlich Ihr geistig-seelisches Innenleben. Ihr äußeres Erscheinungsbild hat Auswirkungen darauf, wie Sie denken und fühlen.

David – der einsame Pfadfinder

Nach meinen Informationen machen alle Kinder ein bestimmtes Stadium durch, das wir das »Hut-Stadium« nennen wollen. Dies bedeutet, daß sie Hüte benutzen, um sich mit der Person oder Figur zu identifizieren, die sie sein wollen.

Ich werde mich zeitlebens an eine Hut-Episode erinnern, die ich mit meinem eigenen Sohn David erlebte. Eines Tages wollte er unbedingt der einsame Pfadfinder sein, aber er hatte keinen Pfadfinderhut.

Ich versuchte ihm einzureden, daß er doch auch einen anderen Hut nehmen könne. Doch sofort wandte er ein: »Aber Dad, ohne einen Pfadfinderhut kann ich nicht wie der einsame Pfadfinder *denken.*«

Schließlich gab ich nach und kaufte ihm den heißbegehrten Hut. Unnötig zu sagen, daß er, sobald er den Hut trug, der einsame Pfadfinder *war.*

An die Episode erinnere ich mich oft, weil sie soviel über die Auswirkung der äußeren Erscheinung auf das Denken verrät. Wer je beim Militär war, der weiß genau, daß ein Soldat wie ein Soldat denkt und fühlt, wenn er die Uniform trägt. Und eine Frau geht besonders gern auf eine Party, wenn sie partygerecht gekleidet ist.

Ebenso fühlt sich ein Manager mehr als Manager, wenn er den entsprechenden Anzug trägt. Ein Vertreter drückte es so aus: »Ich kann nicht das Gefühl haben, ein erfolgreicher Mensch zu sein – und das muß ich haben, um große Abschlüsse tätigen zu können –, wenn ich nicht weiß, daß ich so aussehe.«

Ihr Aussehen »spricht« – zu Ihnen und zu anderen

Ihr Aussehen »spricht« zu Ihnen, doch nicht nur zu Ihnen selbst, sondern auch zu anderen. Es bestimmt mit, was die anderen über Sie denken und von Ihnen halten. Theoretisch heißt es zwar, man solle auf den Verstand oder die Seele eines Menschen schauen und nicht auf seine Kleider, aber in der Praxis bewerten die Menschen Sie nach Ihrem Aussehen. Ihr Aussehen ist die *erste* Bewertungsgrundlage, und gerade die *ersten* Eindrücke halten sich lange, unverhältnismäßig lange.

In einem Supermarkt bemerkte ich vor einigen Jahren auf einem Tisch kernlose Trauben zum Preis von fünfzehn Cents pro Pfund. Auf einem anderen Tisch wurden Trauben angeboten, die genau gleich aussahen, nur daß sie in Kunststoffkörbchen lagen; von diesen kosteten zwei Pfund fünfunddreißig Cents.

Ich fragte den zuständigen Verkäufer: »Welcher Unterschied besteht zwischen den Trauben zu fünfzehn Cents pro Pfund und den anderen dort, von denen zwei Pfund um fünf Cents teurer sind?«

»Der Unterschied ist die Verpackung«, antwortete der Verkäufer. »Wir verkaufen etwa doppelt soviel von den Trauben in den Kunststoffkörbchen. So sehen sie besser aus.«

Der entscheidende Punkt ist: Je besser die Verpackung, desto besser wird der Inhalt aufgenommen.

Achten Sie einmal darauf, wem in Restaurants, in Omnibussen, bei Veranstaltungen, in Geschäften und am Arbeitsplatz die größte Achtung und Höflichkeit entgegengebracht wird. Die Leute sehen einen Menschen an, nehmen eine rasche, oft unbewußte Wertung vor und behandeln ihn dann entsprechend. Bei einigen reagieren sie nach dem ersten Blick mit kumpelhaftem Verhalten, bei anderen mit Respekt und Zuvorkommenheit.

Jawohl, *das Aussehen* eines Menschen *spricht*. Die äußere Erscheinung eines gut gekleideten Menschen sagt positive Dinge, sie gibt zu verstehen: »Hier ist eine bedeutende Persönlichkeit:

klug, erfolgreich und zuverlässig. Zu diesem Menschen kann man aufschauen, man kann ihn bewundern, ihm vertrauen. Er achtet sich, und er verdient Achtung.«

Das Aussehen eines schlecht gekleideten Menschen sagt negative Dinge: »Hier ist jemand, der es zu nichts bringt. Er ist nachlässig, unfähig, unbedeutend. Ein Durchschnittsmensch, sonst nichts. Er verdient keine besondere Beachtung. Er ist es gewöhnt, herumgeschubst zu werden.«

Ziehen Sie finanziellen Nutzen, indem Sie das Doppelte bezahlen

Wenn ich bei Schulungskursen darauf hinweise, daß man auf sein Aussehen achten muß, kommt fast immer der Einwand: »Ich glaube Ihnen ja, daß das Aussehen wichtig ist, aber ich kann mir keine Kleider leisten, in denen ich mich wirklich gut angezogen fühle und die bewirken, daß andere zu mir aufschauen.«

Diese Frage beschäftigt viele Menschen und bereitete auch mir lange Kopfzerbrechen. Aber die Antwort ist einfach: Kaufen Sie halb soviel und bezahlen Sie das Doppelte.

Prägen Sie sich diesen Rat ein und handeln Sie danach. Beherzigen Sie ihn beim Kauf von Hüten, Anzügen, Kleidern, Schuhen, Strümpfen, Socken, Mänteln – von allem, was Sie tragen. Was das Aussehen anbelangt, ist Qualität viel wichtiger als Quantität. Wenn Sie nach diesem Grundsatz handeln, werden Sie feststellen, daß Ihre Selbstachtung sprunghaft wächst und die Achtung anderer vor Ihnen rapide ansteigt. Außerdem werden Sie merken, daß es auch finanziell vorteilhaft ist, nur halb so viele Kleider zu kaufen und für diese das Doppelte zu bezahlen.

○ Ihre Kleider werden mehr als doppelt so lange halten, weil die Qualität mehr als doppelt so gut ist, und in der Regel lassen die Kleider die gute Qualität erkennen, solange sie halten.

○ Was Sie kaufen, bleibt länger in Mode. Bessere Kleidung tut das immer.

○ Sie werden besser beraten. Wenn Sie etwas Teures kaufen, sind die Verkäufer gewöhnlich mehr daran interessiert, Ihnen zu helfen, das Richtige zu finden.

Denken Sie daran: Ihr Aussehen spricht zu Ihnen selbst und zu anderen. Sorgen Sie dafür, daß es sagt: »Hier ist ein Mensch, der Selbstachtung hat, der eine bedeutende Persönlichkeit ist.«

Sie sind es anderen – vor allem aber sich selbst – schuldig, möglichst gut auszusehen.

Sie sind das, was Sie zu sein glauben. Wenn Ihr Aussehen Sie glauben läßt, minderwertig zu sein, *sind* sie es. Wenn Ihr Aussehen Sie veranlaßt, kleinlich zu denken, *sind* Sie kleinlich. Geben Sie sich das beste Aussehen, dann werden Sie bestens denken und handeln.

»Ich errichte das großartigste Bauwerk der Welt!«

Es gibt eine gute Anekdote über die Einstellung von drei Maurern zu ihrer Arbeit. Sie sei darum hier kurz erwähnt.

Drei Maurer wurden gefragt: »Was machen Sie da?« Der erste sagte: »Ich mauere.« Der zweite erklärte: »Ich verdiene dreieinhalb Dollar die Stunde.« Der dritte antwortete: »Ich? Na, ich errichte das großartigste Bauwerk der Welt.«

Aus der Anekdote wird nicht ersichtlich, wie es diesen Maurern in späteren Jahren erging, aber was glauben *Sie?* Aller Wahrscheinlichkeit nach blieben die ersten beiden, was sie waren, eben Maurer. Diesen beiden fehlte es an Phantasie, an Achtung vor ihrer Arbeit. Bei ihnen gab es effektiv nichts, das sie zu größerem Erfolg hätte führen können.

Doch der Maurer, der sich selbst als Erbauer des großartigsten Bauwerks der Welt sah, blieb bestimmt kein Maurer. Darauf können Sie Ihr ganzes Vermögen wetten! Vielleicht wurde er Polier, Bauunternehmer, vielleicht Architekt. Er kam auf jeden Fall beruflich vorwärts. Warum? Weil er entsprechend dachte. Maurer Nummer drei war auf Denkkanäle eingestimmt, die ihm den Weg zur Selbstverwirklichung in seiner Arbeit aufzeigten.

Die Einstellung zur Arbeit

Die Einstellung eines Menschen zu seiner Arbeit verrät viel über ihn und über seine Fähigkeit, sich so zu entwickeln, daß er größere Verantwortung übernehmen kann.

Ein Freund von mir, der eine Agentur für Personalvermittlung betreibt, erklärte mir unlängst: »Bei einem Bewerber, der für einen unserer Kunden in Frage käme, beobachten wir immer, welche Einstellung er zu seiner augenblicklichen Position hat. Es macht immer einen günstigen Eindruck auf uns, wenn der Bewerber seine augenblickliche Stellung für wichtig hält, auch wenn es dort etwas gibt, das ihm nicht gefällt.

Warum? Ganz einfach: Sieht der Bewerber seine augenblickliche Stellung als bedeutend an, bestehen gute Chancen, daß er auch auf seine nächste Aufgabe stolz sein wird. Es gibt einen erstaunlich engen Zusammenhang zwischen der Achtung eines Menschen vor seiner Arbeit und seiner beruflichen Leistung.«

Genau wie aus Ihrem Aussehen können Ihre Vorgesetzten, Kollegen und Untergebenen – tatsächlich jeder, der mit Ihnen in Berührung kommt – aus Ihrer Arbeitsauffassung sehr viel ablesen.

Wie andere Sie sehen

Vor einigen Monaten saß ich mit einem Bekannten zusammen, der in einer Apparatebaufirma Personalchef ist. Wir sprachen über sein System der »Personalbuchführung« und die Erkenntnisse, die er daraus zog.

»Wir haben hier achthundert nicht an der Produktion beteiligte Beschäftigte«, begann er. »Im Rahmen unseres Systems der Personalbuchführung sprechen ein Assistent und ich jedes halbe Jahr mit jedem Beschäftigten. Unsere Absicht dabei ist folgende: Wir wollen erfahren, wie wir den Leuten bei ihrer Arbeit helfen können. Das halten wir für gut und richtig, denn jeder, der für uns arbeitet, ist wichtig, sonst stünde er nicht auf unserer Gehaltsliste.

Wir vermeiden es, den Leuten direkte Fragen zu stellen, und ermutigen sie zu reden, worüber sie wollen. Uns geht es darum, ihre ehrlichen Eindrücke zu erfahren. Nach jedem Gespräch füllen wir unsere Beurteilungsformulare über die Haltung des Betreffenden zu den besonderen Aspekten seiner Position aus.

Nun will ich dir eine Erkenntnis verraten: Unsere Beschäftigten lassen sich – vereinfacht – auf der Basis ihrer Einstellung zu ihrer Arbeit in zwei Kategorien unterteilen.

Angehörige der ersten Gruppe reden vorwiegend von der

Firmenpolitik im Hinblick auf Krankenurlaub, Sonderfreizeit, Rentenplänen und sonstigen sozialen Sicherheiten. Sie fragen, was wir zur Verbesserung des Versicherungsprogramms tun und ob sie im kommenden März wieder aufgefordert würden, Überstunden leisten zu müssen. Sie sprechen auch viel von den unangenehmen Seiten ihrer Arbeit, zum Beispiel von Eigenschaften, die ihnen an ihren Kollegen nicht gefallen. Die Angehörigen dieser Gruppe – und das sind fast achtzig Prozent aller nicht an der Produktion beteiligten Beschäftigten – fassen ihre Stellung als eine Art notwendiges Übel auf.

Die Angehörigen der zweiten Gruppe sehen ihre Stellung mit anderen Augen. Ihnen geht es um ihre Zukunft, sie wollen konkrete Hinweise darauf, was sie tun sollten, um schneller Fortschritte machen zu können. Sie erwarten nicht, daß wir ihnen etwas anderes geben als eine Chance. Die Angestellten aus dieser Gruppe denken in weiterem Rahmen. Sie machen oft Verbesserungsvorschläge. Und sie empfinden die Gespräche in meinem Büro als konstruktiv. Dagegen haben die Leute aus der ersten Gruppe häufig das Gefühl, unser System der Personalbuchführung sei nichts anderes als eine Gehirnwäsche. Darum sind sie gewöhnlich froh, wenn die Gespräche beendet sind.

Ich habe die Möglichkeit, die Arbeitseinstellung und ihre Bedeutung für Erfolg im Beruf zu untersuchen. Empfehlungen für Beförderungen, Gehaltserhöhungen und besondere Privilegien werden von den unmittelbaren Vorgesetzten der betreffenden Personen immer zuerst mir zugeleitet. Fast regelmäßig wird ein Angehöriger der zweiten Gruppe empfohlen. Und Probleme verursachen fast ausnahmslos Leute der ersten Gruppe.

Die größte Herausforderung in meiner Arbeit ist für mich der Versuch, Menschen aus der ersten Gruppe herauszulösen und in die zweite zu überführen. Das ist keineswegs leicht, weil man einem Menschen nicht helfen kann, solange er nicht seine Stellung für wichtig hält und positiv darüber denkt.«

Hier haben Sie den konkreten Beweis dafür, daß Sie sind, was Sie zu sein glauben und wozu die Kraft Ihres Denkens Sie treibt. Glauben Sie, daß Sie schwach sind, daß Ihnen unentbehrliche Fähigkeiten fehlen, daß Sie zu den Verlierern gehören, daß Sie zweitklassig sind – denken Sie so, und Sie sind zur Mittelmäßigkeit verurteilt.

Sie sollten lieber denken: *Ich bin wichtig. Ich verfüge über alles, was man braucht. Ich leiste Erstklassiges. Meine Arbeit ist wichtig.* Wenn Sie so denken, ist Ihnen Erfolg sicher.

Der Schlüssel, mit dem Sie erlangen, was Sie sich wünschen, liegt in einer positiven Einstellung zu Ihrer eigenen Person. Die einzige wirkliche Basis, die andere Menschen haben, um Sie zu beurteilen, ist Ihr Tun. Und Ihr Tun wird durch Ihr Denken gesteuert. Sie *sind,* was Sie in Ihrem *Denken* sind.

Wie würden Sie entscheiden?

Versetzen Sie sich einmal für einige Augenblicke in die Lage eines Vorgesetzten und fragen Sie sich, welchen Mitarbeiter Sie für eine Gehaltserhöhung oder Beförderung vorschlagen würden:

○ Die Sekretärin, die jede Abwesenheit ihres Chefs dazu benutzt, Zeitschriften zu lesen, oder die Sekretärin, die in solchen Zeiten viele kleine Dinge erledigt und somit ihren Chef entlastet?

○ Den Arbeitnehmer, der sagt: »Ich kriege jederzeit eine andere Stellung. Wenn es denen nicht paßt, wie ich meine Arbeit mache, gehe ich einfach«, oder den Arbeitnehmer, der Kritik konstruktiv auffaßt und sich ehrlich bemüht, die Qualität seiner Arbeit zu steigern?

○ Den Vertreter, der zu einem Kunden sagt: »Oh, ich tue nur, was mir aufgetragen wurde. Ich bekam den Auftrag, zu Ihnen herauszufahren und zu fragen, ob Sie was brauchen«, oder den Vertreter, der seinen Kunden zu verstehen gibt, daß er ausschließlich gekommen sei, um ihm zu helfen?

Wird hier nicht ganz klar, warum viele Menschen zeitlebens nicht vorwärtskommen? Allein ihr Denken hindert sie daran.

Auch Botengänge können nützlich sein

Ein Werbemanager schilderte mir einmal, welches informelle Training seine Firma durchführt, um neue, unerfahrene Leute »einzuarbeiten«.

»Wir halten es im Rahmen unserer Firmenpolitik für die beste Anfangsschulung«, sagte er, »einen jungen Mann, der ja meist direkt vom College kommt, erst einmal als Botenjungen zu beschäftigen. Wir tun dies natürlich nicht, weil wir glauben, daß ein Mensch vier Jahre Studium braucht, um die Post von einem Büro ins andere bringen zu können. Unsere Absicht ist es, den neuen Mitarbeiter somit ziemlich rasch mit den verschiedenen Arbeitsvorgängen und der inneren Struktur unserer Werbeagentur vertraut zu machen, bevor er nach dieser relativ kurzen Zeit der Eingewöhnung normale Aufgaben zugewiesen bekommt.

Gelegentlich geschieht es, daß ein junger Mann das Verteilen der Post für unwichtig und erniedrigend hält, obwohl wir ihm unsere Gründe einleuchtend darlegen. Wenn dies der Fall ist, wissen wir, daß wir den falschen Mann gewählt haben. Wenn er nicht den Weitblick hat zu sehen, daß sein Einsatz als Bote ein notwendiger, praktischer Schritt zu wichtigen Aufgaben ist, hat er im Agenturgeschäft keine Zukunft.«

Hier zeigt sich also ganz klar, daß die Leistung, die jemand in seiner augenblicklichen Stellung bringt, entscheidend ist für die Berufung in Positionen, in denen mehr Verantwortung verlangt wird.

Aus dieser Beobachtung läßt sich daher folgende wichtige Erkenntnis ziehen: Ein Mensch, der davon überzeugt ist, daß seine Arbeit wichtig ist, entwickelt zwangsläufig Ideen, die ihn befähigen, seine Arbeit nach und nach zu verbessern; und bessere Arbeit bedeutet ebenso zwangsläufig, daß er häufiger befördert wird, mehr Geld verdient, höheres Ansehen genießt und vor allen Dingen zufriedener wird.

Der Nachahmungstrieb

Wir alle haben schon bemerkt, daß Kinder die Haltungen, Gewohnheiten, Ängste und Vorlieben ihrer Eltern gerne übernehmen. Ob es sich um Lieblingsspeisen, Manieriertheiten, religiöse und politische Ansichten oder andersgeartete Verhaltensmerkmale handelt, das Kind ist oft ein lebendiges Spiegelbild seiner Eltern, seiner Erzieher, seiner Vorbilder, denn es lernt durch Nachahmung.

Und das tun auch Erwachsene! Die Menschen imitieren zeitlebens ihre Mitmenschen. Sie imitieren Vorgesetzte, Persönlichkeiten, und ihr Denken und Handeln wird von diesen Personen beeinflußt.

Das können Sie leicht nachprüfen. Studieren Sie einen Ihrer Freunde und die Person, für die er arbeitet; notieren Sie dann die Ähnlichkeiten im Denken und Handeln.

Hier einige der Dinge, in denen Ihr Freund vielleicht seinen Chef nachahmt: Ausdrucksweise, Wortwahl, die Art, Zigaretten zu rauchen, sich zu kleiden, das Mienenspiel und die Gestik. Es gibt natürlich noch zahllose weitere Beispiele.

Eine andere Möglichkeit, den Nachahmungstrieb zu beobachten, ist der Vergleich des Verhaltens von Angestellten und ihrem Chef. Ist der Chef nervös, angespannt oder besorgt, legen seine engsten Mitarbeiter meist ein ähnliches Verhalten an den Tag. Ist der Chef dagegen obenauf und wohlgelaunt, sind seine Untergebenen es auch.

Das heißt: Die Einstellung eines Vorgesetzten zu seiner Arbeit bestimmt, welche Einstellung seine Untergebenen zu ihrer Arbeit haben.

Wecken Sie Begeisterung

Erfolgreiche Menschen haben eine bestimmte Eigenschaft gemein: die Begeisterung. Ist Ihnen schon aufgefallen, daß engagiertes Verkaufspersonal in einem Warenhaus bei Ihnen, dem Kunden, mehr Begeisterung für eine Ware wecken kann? Oder haben Sie schon bemerkt, welch aufmerksame, begeistert mitgehende Zuhörer ein enthusiastischer Redner hat? Wenn Sie von Begeisterung erfüllt sind, werden auch die Menschen in Ihrer Umgebung es sein.

Wie entwickelt man Begeisterung? Der grundlegende Schritt ist einfach: Denken Sie enthusiastisch. Rufen Sie in sich ein optimistisches, progressives Gefühl hervor, das Empfinden: »Diese Sache ist großartig, und ich bin hundertprozentig dafür.«

Sie sind, was Sie denken. Denken Sie begeistert, und Sie werden Begeisterung empfinden. Seien Sie enthusiastisch im Hinblick auf Arbeiten, die Sie erledigt haben wollen, damit Sie eine qualitativ hochwertige Leistung erhalten. Ihre Mitarbeiter werden durch Ihre Begeisterung angesteckt werden und erstklassig arbeiten.

Wenn Sie aber in negativer Weise handeln, wenn Sie die Firma um Material, Zeit oder andere kleine Dinge »betrügen«, was können Sie dann von Ihren Mitarbeitern erwarten?

Aus einem weiteren Grund sollten wir im Hinblick auf unsere Stellung richtig und beispielhaft für unsere Mitarbeiter denken: Unsere Vorgesetzten beurteilen uns nach dem qualitativen und quantitativen Arbeitsertrag, den sie von Ihnen und Ihren Mitarbeitern erhalten.

Daher sollten Sie stets bemüht sein, durch Ihr positives Verhalten Ihrer Arbeit gegenüber beispielhaft zu erscheinen.

○ Demonstrieren Sie immer eine positive Einstellung zu Ihren Aufgaben, damit Ihre Untergebenen sich an Ihnen orientieren können.

○ Fragen Sie sich täglich auf dem Weg zu Ihrem Arbeitsplatz: »Bin ich es in jeder Hinsicht wert, daß man mich imitiert? Sind alle meine Gewohnheiten so, daß ich froh wäre, sie bei meinen Untergebenen wiederzufinden?«

Geben Sie sich das Gefühl, der Beste zu sein

Vor einigen Monaten schilderte mir ein Automobilverkäufer eine erfolgbringende Technik, die er entwickelt hatte. Sie klingt sehr vernünftig. Überzeugen Sie sich selbst.

»Zu meinen Aufgaben gehört es«, erklärte er, »etwaige Interessenten anzurufen und mit ihnen tunlichst Vorführtermine zu vereinbaren. Die Telephonate nehmen jeden Tag circa zwei Stunden in Anspruch. Als ich vor drei Jahren anfing, Autos zu verkaufen, waren diese Gespräche mein großes Problem. Ich war schüchtern und gehemmt, und ich weiß, daß meine Stimme am Telephon entsprechend klang. Den Leuten, die ich anrief, fiel es leicht zu sagen, daß sie kein Interesse hätten.

Damals hielt unser Verkaufsleiter an jedem Montagmorgen eine Verkaufsbesprechung ab. Ich war hinterher immer richtig in Schwung und hatte ein gutes Gefühl. Mehr noch, am Montag schien es mir immer zu gelingen, mehr Vorführungen zu vereinbaren als an allen übrigen Tagen. Das Problem war, daß von dem montäglichen Schwung wenig auf den Dienstag und den Rest der Woche hinüberzuretten war.

Da kam mir eine Idee: Wenn der Verkaufsleiter mich in

Schwung bringen und mir Mut machen konnte, warum sollte ich das nicht auch können? Warum sollte ich mir nicht gut zureden können, bevor ich diese Anrufe machte? Ich beschloß, es noch am gleichen Tag zu probieren. Ich ging zu unserem Ausstellungsgelände hinaus und suchte mir einen leeren Wagen. Dann redete ich einige Minuten mit mir selbst. Ich sagte mir: ›Ich bin ein guter Autoverkäufer, und ich werde der beste sein. Ich verkaufe gute Autos und schließe gute Geschäfte ab. Die Leute, die ich anrufe, brauchen die Autos, die ich ihnen verkaufen will.‹

Diese ›Selbstaufladung‹ machte sich vom ersten Augenblick an bezahlt. Ich fühlte mich so gut, daß ich keine Angst mehr vor den Anrufen hatte. Ich wollte sie sogar machen. Inzwischen setze ich mich nicht mehr in ein Auto, um mir zuzureden, aber ich wende die Technik noch immer an. Bevor ich eine Nummer wähle, rufe ich mir stumm ins Gedächtnis, daß ich ein Spitzenverkäufer bin und beste Ergebnisse erziele. Und ich erziele sie auch.«

Eine gute Idee, nicht wahr? Um an die Spitze zu gelangen, müssen Sie das Gefühl haben, an der Spitze zu *sein*. Reden Sie sich gut zu, bringen Sie sich in Schwung, und Sie werden sehen, um wieviel stärker und größer Sie sich fühlen!

Reden Sie sich Mut zu

Während einem meiner letzten Schulungsprogramme mußte jeder Teilnehmer zehn Minuten lang über das Thema »Eine Führungskraft zu sein« referieren. Einer der Teilnehmer gab eine klägliche Vorstellung. Seine Knie und seine Hände zitterten sichtbar. Er wußte nicht mehr, was er hatte sagen wollen. Fünf oder sechs Minuten stotterte er zusammenhanglos, dann setzte er sich vollkommen geschlagen hin.

Am Ende des Kurstages sprach ich kurz mit ihm und forderte ihn auf, am nächsten Tag eine Viertelstunde vor Kursbeginn da zu sein.

Als er am nächsten Tag gekommen war, setzten wir uns hin, um seinen Vortrag zu erörtern. Ich bat ihn, sich so genau wie möglich zu erinnern, was er in den fünf Minuten unmittelbar vor seinem Vortrag gedacht hatte.

»Hm, ich glaube, ich dachte nur an meine Angst. Ich wußte, daß ich mich zum Narren machen würde. Ich wußte, daß es ein Reinfall würde. Ich dachte immerzu: ›Wer bin ich denn, daß ich darüber reden soll, eine Führungskraft zu sein?‹ Ich versuchte mir einzuprägen, was ich sagen wollte, aber ich konnte an nichts anderes als an die bevorstehende Pleite denken.«

»Und genau hier«, warf ich ein, »liegt die Lösung Ihres Problems.« Ich erklärte: »Bevor Sie nach vorn gegangen sind, um zu reden, haben Sie sich eine furchtbare geistige Tracht Prügel verabreicht. Sie haben sich überzeugt, daß Sie scheitern würden. Ist es da ein Wunder, daß Sie nicht gut abschnitten? Statt Mut zu fassen, haben Sie Angst entwickelt.

Der heutige Kurs«, fuhr ich fort, »fängt in vier Minuten an. Ich möchte, daß Sie Folgendes tun: Reden Sie sich in den nächsten Minuten gut zu und machen Sie sich Mut. Gehen Sie in das leere Zimmer auf der anderen Gangseite und sagen Sie zu sich: ›Ich werde einen großartigen Vortrag halten. Ich weiß etwas, das die anderen hören müssen und das ich ihnen sagen will.‹ Wiederholen Sie diese Sätze mit Nachdruck und Überzeugung. Kommen Sie dann wieder in den Sitzungsraum und halten Sie Ihren Vortrag noch einmal.«

Ich wünschte, Sie hätten den Unterschied hören können! Das kurze, selbst verabreichte Aufmunterungsgespräch half dem jungen Mann so sehr, daß er einen glänzenden Vortrag hielt.

Betreiben Sie also keine demütigende Selbstbestrafung, denn Sie sind, was Sie zu sein glauben. Halten Sie mehr von sich selbst, und Sie werden mehr sein.

Ihr persönlicher »Werbespot«

Tom Staley ist ein junger Mann, der unaufhaltsam die Erfolgsleiter emporsteigt. Tom lobt sich jeden Tag dreimal in »Tom Staleys Sechzig-Sekunden-Werbung«, wie er es nennt. Er hat seine Eigenwerbung aufgeschrieben und trägt sie in der Brieftasche bei sich. Sie lautet:

> Tom Staley, lerne Tom Staley kennen, einen bedeutenden, *wirklich* bedeutenden Menschen. Tom, du bist ein Großdenker, also denke groß. Denke *in allem groß*. Du hast eine Menge Fähigkeiten, um erstklassige Arbeit zu leisten, also *leiste*

erstklassige Arbeit. Tom, du glaubst an Glück, Fortschritt und Wohlergehen. Also: Sprich nur vom Glück, sprich nur vom Fortschritt, sprich nur vom Wohlergehen.
Du hast viel Schwung, Tom, sehr viel Schwung.
Laß diesen Schwung für dich arbeiten. Nichts kann dich aufhalten, Tom, nichts.
Tom, du bist mit Begeisterung bei der Sache. Zeig diese Begeisterung auch.
Du siehst gut aus, Tom, und du fühlst dich gut. Bleib so. Tom Staley, du warst gestern ein großartiger Kerl, und du wirst heute ein noch großartigerer Kerl sein. Pack's jetzt an, Tom. Vorwärts, los.

Tom glaubt, daß ihm seine Eigenwerbung half, ein erfolgreicherer, dynamischerer Mensch zu werden. Er sagt: »Bevor ich damit begann, mich vor mir selber zu loben, hielt ich mich für ebenso minderwertig wie die meisten anderen. Jetzt weiß ich, daß ich alles habe, was man zum Siegen braucht, und ich siege. Ich werde immer siegen.«

Verfassen Sie auch eine solche Eigenreklame. Bestimmen Sie Ihre positiven Eigenschaften, jene Dinge, in denen Sie anderen überlegen sind. Fragen Sie sich: »Welches sind meine größten Vorzüge?« Seien Sie nicht schüchtern, wenn Sie sich selbst beurteilen.

Notieren Sie diese Punkte mit Ihren eigenen Worten auf einem Blatt Papier. Schreiben Sie sich Ihren persönlichen »Werbespot«. Lesen Sie die Eigenwerbung von Tom Staley noch einmal und achten Sie darauf, wie Tom mit Tom spricht. Reden Sie mit sich selbst. Seien Sie sehr direkt. Denken Sie an niemand anderen als an sich, wenn Sie Ihre Werbung aufsagen.

Sprechen Sie Ihre Werbung jeden Tag mindestens einmal laut. Gehen Sie dazu an irgendeinen Ort, wo Sie allein sind. Sehr hilfreich ist es, sich vor einen Spiegel zu stellen, während Sie sprechen. Wiederholen Sie Ihre Werbung mehrmals voll Nachdruck und Entschlossenheit. Beziehen Sie Ihren ganzen Körper mit ein. Lassen Sie das Blut schneller durch Ihre Adern strömen und sich von Leidenschaft erfassen.

Lesen Sie Ihren Werbespruch auch noch mehrmals täglich leise. Lesen Sie ihn, bevor Sie etwas in Angriff nehmen, das Mut erfordert. Lesen Sie ihn immer, wenn Sie niedergeschlagen oder enttäuscht sind. Bewahren Sie Ihre Eigenwerbung so auf, daß Sie sie stets zur Hand haben – und benützen Sie sie!

Viele Leute, vermutlich die meisten, werden über diese erfolgbringende Technik lachen, weil sie nicht glauben können, daß Erfolg seinen Ursprung im gelenkten Denken hat. Beachten Sie das Urteil solcher Menschen nicht!

Die wichtigsten Punkte in Kürze

1. Geben Sie sich ein bedeutendes Aussehen; das hilft Ihnen, bedeutend zu denken. Ihr Aussehen spricht zu Ihnen. Sorgen Sie dafür, daß es Ihr Selbstvertrauen steigert. Ihr Aussehen spricht auch zu anderen. Stellen Sie sicher, daß es sagt: »Hier ist ein bedeutender Mensch, er ist klug, erfolgreich und zuverlässig.«
2. Halten Sie Ihre Arbeit für wichtig. Wenn Sie das tun, wird Ihr Verstand Signale aussenden, die Ihnen zeigen, wie Sie Ihre Arbeit besser machen können. Halten Sie Ihre Arbeit für wichtig, dann werden Ihre Untergebenen es Ihnen nachtun.
3. Reden Sie sich mehrmals am Tag gut zu. Formulieren Sie eine »Eigenreklame«. Erinnern Sie sich bei jeder Gelegenheit daran, daß Sie ein großartiger Mensch sind.

KAPITEL 7

Wählen Sie die richtige Umgebung und reisen Sie erster Klasse durchs Leben

Der Mensch ist weitgehend das Produkt seiner Umwelt

Die Tätigkeit Ihres Verstandes wird durch Ihr Bewußtsein gesteuert. Wenn demnach Ihr Verstand, und zwar in welcher Weise auch immer, für Sie arbeitet, so entnimmt er seine »Nahrung« ausschließlich Ihrem Bewußtsein. Und je nachdem, wie Ihr Bewußtsein geprägt ist, produziert Ihr Verstand Gedanken, die entweder mehr positiver oder mehr negativer Art, die eher aufbauend oder eher destruktiv sind. Aber warum ist unser Bewußtsein gerade so, *wie* es ist?

Unser Bewußtsein wird – grob gesagt – durch unsere Umgebung geprägt. Und diese Umgebung setzt sich aus zahllosen Faktoren, die wir bewußt oder unbewußt wahrnehmen, aufnehmen, verdrängen oder verarbeiten, zusammen. Die Faktoren können unterschiedlichster Art sein: Menschen, die wir bewundern; Menschen, die uns abstoßen; Tiere und Pflanzen, die unser Herz höher schlagen lassen; Tiere und Pflanzen, die in uns Ekel erregen; Landschaften, die uns heiter, Landschaften, die uns melancholisch stimmen; Musikstücke, die uns innerlich aufwühlen; Bücher, durch deren Aussagen wir zu neuen Denkansätzen gelangen; Vorgänge im öffentlichen Leben, die wir bejahen, oder Vorgänge, die wir verurteilen.

All dies und bedeutend mehr prägt unser Bewußtsein. Und da dieses Bewußtsein unser verstandesmäßiges Denken so sehr beeinflußt, sollten wir die Umwelt, die uns tagtäglich »umgibt«, genauestens analysieren und untersuchen, welchen Einfluß sie auf uns ausübt.

Ihre künftige Umwelt bestimmt, was Sie sein werden

Längerer Umgang mit negativ denkenden Menschen läßt uns negativ denken, enger Kontakt mit kleinlichen Denkern ruft in uns kleinliche Denkweisen hervor. Andererseits aber steigert die Bekanntschaft mit Menschen, die große Ideen haben, das Niveau unseres Denkens, und eine enge Verbindung mit ehrgeizigen Personen weckt unseren eigenen Ehrgeiz.

Da die Experten sich darin einig sind, daß die Persönlichkeit, die Sie *heute* darstellen – Ihr Charakter, Ihre Bestrebungen, Ihr Lebensstatus –, weitgehend das Resultat Ihrer *bisherigen* Umwelt ist, ist es nur logisch konsequent, daß Ihre *künftige* Umwelt weitgehend bestimmt, was für ein Mensch Sie in fünf, zehn oder zwanzig Jahren *sein werden.*

Im Lauf der Monate und Jahre verändern Sie sich, das ist bekannt. Doch *wie* Sie sich verändern, das hängt von Ihrer künftigen Umgebung ab. Was können wir also tun, damit unsere künftige Umgebung uns Zufriedenheit und Wohlergehen beschert?

Die unterdrückte Phantasie und die Negativpropaganda

Das Haupthindernis auf dem Weg zu großartigem Erfolg ist das Gefühl, daß großartige Leistungen für uns unerreichbar sind. Zu dieser pessimistisch-fatalistischen Haltung bringen uns die vielen, vielen negativen Kräfte, die unser Denken auf ein mittelmäßiges Niveau drücken.

Damit wir diese niederdrückenden Kräfte verstehen, müssen wir in unsere Kindheit zurückkehren. Als Kinder setzten wir uns hohe Ziele. In überraschend jungen Jahren schmiedeten wir grandiose Pläne, wir wollten das Unbekannte erobern, große Persönlichkeiten sein, wichtige Ämter bekleiden, aufregende und interessante Dinge tun, geachtet und berühmt werden – kurz, der erste, der Größte und der Beste sein. Und in unserer gesegneten Unwissenheit sahen wir den Weg zur Verwirklichung dieser Ziele klar und deutlich vor Augen.

Doch was geschah dann? Lange bevor wir das nötige Alter hatten, um auf die Verwirklichung unserer großen Ziele hinarbeiten zu können, sahen wir uns zahllosen niederdrückenden Einflüssen ausgesetzt.

Von allen Seiten hörten wir, es sei dumm, ein Träumer zu sein, unsere Ideen seien »undurchführbar, töricht, naiv, albern«, man brauche Geld, wenn man »herumkommen« wolle, man müsse »Glück oder einflußreiche Freunde« haben, um es zu etwas zu bringen, man sei »zu jung« oder auch »zu alt«.

Von Kind an wurden wir mit Negativpropaganda bombardiert, die besagt: »Du kannst nicht vorwärtskommen, also mach dir gar nicht erst die Mühe, es zu versuchen.« Diese Bombardierung hat zur Folge, daß Sie Ihre Bekannten größtenteils in drei Gruppen einteilen können.

Die Gruppe, die total aufgegeben hat

Die meisten Menschen sind im Innersten überzeugt, daß sie nicht die nötigen Voraussetzungen für Erfolg haben, daß wirklich große Leistungen und wirkliche Erfolge anderen vorbehalten sind, die Glück haben oder in irgendeiner besonderen Hinsicht begünstigt sind. Diese Menschen erkennen Sie leicht, denn sie erklären ihre Situation lang und breit und beteuern, »wirklich glücklich« zu sein.

Ein intelligenter zweiunddreißigjähriger Mann, der in seiner sicheren, aber mittelmäßigen Stellung keine Möglichkeit hat, jemals eine bessere Position zu bekleiden, verwendete neulich Stunden darauf, mir zu erläutern, warum er mit seinem Posten so zufrieden sei. Die rationale Erklärung, die er bot, war eine gute Leistung. Aber er führte sich selbst hinters Licht, und er wußte es. In Wirklichkeit wünschte er sich, in einer herausfordernden Situation arbeiten zu können, wo er die Möglichkeit hatte, sich zu entwickeln und zu wachsen.

Solche Menschen sind das andere Extrem derjenigen, die ständig ihre Arbeitsstelle wechseln und »Gelegenheiten« suchen. Es kann genauso schlimm sein, sich durch rationale Erklärungen auf ein totes Gleis zu manövrieren, wie ziellos umherzuziehen und darauf zu warten, daß irgendwann die große Chance kommt.

Die Gruppe, die teilweise aufgegeben hat

Eine wesentlich kleinere Zahl Menschen beginnt das Erwachsenendasein mit ziemlicher Hoffnung auf Erfolg. Diese Menschen rüsten sich, sie arbeiten und planen. Doch nach rund einem Jahrzehnt stoßen sie auf Widerstand, die Konkurrenz um die Spitzenpositionen erscheint ihnen grausam, und sie gelangen zu dem Schluß, daß größerer Erfolg die Mühe nicht wert sei.

Sie argumentieren: »Wir verdienen mehr als der Durchschnitt und leben besser als der Durchschnitt. Warum sollen wir uns ständig aufreiben?«

Tatsächlich haben die Menschen dieser Gruppe eine Reihe Ängste entwickelt: Versagensangst, Angst vor Nichtanerkennung durch die Gesellschaft, Angst vor Unsicherheit, Angst, das zu verlieren, das sie bereits besitzen. Sie sind nicht zufrieden, weil sie im Innersten wissen, daß sie aufgegeben haben. Zu dieser Gruppe gehören viele begabte, kluge Personen, die sich dafür entschieden haben, durchs Leben zu kriechen, weil sie Angst haben, aufzustehen und zu laufen.

Die Gruppe, die nie aufgibt

Die Menschen dieser Gruppe, insgesamt vielleicht zwei oder drei Prozent, lassen sich nicht vom Pessimismus beherrschen, sie lehnen es ab, sich den niederdrückenden Kräften zu beugen und zu kriechen. Statt dessen leben und atmen sie im Erfolg. Und weil sie am meisten erreichen, sind sie auch am glücklichsten. Die Mitglieder dieser Gruppe zählen zu den Großverdienern, sie werden Spitzenverkäufer, Topmanager, leitende Kräfte auf ihrem jeweiligen Gebiet. Sie finden das Leben interessant, anregend, lohnend. Jedem neuen Tag und jeder neuen Begegnung blicken sie freudig entgegen – als einem Abenteuer, das es voll auszukosten gilt.

Nichts ist unmöglich

Seien wir ehrlich: Wir alle würden gern zur dritten Gruppe gehören, zu den Menschen, die jedes Jahr noch größeren Erfolg haben, die viel leisten und erreichen.

Um jedoch in diese Gruppe zu kommen – und darin zu bleiben –, müssen wir die niederdrückenden Einflüsse unserer Umwelt abwehren. Ein Beispiel soll veranschaulichen, wie Menschen der ersten und zweiten Gruppe unbewußt versuchen, uns zurückzuhalten.

Nehmen wir an, Sie würden allen Ernstes zu einigen Ihrer »durchschnittlichen« Freunde sagen: »Eines Tages werde ich stellvertretender Generaldirektor der Firma sein.«

Was passiert daraufhin? Die Freunde fassen Ihre Worte vermutlich als Scherz auf und lachen. Wenn sie merken, daß Sie es ernst meinen, erwidern sie wahrscheinlich mitleidig: »Du armer Kerl, dafür müßtest du noch eine Menge lernen.«

Und hinter Ihrem Rücken fragen sie sich vielleicht, ob Ihr Verstand nicht mehr richtig funktioniert.

Nehmen wir nun an, Sie würden das gleiche mit gleichem Ernst zum Generaldirektor Ihrer Firma sagen. Wie wird er reagieren? Eines ist sicher: Er wird nicht lachen. Er wird Sie aufmerksam ansehen und überlegen: »Meint der Bursche das ernst?«

Aber, ich wiederhole, er wird nicht lachen. Denn große Menschen lachen nicht über große Ideen.

Oder nehmen wir an, Sie würden einigen Durchschnittsmenschen eröffnen, Sie hätten die Absicht, es zu einem Luxusbungalow zu bringen. Bestimmt würden Sie Gelächter ernten, weil die anderen das für »unmöglich« halten. Doch wenn Sie mit einem Menschen, der bereits in einem solchen Bungalow lebt, über Ihren Plan reden, wird er nicht überrascht sein. Er weiß, daß so etwas möglich ist, weil er es bereits geschafft hat.

Menschen, die Ihnen sagen, daß etwas unmöglich ist, sind fast immer erfolglos und gehören, was die Leistung angeht, zum Durchschnitt oder bestenfalls zum oberen Mittelmaß.

Wappnen Sie sich gegen Leute, die Sie überzeugen wollen, daß Sie irgend etwas nicht schaffen können. Lassen Sie sich durch solche negativen Ratschläge herausfordern, beweisen Sie, daß Sie es doch schaffen.

Die »Negatoren«

Seien Sie in einem Punkt besonders wachsam: Lassen Sie sich von negativ denkenden Menschen – »Negatoren« – nicht in Ihrem Plan beirren, sich zum Erfolg zu denken. Negatoren gibt es überall, und ihnen scheint es Spaß zu machen, die positiven Fortschritte anderer zu sabotieren.

Im College war ich ein paar Semester lang mit Will befreundet. Er war ein guter Kamerad, gehörte zu dem Typ, der einem etwas Geld lieh, wenn man knapp bei Kasse war, und einem in vielen kleinen Dingen half. Aber Will hatte eine fast hundertprozentig ablehnende, bittere Einstellung zum Leben, zur Zukunft und den Möglichkeiten, die sie bot. Er war ein echter Negator.

In jener Zeit las ich mit großer Begeisterung die Artikel einer bestimmten Kolumnistin, die großes Gewicht auf Hoffnung, positive Einstellung und die Nutzung von Chancen legte. Wenn Will sah, daß ich etwas von der Autorin las, oder wenn ich ihre Kolumne erwähnte, schlug er sofort verbal zu: »Um alles in der Welt, Dave, lies die Titelseite. Da erfährst und lernst du etwas über das Leben. Du solltest wissen, daß diese Schreiberin sich doch bloß ein paar schnelle Dollar verdient, indem sie den Schwachen süße Worte serviert.«

Wenn unsere Diskussionen sich dem Thema zuwandten, wie man im Leben vorwärtskam, brachte Will immer folgende Formel vor: »Dave, es gibt heutzutage nur drei Wege, um zu Geld zu kommen. Erstens, stiehl auf ordentliche, saubere, legale Weise; zweitens, heirate eine reiche Frau; drittens, lerne die richtigen Leute kennen, jemanden mit vielen guten Beziehungen.«

Er hatte zur Verteidigung seiner Formel stets Beispiele parat. Da er Titelseiten las, konnte er sofort den einen Gewerkschaftsführer unter Tausenden ins Treffen führen, der einen ansehnlichen Betrag aus der Gewerkschaftskasse abgezweigt hatte und damit verschwunden war. Er war informiert über eine der so seltenen Heiraten zwischen dem Obstpflücker und der Millionärin. Und er kannte einen Mann, der einen Mann kannte, der ein großes Tier kannte und in ein großes Geschäft hatte einsteigen dürfen, bei dem er reich geworden war.

Will war ein paar Jahre älter als ich, studierte Maschinenbau und hatte ausgezeichnete Zensuren. Ich schaute zu ihm auf wie zu einem großen Bruder. Das führte so weit, daß ich in Gefahr geriet, meine grundlegenden Überzeugungen über die notwendigen Voraussetzungen für Erfolg über Bord zu werfen und die Philosophie dieses Negators zu übernehmen.

Glücklicherweise kam ich gerade noch rechtzeitig zu mir. Eines Abends nach einer langen Diskussion mit Will dämmerte mir plötzlich, daß ich der Stimme des Versagens lauschte. Ich erkannte, daß Will mit seinen Reden eher sich selbst überzeugen als mich zu seiner Denkweise bekehren wollte. Von da an betrachtete ich ihn als Studienobjekt. Statt zu akzeptieren, was er sagte, studierte ich ihn und versuchte herauszufinden, warum er so dachte, wie er dachte, und wohin ihn dieses Denken führen würde.

Ich habe Will seit elf Jahren nicht mehr gesehen, doch ein gemeinsamer Freund von uns traf ihn vor ein paar Monaten. Will arbeitet als schlecht bezahlter technischer Zeichner in Washington. Ich fragte unseren Freund, ob Will sich verändert habe.

»Nein, er denkt höchstens noch negativer als damals. Er hat es ziemlich schwer. Er hat vier Kinder, und bei seinem Einkommen ist das hart. Der gute alte Will besäße Grips genug, um fünfmal soviel zu verdienen wie jetzt, wenn er bloß verstünde, seinen Verstand richtig einzusetzen.«

Negatoren gibt es überall. Einige sind sogar wohlmeinende Freunde, wie jener Will, der mich fast zu Fall gebracht hätte. Doch andere sind neidisch oder eifersüchtig, sie kommen selbst nicht vorwärts und wollen darum, daß auch andere stolpern.

Seien Sie auf der Hut! Studieren Sie die Negatoren und lassen Sie sich von ihnen Ihre Erfolgspläne nicht zerstören.

Wechseln Sie gegebenenfalls Ihre Umwelt

Ein junger Angestellter erklärte mir neulich, warum er aus seiner bisherigen Fahrgemeinschaft ausgestiegen war und sich eine neue gesucht hatte.

»Einer der Herren«, sagte er, »redete auf der ganzen Strecke tagein, tagaus von nichts anderem als davon, in welch einer schrecklichen Firma wir arbeiteten. Was die Betriebsleitung auch tat, er hatte daran etwas auszusetzen. Er äußerte sich negativ über seinen Chef und über alle, die noch höher standen. Die Waren, die wir verkauften, taugten nichts. An jeder angewandten Methode war etwas falsch. In seinen Augen war an absolut allem etwas falsch.

Ich kam jeden Morgen gestreßt und sauer im Büro an. Und jeden Abend, nachdem ich ihn eine Dreiviertelstunde hatte predigen und hochtrabend über all das reden hören, was tagsüber schiefgegangen war, kam ich deprimiert und mutlos heim. Gottlob war ich gescheit genug, in eine andere Fahrgemeinschaft umzusteigen. Hier herrscht ein ganz anderes Klima, denn jetzt bin ich in einer Gruppe von Leuten, die beide Seiten einer Sache sehen.«

Der junge Mann hatte einfach seine Umwelt gewechselt, um nicht ständig negativen Gedanken ausgesetzt zu sein.

Ignorieren Sie Negativdenker

Täuschen Sie sich nicht: Sie werden auch nach dem Umgang beurteilt, den Sie pflegen. Gleich und gleich gesellt sich wirklich gern. Aber Ihre Arbeitskollegen sind nicht alle gleich. Ein Teil ist negativ eingestellt, ein Teil positiv. Einige Ihrer Kollegen arbeiten, weil sie »müssen«, andere sind ehrgeizig und arbeiten, um vorwärtszukommen. Einige machen alles verächtlich, was der Chef sagt oder tut, andere sind viel objektiver und erkennen, daß sie gute Mitarbeiter sein müssen, bevor sie gute Vorgesetzte sein können.

Die Gruppe, in der wir uns befinden, wirkt direkt auf unser Denken ein. *Sorgen Sie dafür, daß Sie in einer Gruppe sind, die richtig denkt.*

In Ihrer Arbeitswelt gibt es Fallen, auf die Sie achten müssen. Jede Gruppe hat einige Mitglieder, die aus dem Wissen um die eigenen Unzulänglichkeiten Ihnen den Weg verbauen und Ihre Fortschritte verhindern wollen. Viele ehrgeizige Menschen wurden ausgelacht und oft sogar bedroht, weil sie versuchten, mehr und besser zu arbeiten. Machen wir uns nichts vor: Manche eifersüchtige Menschen möchten erreichen, daß Ihnen Ihr Wunsch, vorwärtszukommen, peinlich ist.

Das geschieht in Fabriken, wo Arbeiter oft denjenigen hassen, der die Produktion beschleunigen will. Das geschieht beim Militär, wo eine Clique negativ eingestellter Burschen oft einen jungen

Soldaten hänselt und demütigt, weil er auf die Offiziersschule möchte. Das geschieht auch in der Geschäftswelt, wo Personen, die nicht für einen Aufstieg qualifiziert sind, oft den Aufstieg eines anderen abzublocken versuchen.

Ignorieren Sie solche Negativdenker in Ihrer Umgebung. Halten Sie sich lieber an die Menschen, die progressiv denken. Gehen Sie mit ihnen vorwärts.

Finden Sie die richtigen Ratgeber

Achten Sie besonders sorgfältig darauf, bei den richtigen Leuten Rat zu suchen. In den meisten Firmen begegnen Sie selbsternannten Ratgebern, die »wissen, wo's lang geht«, und erpicht darauf sind, Sie einzuweihen. Einmal hörte ich, wie ein solcher Ratgeber einem Neuling das Büroleben erklärte. Er sagte doch tatsächlich: »Am besten kommen Sie hier durch, wenn Sie allen aus dem Weg gehen. Wenn die anderen Sie erst kennen, laden die Ihnen bloß Arbeit auf. Vor allem von dem Abteilungsleiter müssen Sie sich fernhalten. Wenn er glaubt, Sie hätten nicht genug zu tun, deckt er Sie garantiert bis zum Hals ein . . .«

Dieser selbsternannte Ratgeber war seit fast dreißig Jahren bei der Firma und stand auf der Erfolgsleiter immer noch ganz unten. Was für ein Berater für einen jungen Menschen, der im Berufsleben aufsteigen will!

Machen Sie es sich daher zur Regel, nur bei Menschen Rat zu suchen, die wirklich Bescheid wissen.

Verbreitet herrscht die falsche Meinung, daß erfolgreiche Menschen unzugänglich seien. In Wahrheit sind sie es *nicht*. Erfolgreiche Menschen sind gewöhnlich die bescheidensten und hilfsbereitesten. Da sie an ihrer Arbeit und ihrem Erfolg ehrlich interessiert sind, liegt ihnen gewöhnlich daran, daß ihr Werk Bestand hat und eine fähige Person ihr Nachfolger wird, wenn sie einmal aus dem Berufsleben scheiden.

Ein Topmanager erklärte mir einmal: »Ich bin ein vielbeschäftigter Mann, aber an meiner Tür gibt es kein Schild mit der Aufschrift ›Bitte nicht stören‹. Die Beratung der Mitarbeiter ist eine meiner Hauptaufgaben. Wir lassen jedem eine Standardschulung dieser oder jener Art angedeihen. Eine persönliche

Beratung oder ›Unterrichtung‹, wie ich das lieber nenne, ist auf Wunsch jederzeit erhältlich.

Ich bin bereit, jedem zu helfen, der mit einem Firmen- oder einem persönlichen Problem zu mir kommt. Dem Menschen aber, der Interesse zeigt und den echten Wunsch hat, mehr über seine Arbeit und ihren Zusammenhang mit der Arbeit anderer zu erfahren, helfe ich am liebsten.

Aus Gründen, die auf der Hand liegen«, fügte er hinzu, »kann ich jedoch meine Zeit nicht damit vergeuden, Leute zu beraten, denen es gar nicht um eine Beratung geht.«

Um es noch mal zu sagen: Wenn Sie also Fragen haben, dann suchen Sie Rat bei den Personen, die wirklich kompetent sind.

Arbeit und Freizeit

Viele Unternehmen vergeben heute eine Spitzenposition nicht, ohne daß einer der leitenden Herren mit der Frau des Bewerbers gesprochen hat. Ein Verkaufsleiter sagte mir: »Ich möchte sicher sein, daß der künftige Vertreter seine Familie hinter sich hat, daß die Familie ihn unterstützt, daß sie keine Einwände gegen seine Reisen, seine unregelmäßigen Arbeitsstunden und die anderen mit dem Vertreterberuf einhergehenden Unbequemlichkeiten erhebt, sondern dem Mann über diese unvermeidlichen Härten hinweghilft.«

Die Abteilungsleiter und Betriebsdirektoren sind sich heute darüber im klaren, daß alles, was zwischen Arbeitsschluß und Arbeitsbeginn sowie an den Wochenenden geschieht, direkt auf die Leistung während der Arbeitszeit Einfluß hat. Wer seine Freizeit konstruktiv gestaltet, ist fast immer erfolgreicher als ein Mensch mit einem eintönigen, langweiligen Privatleben.

Die Wochenenden von Peter und Paul

Sehen wir uns einmal an, wie zwei Kollegen, Peter und Paul, üblicherweise ihre Wochenenden verbringen. Und sehen wir uns auch die Auswirkungen an.

Peters »psychische Freizeitkost« setzt sich in etwa so zusammen:

Einen Abend verbringt er mit besonders ausgewählten, interessanten Freunden. An einem anderen Abend geht er gewöhnlich ins Kino, zu einer Versammlung oder zu Bekannten. Der Samstagvormittag ist den Arbeiten für seine Pfadfindergruppe gewidmet. Am Samstagnachmittag macht er Besorgungen, wenn die Geschäfte offen sind, oder er erledigt Arbeiten am Haus oder im Garten. Oft arbeitet er an einem bestimmten Projekt. Zur Zeit baut er im Garten eine überdachte Terrasse. An den Sonntagen unternehmen Peter und seine Familie etwas Besonderes. Unlängst machten sie eine Bergtour, und an einem anderen Sonntag besuchten sie ein Museum. Gelegentlich fahren sie aufs Land hinaus, denn Peter möchte in nicht allzu ferner Zukunft ein Grundstück kaufen. Den Sonntagabend verbringt Peter ruhig. Gewöhnlich liest er ein Buch und informiert sich über die Ereignisse der vergangenen Woche.

Alles in allem plant Peter seine Wochenenden gut. Anregende Beschäftigungen verbannen die Langeweile. Peter tankt viel »psychische Sonne« auf.

Pauls »psychische Kost« ist viel unausgewogener als jene Peters. Er macht keine Pläne für seine Wochenenden. Paul ist an den Freitagabenden meist ziemlich »müde«, aber der Form halber fragt er seine Frau: »Willst du heute abend was unternehmen?« Doch dabei bleibt es. Paul und seine Frau haben selten Gäste und werden selten eingeladen. Am Samstag schläft Paul lange, und der restliche Tag verstreicht mit Arbeiten dieser oder jener Art. Samstag abends geht die Familie gewöhnlich ins Kino oder sieht fern. Auch den größten Teil des Sonntagvormittags verbringt Paul im Bett. Am Nachmittag fährt er mit seiner Frau gelegentlich zu Leo und Linda, oder Leo und Linda kommen zu ihnen, denn die beiden sind das einzige Ehepaar, mit dem Paul und seine Frau regelmäßig verkehren.

Pauls ganzes Wochenende ist von Langeweile geprägt. Spätestens am Sonntagabend geht sich die Familie als Folge eines »Hüttenkollers« herzlich auf die Nerven. Zu offenen Kämpfen kommt es nicht, aber zu psychologischen Scharmützeln.

Pauls Wochenende ist fade, trostlos, langweilig. Er tankt keine »psychische Sonne« auf.

Welche Auswirkungen hat nun die häusliche Umgebung sowohl auf Peter als auch auf Paul? Innerhalb einer oder zweier Wochen wird man wahrscheinlich keine Auswirkungen erkennen. Doch in einem Zeitraum von Monaten und Jahren werden sich ungeheure Auswirkungen zeigen.

Peters Umgebung erfrischt ihn, liefert ihm Ideen, regt sein Denken an. Paul dagegen wird in seiner Umgebung psychisch ausgehungert. Sein Denkmechanismus leidet Schaden.

Peter und Paul liegen heute vielleicht noch gleichauf. Aber in den kommenden Monaten wird sich der Abstand zwischen ihnen vergrößern, und Peter wird in Führung liegen.

Oberflächliche Beobachter werden sagen: »Nun, ich finde, Peter hat einfach mehr auf dem Kasten als Paul.«

Wer jedoch im Bilde ist, wird wissen, daß ein großer Teil des Leistungsunterschieds aus der unterschiedlichen Umwelt resultiert, in der sich beide Männer bewegen.

Jedem Bauern ist klar, daß er einen höheren Ertrag erhält, wenn er seine Felder gut düngt. Auch unser Verstand muß zusätzliche Nahrung erhalten, wenn wir bessere Ergebnisse erzielen wollen.

Geraten Sie nicht auf ausgefahrene Gleise

Meine Frau und ich verbrachten vorigen Monat einen ausgesprochen schönen Abend bei einem Warenhausdirektor und seiner Frau. Außer uns waren weitere fünf Ehepaare zu Gast. Meine Frau und ich verabschiedeten uns kurz nach den anderen, so daß ich Gelegenheit hatte, unserem Gastgeber eine Frage zu stellen, die mich schon den ganzen Abend beschäftigte. »Das war wirklich ein gelungener Abend«, sagte ich, »aber eines wundert mich. Ich hätte erwartet, bei Ihnen andere führende Einzelhandelsleute anzutreffen, statt dessen vertraten Ihre Gäste die verschiedensten Berufskreise. Ein Schriftsteller war hier, ein Arzt, ein Ingenieur, ein Buchhalter und ein Lehrer.«

Lächelnd antwortete der Direktor: »Es stimmt schon, wir haben oft Kollegen zu Gast. Aber Helen und ich finden es anregender, mit Menschen zusammenzukommen, die ihren Lebensunterhalt anders verdienen. Würden wir uns darauf beschränken, nur Leute einzuladen, die in etwa die gleichen Interessen wie wir haben, gerieten wir schnell auf die sprichwörtlichen ausgefahrenen Gleise, fürchte ich.

Außerdem«, fuhr er fort, »sind Menschen sozusagen ›mein

Geschäft‹. Tagtäglich besuchen Tausende aus jeder nur denkbaren Berufsgruppe unser Warenhaus. Je mehr ich über andere Menschen erfahre – ihre Ideen, Interessen, Ansichten –, desto eher kann ich ihnen die Waren und Dienstleistungen anbieten, die sie haben wollen und kaufen werden.«

Achten Sie auf Ihr gesellschaftliches Umfeld

Hier einige einfache Hinweise, die Ihnen zu einer erstklassigen gesellschaftlichen Umwelt verhelfen:

○ Suchen Sie Eingang in neue Kreise. Die Beschränkung Ihres gesellschaftlichen Umgangs auf ein und dieselbe kleine Gruppe erzeugt Langeweile, Trübsinn, Unzufriedenheit. Denken Sie daran, Ihr erfolgbildendes Programm verlangt, daß Sie ein Experte im Menschenverständnis werden. Es ist unmöglich, vieles über Menschen zu erfahren, wenn man nur eine kleine Gruppe studiert.

○ Wählen Sie Freunde, die andere Ansichten haben als Sie. In unserer heutigen Zeit hat ein engstirniger Mensch nicht viel Zukunft. Verantwortungsvolle, wichtige Positionen fallen jenen Menschen zu, die fähig sind, beide Seiten einer Sache zu sehen. Wenn Sie Mitglied einer politischen Partei sind, sollten Sie einige Freunde haben, die andere politische Ansichten vertreten. Wichtig sind vor allem Begegnungen mit Ihren »Gegenpolen«, Menschen also, deren Ansichten mit den Ihrigen nicht konform laufen, Menschen aber, die auf ihren Gebieten Kompetenz ausstrahlen.

○ Wählen Sie Freunde, die über kleinliche, unwichtige Dinge erhaben sind. Wenn sich jemand beispielsweise mehr für die Quadratmeterzahl Ihrer Wohnung interessiert als für Ihre Ideen, für Ihre Vorstellungen, für tiefe Gespräche mit Ihnen, dann neigt er zu Kleinlichkeit. Wählen Sie lieber Freunde, die an positiven Dingen interessiert sind, die mit Ihnen vor allen Dingen ehrliche Diskussionen führen, wenn es zum Beispiel um Ihr Vorhaben oder Ihre Ideale geht. Wenn Sie das nicht tun, wenn Sie Kleindenker zu engen Freunden machen, werden Sie sich allmählich selbst zum Kleindenker entwickeln.

Das Gedankengift »Klatsch«

Wir alle fürchten bestimmte Gifte, jedoch handelt es sich meistens um die Gifte, die in unserem Körper Schäden hervorrufen könnten.

Doch es gibt auch ein anderes Gift, und dieses Gift kann noch bedeutend heimtückischer sein: das Gedankengift, das gewöhnlich »Klatsch« genannt wird. Dieses Gedankengift unterscheidet sich in zweierlei Hinsicht von den anderen Giften: Es schädigt den Geist, nicht den Körper, und es ist schwerer auszumachen. Wer damit vergiftet wird, merkt es meistens gar nicht.

Gedankengift wirkt fast unmerklich, richtet aber großen Schaden an. Es reduziert die Größe und Großzügigkeit unseres Denkens, indem es uns zwingt, uns auf kleinliche, unwichtige Dinge zu konzentrieren. Es verzerrt und verfälscht unsere Gedanken über andere Menschen, denn es basiert auf einer Verdrehung von Tatsachen. Und es erzeugt in uns ein Schuldgefühl, welches nach außen durchscheint, wenn wir der Person begegnen, über die wir »geklatscht« haben. Das Gedankengift »Klatsch« enthält null Komma null Prozent *richtiges* Denken, jedoch einhundert Prozent *falsches* Denken.

Entgegen der allgemeinen Auffassung ist Klatsch keineswegs eine Domäne der Frauen. Auch viele Männer leben in einer vom Klatsch vergifteten Umwelt, und jeden Tag finden Tausende »Klatschfeste« statt, die von Männern veranstaltet werden und Themen haben wie: die ehelichen oder finanziellen Probleme des Chefs; Herrn Maiers Machenschaften, die ihn in der Firma vorwärtsbringen sollen; die Wahrscheinlichkeit, daß Herr Müller versetzt wird; die Frage, warum Herrn Schulze besondere Vergünstigungen zugestanden werden; der Grund für die Einstellung des neuen Mannes. Klatschereien enthalten oft Wendungen wie: »Sagen Sie, ich habe da gerade gehört...«, »...das überrascht mich nicht...«, »...denken Sie nur, er hat behauptet...«, »...natürlich ist das alles vertraulich...«

Gespräche bilden einen wesentlichen Bestandteil unserer Umwelt. Manche Gespräche sind gesund, sie machen Ihnen Mut, rufen in Ihnen ein Gefühl hervor, als würden Sie an einem schönen Frühlingstag in der Sonne spazierengehen. Gespräche dieser Art bewirken, daß Sie sich als Sieger fühlen.

Doch andere Gespräche wirken eher, als gingen Sie durch eine giftige, radioaktive Wolke, sie nehmen Ihnen den Atem, geben Ihnen das Gefühl, krank zu sein, und machen Sie zum Verlierer.

Klatsch ist nichts anderes als ein negatives Gespräch über Menschen, und wer diesem Gedankengift zum Opfer fällt, beginnt Genuß an solchen Gesprächen zu finden. Er scheint eine »giftige Freude« daran zu haben, negativ über andere zu reden, und weiß nicht, daß er auf erfolgreiche Menschen einen immer abstoßenderen, unzuverlässigeren Eindruck machen wird.

Einer dieser »Gedankengiftsüchtigen« platzte unlängst in ein Gespräch, das ich mit mehreren Freunden über Benjamin Franklin führte. Kaum hörte der Störenfried, worüber wir uns unterhielten, wartete er auch schon mit Einzelheiten aus Franklins Privatleben auf, und zwar in überaus negativer Weise. Mag sein, daß Franklin in mancher Hinsicht ein komischer Kauz war und daß er für »Klatschzeitschriften«, hätte es sie im achtzehnten Jahrhundert bereits gegeben, ein dankbares Objekt gewesen wäre. Entscheidend ist hier jedoch, daß Franklins Privatleben in keiner Beziehung zum Thema unseres Gesprächs stand. Offen gesagt, ich war froh, daß wir nicht von jemandem gesprochen hatten, den wir gut kannten.

Reden Sie ruhig über Menschen, aber reden Sie positiv über sie.

Wenn Sie zum Beispiel eine Axt nehmen und die Möbel Ihres Nachbarn zertrümmern, sehen Ihre eigenen Möbel kein Stück besser aus. Und wenn Sie verbale Äxte oder Granaten gegen einen anderen Menschen einsetzen, stehen Sie selbst kein bißchen besser da.

Fahren Sie erster Klasse

Halten Sie sich in allem, was Sie tun, an diese gute Regel, auch wenn Sie Einkäufe machen oder Dienstleistungen benötigen. Um die absolute Richtigkeit solchen Verhaltens zu beweisen, forderte ich einmal Schulungsteilnehmer auf, mir Fälle zu nennen, in denen sie am falschen Ende gespart hatten. Hier einige der Antworten:

»Ich kaufte in einem halbseidenen Laden einen billigen Anzug. Ich glaubte, einen Fang gemacht zu haben, aber der Anzug taugte einfach nichts.«

»Mein Wagen brauchte ein neues Automatikgetriebe. Ich brachte ihn in eine ›Winkelwerkstatt‹, die sich bereit erklärte, die Reparatur um fünfundzwanzig Dollar billiger zu machen als eine Vertragswerkstatt. Das ›neue‹ Getriebe hielt ganze dreitausend Kilometer. Und die Werkstatt weigerte sich, Ersatz zu leisten.«

»Um Geld zu sparen, aß ich monatelang in einem miesen kleinen Lokal. Der Raum war alles andere als sauber, das Essen war alles andere als gut, die Bedienung – hm, von einer Bedienung konnte man eigentlich gar nicht reden, und die Kundschaft gehörte nicht gerade zur besseren Gesellschaft. Eines Tages überredete mich ein Freund, mit ihm in eines der besten Lokale unserer Stadt zum Mittagessen zu gehen. Er bestellte den sogenannten ›Mittagstisch für Berufstätige‹, also tat ich es auch. Ich staunte, was ich geboten bekam: gutes Essen, gute Bedienung, dazu eine äußerst angenehme Atmosphäre, und das alles für nur wenig mehr als in dem miesen kleinen Lokal. Das war mir eine große Lehre.«

Es gab noch weitere interessante Antworten. Ein Mann berichtete, daß er Schwierigkeiten mit dem Finanzamt bekommen hatte, weil seine Steuererklärung von einem »billigen« Steuerberater gemacht worden war. Ein anderer ging zu einem Arzt, weil dieser angeblich niedrige Honorare verlangte, und mußte später feststellen, daß dessen Diagnose falsch war. Wieder andere berichteten, was es sie bei Reparaturen im Haus, bei Einkäufen, bei benötigten Dienstleistungen und bei Hotelaufenthalten gekostet hatte, zweiter Klasse zu fahren.

Natürlich bekomme ich oft das Argument zu hören: »Ich kann mir die erste Klasse beim besten Willen nicht leisten.« Die einfachste und richtigste Antwort darauf lautet: »Sie können es sich *nicht* leisten, anders zu fahren.« Ganz bestimmt kostet die erste Klasse Sie auf lange Sicht weniger als die zweite. Außerdem ist es immer vorteilhafter, wenige Sachen von wirklich guter Qualität als viel Schund zu besitzen. Es ist beispielsweise besser, man besitzt ein Paar gute, elegante Schuhe als deren drei, denen man ansieht, daß sie nicht viel gekostet haben können.

Die Menschen stufen Sie nach der Qualität Ihrer Erscheinung ein, oft sogar unterbewußt. Entwickeln Sie ein Gefühl für Qualität! Sie macht sich bezahlt und kostet nicht mehr, sondern oft sogar weniger als Zweitklassiges.

Lassen Sie sich von Ihrer Umwelt zum Erfolg führen

1. Seien Sie sich Ihrer Umwelt immer bewußt, denn sie formt Ihre Persönlichkeit.
2. Lassen Sie Ihre Umwelt für sich und nicht gegen sich arbeiten. Dulden Sie nicht, daß negativ denkende Menschen Ihr Denken auf Niederlagen ausrichten.
3. Lassen Sie sich von Kleindenkern nicht aufhalten. Eifersüchtige, neidische Menschen sehen Sie gerne stolpern. Orientieren Sie sich lieber an Großdenkern.
4. Holen Sie sich bei erfolgreichen Menschen Rat, wenn es sich um Ihre Zukunft handelt. Lassen Sie sich nicht von selbsternannten Ratgebern, die nichts anderes als Versager sind, beraten.
5. Tanken Sie möglichst viel »psychische Sonne« auf. Suchen Sie Eingang in neue Kreise. Entdecken Sie neue, anregende Dinge, die Sie tun können.
6. Verbannen Sie das Gedankengift »Klatsch« aus Ihrer Umgebung. Sprechen Sie ruhig über Menschen, aber reden Sie positiv über sie.
7. Fahren Sie bei allem, was Sie tun, erster Klasse. Etwas anderes können Sie sich nicht leisten.

Kapitel 8

Auf die richtige Einstellung kommt es an

Wir lesen tagtäglich die Gedanken anderer

Können Sie Gedanken lesen? Bitte verneinen Sie diese Frage nicht direkt, denn vielleicht ist es Ihnen noch nie bewußt geworden, daß Sie jeden Tag die Gedanken anderer Menschen und andere Menschen Ihre Gedanken lesen.

Uns bleibt auch gar nichts anderes übrig: Denn da wir tagtäglich mit den Gefühlen, Haltungen, Einstellungen unserer Mitmenschen konfrontiert werden, müssen wir diese Gefühle, Haltungen, Einstellungen aufnehmen, analysieren, sie »lesen«, damit wir kommunikationsfähig sind und auch bleiben.

Es gibt einen Schlager von Bing Crosby, dessen Grundtenor lautet: Man braucht keine Sprache, um zu sagen, daß man verliebt ist. Diese einfache Feststellung beinhaltet ein ganzes Buch angewandter Psychologie. Man muß wirklich keine Sprache beherrschen, um auszudrücken, daß man verliebt ist. Jeder, der schon einmal verliebt war, kann das unterstreichen.

Man muß auch keine Sprache beherrschen, um zu sagen: »Ich mag dich«, »Ich hasse dich«, »Ich halte dich für bedeutend«, »Ich halte dich für unbedeutend«, »Ich beneide dich«. Man muß keine Worte kennen oder gebrauchen, um zum Ausdruck zu bringen: »Mir gefällt meine Arbeit«, »Ich langweile mich«, »Mir geht es nicht gut«. Wir sprechen auch stumm miteinander.

Die Art unseres Denkens ist daran zu erkennen, wie wir handeln. Demnach sind unsere Handlungen Spiegelbilder unseres Denkens.

Sie können zum Beispiel die Gedankengänge eines Mannes, der an seinem Schreibtisch sitzt, ziemlich leicht nachvollziehen. Durch Beobachtung seines Gesichtsausdrucks, seiner Gesten, überhaupt seiner ganzen Art spüren Sie, was er von seinem Beruf hält. Genauso können Sie die Gedanken von Vertretern, Geschäftsleuten, Lehrern, Professoren, Studenten, Freunden oder des Ehepartners lesen. Und Sie können es nicht nur – Sie *tun* es auch.

Aber unsere Einstellungen und Haltungen scheinen nicht nur durch, sie »klingen« auch durch. Wenn eine Sekretärin am Telephon sagt: »Büro von Herrn Schumacher, guten Morgen«, nennt sie zwar den Namen ihres Büros, aber sie verrät noch mehr! Sie kann durch diese sechs Wörter auch erkennen lassen: »Ich mag Sie. Ich bin froh, daß Sie anrufen. Ich halte Sie für bedeutend. Ich mag meine Arbeit.«

Eine andere Sekretärin kann Ihnen mit genau dem gleichen kurzen Satz zu verstehen geben: »Sie sind mir lästig. Ich wünschte, Sie hätten nicht angerufen. Meine Arbeit ödet mich an. Außerdem mag ich Leute nicht, die mich belästigen.«

Wir lesen also Gefühle, Haltungen und Einstellungen anderer Menschen aus deren Gesichtsausdruck, aus deren Tonfall sowie aus Tonveränderungen ihrer Stimmen ab. Warum tun wir das? In der jahrtausendealten Menschheitsgeschichte wurde eine Sprechsprache, die auch nur entfernt der unsrigen ähnelte, erst relativ spät entwickelt. So spät, daß wir im Sinne der großen Zeitenuhr sagen könnten, daß sie erst heute entstanden sei. Tausende von Jahren hindurch kam der Mensch mit einigen wenigen, für heutige Ohren undefinierbaren Lauten aus.

Die Menschen verständigten sich also Jahrtausende hindurch mittels des Mienenspiels, der Körpersprache und bestimmter Laute, aber nicht durch »Sprache«. Und auf gleiche Weise lassen auch wir noch unsere Einstellungen erkennen, unsere Gefühle gegenüber Menschen und Dingen.

Um andere zu aktivieren, muß man zuerst sich selbst aktivieren

Ein angesehener amerikanischer Professor, der jahrelang das Verhalten von Führungskräften beobachtete, sagte einmal: »Offensichtlich wirken sich mehr Faktoren als nur die Anlagen und Fähigkeiten auf die Leistung aus. Ich bin zu der Überzeugung gelangt, daß noch ein anderes Element, sozusagen ein Katalysator, wenn Sie so wollen, als treibende Kraft zu den beiden erstgenannten Faktoren hinzukommt: die Einstellung. Wenn unsere Einstellung richtig ist, erreichen unsere Fertigkeiten ein Höchstmaß an Effektivität, und gute Ergebnisse sind unweigerlich die Folge.«

Die Einstellung ist von fundamentaler Bedeutung! Vertreter mit der richtigen Einstellung übertreffen ihr Verkaufssoll; Studenten mit der richtigen Einstellung bekommen erstklassige Zensuren; die richtige Einstellung ebnet den Weg zu einem wirklich glücklichen Eheleben. Die richtige Einstellung hilft Ihnen auch im Umgang mit Menschen und befähigt Sie, sich zur Führungskraft zu entwickeln. Die richtige Einstellung nützt Ihnen in *jeder* Situation.

Die nachstehenden, drei äußerst wichtigen Einstellungen, auf die in den folgenden Seiten näher eingegangen wird, möchte ich Ihnen daher nicht vorenthalten. Sie lauten: *Ich bin aktiviert; jeder ist bedeutend; vor allem dienen.*

Wie erlangt man diese Einstellungen?

In meinem zweiten Studienjahr belegte ich amerikanische Geschichte. Ich erinnere mich lebhaft an die Vorlesungen, nicht weil ich viel von amerikanischer Geschichte erfuhr, sondern weil ich auf ungewöhnliche Weise ein Grundprinzip für ein erfolgreiches Leben lernte: *Um andere zu aktivieren, muß man zuerst sich selbst aktivieren.*

Die Vorlesungen, die von einer großen Zahl Studenten besucht wurden, fanden immer in einem fächerförmigen Hörsaal statt. Der Professor, ein Mann in mittleren Jahren, war offensichtlich sehr gebildet, aber entsetzlich fade bei seinen Ausführungen. Statt die Geschichte als lebendiges, faszinierendes Thema darzustellen, leierte er nur tote Fakten herunter. Wie er es fertigbrachte, etwas so Interessantes derart langweilig zu gestalten, bleibt mir ein Rätsel. Aber er schaffte das Kunststück.

Bestimmt können Sie sich vorstellen, wie sich das Interesse der Studenten darstellte. Viele unterhielten sich oder schliefen, und dies nahm ein solches Ausmaß an, daß zwei Assistenten des Professors durch die Reihen gingen, um Gespräche zu unterbinden und schlafende Studenten zu wecken.

Gelegentlich hielt der Professor inne, drohte den Studenten mit dem Finger und sagte: »Ich warne Sie. Sie müssen sich aufmerksam anhören, was ich vortrage. Sie müssen diese Privatgespräche unterlassen, so etwas gehört sich nicht.« Das machte auf seine Studenten natürlich wenig Eindruck, zumal sich unter ihnen viele Kriegsteilnehmer befanden, die noch vor ein paar Monaten ihr

Leben riskiert und auf Inseln oder in Bombenflugzeugen selbst Geschichte gemacht hatten.

Während ich so dasaß und beobachtete, wie etwas, das ein großes Erlebnis hätte sein können, zu einer gräßlichen Farce ausartete, quälte mich die Frage: »Warum hören die Studenten dem Professor nicht zu?«

Die Antwort war einleuchtend: Die Studenten interessierten sich nicht für die Aussagen des Professors, weil der Professor selbst kein Interesse an seinen Ausführungen hatte. Geschichte ödete ihn an, und das merkte man. *Um andere zu aktivieren, um in ihnen Begeisterung zu wecken, muß man zuerst selbst Begeisterung empfinden.*

Im Laufe der Jahre stellte ich dieses Prinzip in zahllosen Situationen auf die Probe. Es erwies sich immer als gültig. Ein Mensch, dem es an Begeisterung mangelt, kann andere nicht begeistern. Doch ein Mensch, der selbst begeistert ist, findet rasch begeisterte Anhänger.

Ein begeisterter Vertreter wird nie über uninteressierte Kunden klagen. Ein enthusiastischer Lehrer wird bei seinen Schülern keine Interesselosigkeit erleben. Ein aktivierter Geistlicher wird sich nicht den Kopf über eine verschlafene Gemeinde zerbrechen müssen.

Begeisterung kann sehr ertragreich sein

Vor einigen Jahren stiftete das Personal eines Geschäfts, das ich gut kenne, knapp einhundert Dollar für das Rote Kreuz. Im darauffolgenden Jahr stifteten die gleichen Beschäftigten fast elfhundert Dollar. Das ist eine Steigerung um elfhundert Prozent.

Dem Leiter der ersten Sammelaktion fehlte es völlig an Begeisterung. Er machte etwa folgende Bemerkungen: »Ich denke, das Rote Kreuz ist eine recht verdienstvolle Organisation. Ich habe aber noch keinen direkten Kontakt damit gehabt. Es ist eine große Organisation, die von den Reichen hohe Beträge erhält, also ist es nicht so wichtig, ob Sie spenden. Wenn Sie etwas geben wollen, dann kommen Sie zu mir.« Der Mann tat nichts, um Interesse für das Rote Kreuz zu wecken.

Im nächsten Jahr leitete ein anderer die Sammelaktion. Er war ehrlich begeistert von seiner Sache. Er führte Beispiele an, die zeigten, wie das Rote Kreuz bei Zugentgleisungen, Erdbeben, Überschwemmungen, Verkehrsunfällen, kurz: bei allen nur erdenklichen Unglücksfällen hilfreich tätig ist. Er machte den Leuten klar, daß das Rote Kreuz auf die Spenden aller angewiesen ist. Er schlug den Beschäftigten vor, sich bei der Höhe ihrer Spenden danach zu richten, was sie ihrem Nachbarn geben würden, wenn ihn ein Unglück träfe. Er sagte: »Schauen Sie sich an, was das Rote Kreuz schon alles geleistet hat!« Er *bat* also nicht um Spenden. Er sagte nicht: »Von jedem wird erwartet, daß er soundso viel gibt.« Er zeigte sich lediglich begeistert von der großen Bedeutung des Roten Kreuzes. Der Erfolg stellte sich als ganz natürliche Folge ein.

Bestimmt kennen Sie irgendeinen gemeinnützigen Verband, der langsam an Bedeutung verliert. Mit ziemlicher Sicherheit fehlt nur die nötige Begeisterung, um in ihm neue Aktivitäten zu entfachen. Denn die Ergebnisse, die man erzielt, stehen in *direktem* Verhältnis zu der aufgewendeten Begeisterung.

Begeisterung bedeutet nichts anderes als die Empfindung: »Das ist großartig!«

Die nächsten drei Abschnitte zeigen Ihnen daher, wie Sie Ihre Begeisterungskraft aktivieren können.

Graben Sie tiefer

Wenn Sie Ihre Interessen einmal aufzählen, werden Sie bestimmt einige Gebiete entdecken, für die Sie sich so gut wie gar nicht interessieren. Das mögen vielleicht Gesellschaftsspiele sein, eventuell bestimmte Richtungen in der Musik oder der bildenden Kunst. Wenn Sie sich nun fragen: »Wieviel weiß ich wirklich darüber?«, stehen die Chancen hundert zu eins für die folgende Antwort: »Nicht viel.«

Ich gestehe, daß mich moderne Malerei früher überhaupt nicht interessierte. Für mich bestand sie aus hingepfuschten Linien, bis ein sachkundiger Freund, der von der modernen Malerei fasziniert ist, sie mir erklärte. Jetzt, nachdem ich mich in sie vertieft habe, finde ich sie ebenfalls faszinierend.

Dieses Erlebnis liefert einen wichtigen Schlüssel zur Entwicklung von Begeisterung: Um sich für eine Sache zu begeistern, für die Sie keine Begeisterung empfinden, müssen Sie sich darüber informieren.

Vermutlich empfinden Sie wenig bis keine Begeisterung für Hummeln. Doch wenn Sie die Hummeln studieren, wenn Sie erfahren, wie nützlich sie sind, wie sie sich fortpflanzen, wo sie im Winter leben, kurz: wenn Sie sich alles »einverleiben«, was es über Hummeln gibt, werden Sie bald feststellen, daß Sie sich wirklich für die Tiere interessieren.

Um Schulungsteilnehmern zu veranschaulichen, wie man durch die Vertiefungstechnik Begeisterung entwickeln kann, benutze ich manchmal das sogenannte »Treibhausbeispiel«. In betont beiläufiger Weise frage ich die Gruppe: »Ist jemand von Ihnen daran interessiert, Treibhäuser herzustellen und zu verkaufen?« Nicht ein einziges Mal habe ich bisher eine positive Antwort bekommen. Dann gebe ich einige Informationen über Treibhäuser und weise darauf hin, daß sich die Menschen angesichts unseres steigenden Lebensstandards zunehmend für Dinge interessieren, die sie nicht unbedingt brauchen. Ich behaupte, daß viele Frauen mit Freuden selbst Orchideen und Orangenblüten züchten würden. Ich erkläre, wenn sich Tausende von Familien Swimming-pools leisten könnten, dann könnten sich sogar Millionen von Familien Treibhäuser leisten, weil diese verhältnismäßig billig seien. Ich stelle dann folgende Rechnung auf: Sofern man nur jeder fünfzigsten Familie ein Treibhaus für sechshundert Dollar verkaufen könnte, ergäben die Herstellung und der Vertrieb der Treibhäuser ein Geschäft von sechshundert Millionen Dollar.

Das einzige Problem bei dieser Übung ist, daß die Gruppe, die zehn Minuten zuvor noch völlig desinteressiert an Treibhäusern war, jetzt vor lauter Begeisterung nicht zum nächsten Thema übergehen will!

Wenden Sie die Vertiefungstechnik an, um Begeisterung für andere Menschen zu entwickeln. Bringen Sie über einen Menschen, für den Sie sich begeistern wollen, möglichst viel in Erfahrung. Informieren Sie sich über seine Beschäftigung, seine Familie, sein Herkommen, seine Ideen und Ziele – und Sie werden feststellen, daß Ihr Interesse an ihm und Ihre Begeisterung für ihn rasch wachsen. Graben Sie noch tiefer, und Sie werden eine faszinierende Persönlichkeit entdecken.

Die Vertiefungstechnik wirkt auch, wenn es gilt, Begeisterung für eine neue Umgebung zu entfalten. Vor mehreren Jahren beschlossen junge Freunde von mir, aus Detroit in eine Kleinstadt im Herzen Floridas überzusiedeln. Sie verkauften ihr Haus, lösten ihre geschäftlichen Verbindungen auf, verabschiedeten sich von ihren Freunden und fuhren ab.

Sechs Wochen später waren sie wieder in Detroit. Der Grund war keineswegs ihre neue Beschäftigung, sondern etwas ganz anderes. Sie sagten: »Wir hielten es einfach nicht aus, in einer Kleinstadt zu leben. Außerdem sind alle unsere Freunde in Detroit. Wir mußten einfach hierher zurück.«

Bei späteren Gesprächen mit den jungen Leuten erfuhr ich den wirklichen Grund, warum ihnen die Kleinstadt in Florida nicht gefallen hatte. Während ihres kurzen Aufenthalts dort hatten sie sich die Stadt – ihre Geschichte, ihre Pläne für die Zukunft, ihre Menschen – nur oberflächlich angesehen. Sie waren zwar körperlich nach Florida umgezogen, gefühlsmäßig aber in Detroit geblieben.

Es gibt einen Weg, sich für eine neue Umgebung zu begeistern. Vertiefen Sie Ihr Wissen über den neuen Wohnort, bringen Sie möglichst viel darüber in Erfahrung. Mischen Sie sich unter die Leute. Versuchen Sie von Anfang an, wie ein Bürger Ihrer neuen Heimatgemeinde zu fühlen und zu denken. Wenn Sie dies tun, empfinden Sie bald Begeisterung für die neue Umgebung.

Wenn Sie also für irgend etwas Begeisterung aufbringen wollen – seien es Menschen, Orte oder Dinge –, dann graben Sie tiefer.

Graben Sie tiefer, vertiefen Sie Ihr Wissen, und Sie werden Begeisterung empfinden. Wenden Sie dieses Prinzip an, wenn Sie etwas tun müssen, was Sie nicht tun mögen. Wenden Sie es an, wenn irgend etwas Sie zu langweilen beginnt. *Graben Sie tiefer, und Ihr Interesse wird erwachen.*

Erfüllen Sie alles, das Sie tun, mit Leben

Ihre Begeisterung – oder fehlende Begeisterung – ist in allem zu spüren, was Sie tun und sagen. Erfüllen Sie deshalb beispielsweise Ihren Händedruck mit Leben. Wenn Sie jemandem die Hand reichen, sollten Sie es voll Lebendigkeit tun. Geben Sie durch den

Druck Ihrer Hand zu verstehen: »Ich freue mich wirklich, Sie kennenzulernen.« Oder: »Freut mich, Sie wiederzusehen.« Ein schlaffer Händedruck ist schlimmer als gar keiner, er läßt die Leute denken: »Der Mensch ist mehr tot als lebendig.« Versuchen Sie einen erfolgreichen Menschen zu finden, der Ihnen die Hand drucklos reicht. Sie werden lange suchen müssen.

Erfüllen Sie auch Ihr Lächeln mit Leben. Lächeln Sie mit den Augen. Niemand mag ein gekünsteltes, aufgesetztes, starres Lächeln. Denn wenn Sie *wirklich* lächeln, sehen die Leute in Ihnen eine warmherzige, begeisterte Persönlichkeit, jemanden, den sie näher kennenlernen möchten.

Erfüllen Sie ebenso Ihren Dank mit Leben. Ein routinemäßiges, automatisches »Danke« ist nicht viel besser, als würden Sie »Blabla« sagen. Es ist ein leeres Wort: Es besagt nichts, es bewirkt nichts. Bringen Sie mit Ihrem »Danke« zum Ausdruck: »Ich danke Ihnen *sehr herzlich.*«

Erfüllen Sie ferner Ihre Worte mit Leben. Eine anerkannte Autorität für Redetechnik schrieb einmal: »Ist Ihre Begrüßung ›Guten Morgen mein Lieber!‹ wirklich gut? Klingt Ihr ›Herzlicher Glückwunsch!‹ begeistert? Spricht aus Ihrem: ›Wie geht es Ihnen?‹ echtes Interesse? Wenn Sie es sich zur Gewohnheit machen, aufrichtige Gefühle in Ihre Worte zu legen, werden Sie eine große Stärkung Ihrer Fähigkeit bemerken, die Aufmerksamkeit anderer zu fesseln.«

Die Menschen erkennen denjenigen an, der *glaubt,* was er sagt. Reden Sie *lebendig.* Geben Sie Ihren Worten Kraft. Ob Sie vor einem Kaninchenzüchterverein sprechen, mit einem Menschen, den Sie als Kunden gewinnen wollen, oder zu Ihren Kindern: Legen Sie Begeisterung in Ihre Worte. An eine voll Begeisterung gehaltene Predigt erinnern sich die Kirchgänger noch nach Monaten und sogar nach Jahren. Aber eine lustlos heruntergeleierte Sonntagspredigt wird schon einhundertsiebenundsechzig Stunden vor der nächsten Sonntagspredigt wieder vergessen sein.

Wenn Sie Ihrer Rede Leben geben, werden Sie automatisch selbst lebendiger. Versuchen Sie gleich einmal Folgendes: Sagen Sie laut, voll Kraft und Nachdruck: »Ich fühle mich heute großartig!« Nun? Fühlen Sie sich nicht wirklich besser als vor ein paar Minuten?

Erfüllen Sie alles mit Leben. Sorgen Sie dafür, daß alles, was Sie sagen und tun, zu verstehen gibt: »Dieser Mensch ist lebendig. Er meint es ehrlich. Er wird viel erreichen.«

Verbreiten Sie gute Nachrichten

Jeder von uns hat schon einmal erlebt, daß irgendwo jemand hereinplatzte und strahlend sagte: »Ich habe eine gute Nachricht!« Sofort hatte dieser Mensch die hundertprozentige Aufmerksamkeit aller Anwesenden. Gute Nachrichten finden jedoch nicht nur Aufmerksamkeit, sie erfreuen die Menschen auch. Gute Nachrichten rufen Begeisterung hervor.

Lassen Sie sich nicht dadurch täuschen, daß es weit mehr Überbringer von schlechten als von guten Nachrichten gibt. Niemand hat je durch die Verbreitung schlechter Nachrichten einen Freund gewonnen oder irgend etwas erreicht.

Bringen Sie Ihren Angehörigen gute Nachrichten. Erzählen Sie ihnen, was Sie am vergangenen Tag Schönes erlebt haben. Schildern Sie amüsante, erfreuliche Dinge, und erwähnen Sie die unerfreulichen nicht. Verbreiten Sie gute Neuigkeiten. Es ist sinnlos, die schlechten weiterzugeben. Das macht Ihre Angehörigen nur nervös und besorgt. Bringen Sie jeden Tag etwas Sonnenschein nach Hause.

Ist Ihnen schon aufgefallen, daß Kinder sich nur selten über das Wetter beklagen? Hitze oder Kälte machen Kindern wenig zu schaffen, bis ihnen schließlich das negativ orientierte »Nachrichtenkorps« beibringt, auf unangenehme Temperaturen auch negativ zu reagieren. Gewöhnen Sie sich an, immer positiv über das Wetter zu reden, wie immer es sein mag. Wenn Sie über das Wetter klagen, fühlen Sie sich nur elender und machen auch andere elender.

Wie wir uns fühlen, hängt weitgehend davon ab, wie wir uns zu fühlen *glauben*. Denken Sie auch daran, daß jedermann lebendige, enthusiastische Menschen um sich haben will. Es ist unangenehm, von Menschen umgeben zu sein, die mürrisch und verbittert sind.

Verbreiten Sie unter Ihren Mitarbeitern gute Neuigkeiten. Machen Sie ihnen bei jeder Gelegenheit Mut und nette Komplimente. Erzählen Sie ihnen von den positiven Schritten, die Ihre

Firma unternimmt. Hören Sie sich die Probleme der Leute an. Seien Sie hilfsbereit. Ermutigen Sie die Menschen und gewinnen Sie so ihre Unterstützung. Erkennen Sie gute Arbeit lobend an. Strahlen Sie Zuversicht aus. Lassen Sie die Leute wissen, daß Sie an ihren Erfolg glauben und Vertrauen zu ihnen haben. Beruhigen Sie die Besorgten.

Ich bin mit einem Vertreter befreundet, der es hervorragend versteht, gute Nachrichten zu verbreiten. Er ruft seine Kunden jeden Monat einmal an und sorgt dafür, daß er immer irgendeine gute Nachricht weitergeben kann – so zum Beispiel diese: »Letzte Woche habe ich einen guten Freund von Ihnen getroffen. Er hat mich gebeten, Sie zu grüßen.«

Normalerweise stellen wir uns Bankdirektoren als reservierte, kühle Herren vor, die nie richtig auftauen. Ich kenne einen, der ganz anders ist. Am Telephon begrüßt er Gesprächspartner mit Vorliebe so: *»Guten Morgen.* Die Welt ist wunderbar. Kann ich Ihnen Geld verkaufen?« Ziemt sich das etwa nicht für einen Bankdirektor? Manche werden dieser Ansicht sein, aber ich will Ihnen verraten, daß es sich um den Direktor der größten Bank im Südosten Amerikas handelt.

Gute Nachrichten zeitigen gute Ergebnisse

Der Besitzer einer Bürstenfabrik, die ich vor kurzem besuchte, hatte auf seinem Schreibtisch einen hübsch gerahmten Spruch stehen, den man vom Besucherstuhl aus lesen konnte: »Sagen Sie mir etwas Gutes oder gar nichts.« Ich beglückwünschte ihn dazu und bemerkte, das sei eine kluge Art, die Menschen zum Optimismus zu ermutigen.

Er lächelte und erwiderte: »Es ist eine wirksame Mahnung. Aber noch wichtiger ist, was auf meiner Seite steht.« Er drehte den Rahmen um, so daß ich lesen konnte, was in derselben Schrift auf der anderen Seite stand: »Sage ihnen etwas Gutes oder gar nichts.«

Die Verbreitung guter Nachrichten aktiviert Sie, belebt Sie und steigert Ihr Wohlbefinden. Und sie bewirkt, daß andere Menschen sich wohler fühlen.

Der Grundsatz, andere wichtig zu nehmen

Folgende Tatsache ist von größter Tragweite: Jeder Mensch, ob weltgewandt oder hinterwäldlerisch, ob superklug oder einfältig, ob gebildet oder ungebildet, ob jung oder alt, will das Gefühl haben, *wichtig zu sein.*

Denken Sie darüber nach. Jeder, wirklich jeder – Ihr Nachbar, Sie selbst, Ihr Ehepartner, Ihr Kind, Ihr Chef –, hat das natürliche Verlangen, »jemand zu sein«. Das Verlangen, bedeutend zu sein, ist der beharrlichste, heftigste nichtbiologische Hunger des Menschen.

Erfolgreiche Werbeleute wissen, daß die Menschen sich nach Ansehen, Ruhm und Anerkennung sehnen. Verkaufsfördernde Anzeigen lesen sich darum etwa so: »Kluge junge Frauen, die zu wirtschaften verstehen, nehmen ...«; »Wählen Sie das Beste vom Besten!«; »Wer besonderen Geschmack hat, verwendet ...«; »Für Frauen, die von Frauen beneidet und von Männern bewundert werden wollen, gibt ...«; »Der echte Mann trägt ...« Solche Werbetexte suggerieren den Menschen: »Kaufen Sie dieses Erzeugnis, und Sie sind bedeutend.«

Wenn Sie bei anderen die Sehnsucht, die da heißt: Hunger nach Bedeutung, stillen, sind Sie auf einem sicheren Weg zum Erfolg. Die Einstellung, daß unsere Mitmenschen bedeutend sind, trägt immer Früchte und kostet nichts, dennoch läßt kaum jemand sie für sich arbeiten. Hier erscheint eine etwas ausführlichere Erklärung angebracht.

Vom philosophischen Standpunkt basieren unsere Religionen, unsere Gesetze, unsere ganze Kultur auf dem Glauben an die Wichtigkeit des einzelnen.

Nehmen wir zum Beispiel an, Sie seien mit Ihrem Privatflugzeug unterwegs und müßten in einer abgelegenen Gebirgslandschaft notlanden. Sobald feststünde, daß Ihnen etwas zugestoßen sein muß, würde eine umfangreiche Suchaktion eingeleitet. Niemand würde fragen: »Ist dieser Mensch wichtig und bedeutend?« Ohne etwas von Ihnen zu wissen, außer daß Sie ein *Mensch* sind, würden Suchtrupps mit Hubschraubern und zu Fuß losgeschickt. Man würde ohne Rücksicht auf die ungeheuren Kosten nach Ihnen suchen, bis Sie gefunden wären oder bis keinerlei Hoffnung mehr auf Ihre Rettung bestünde.

Wenn ein kleines Kind sich verläuft, entführt wird oder in große Gefahr gerät, würde niemand danach fragen, ob es aus einer »bedeutenden« Familie käme. Zu seiner Rettung würde alles Erdenkliche getan, denn *jedes* Kind ist wichtig.

Es ist keine abwegige Vermutung, daß von sämtlichen Lebewesen nur eines unter zehn Millionen ein Mensch ist. Man könnte also sagen, daß der Mensch fast eine biologische Rarität darstellt. Zweifelsohne ist er aber in Gottes Schöpfungsplan äußerst wichtig.

Niemand ist unbedeutend

Sehen wir uns nun die Praxis an. Wenn die Menschen ihr Denken von philosophischen Betrachtungen auf alltägliche Situationen umstellen, neigen leider die meisten dazu, ihre im elfenbeinernen Turm gewonnenen Erkenntnisse über die Bedeutung des einzelnen zu vergessen. Beobachten Sie morgen einmal Ihre Umwelt, und Sie werden merken, daß die meisten Menschen gegenüber anderen eine Einstellung erkennen lassen, die besagt: »Du bist ein Niemand; du bist unwichtig; du bedeutest mir nichts, rein gar nichts.«

Es gibt einen Grund für diese Einstellung. Gewöhnlich sehen die Menschen einen anderen an und denken: »Er kann nichts für mich tun, darum ist er unwichtig.«

Doch hier irren sie gewaltig. Jeder andere ist *ungeachtet* seines Ranges und seines Einkommens wichtig für uns. Die nächsten zwei Abschnitte zeigen dies ganz deutlich.

Geben Sie anderen Menschen das Gefühl, wichtig zu sein

Vor Jahren benutzte ich in Detroit mehrere Monate lang jeden Morgen einen bestimmten Bus. Der Fahrer war ein alter Griesgram. Dutzende Male erlebte ich, daß er einfach losfuhr, wenn ein rufender, winkender Mensch, der noch einsteigen wollte, die Tür fast erreicht hatte. Einen einzigen Menschen jedoch behandelte der Fahrer höflich, und das nicht nur einmal, sondern wiederholt. Auf diesen Fahrgast wartete er sogar.

Und warum? Weil der Mann sich bemühte, dem Fahrer das

Gefühl zu geben, er sei wichtig. Jeden Morgen grüßte er den Fahrer auf eine persönliche Art. Manchmal setzte er sich neben ihn und sagte ein paar anerkennende Worte wie: »Sie tragen zweifellos große Verantwortung. Man braucht bestimmt Nerven aus Stahl, um bei diesem Verkehr jeden Tag eine solche Strecke zu fahren. Großartig, wie Sie den Fahrplan einhalten.« Der Mann gab dem Fahrer das Gefühl, wichtig zu sein wie der Pilot eines Jumbo-Jets. Und dafür behandelte der Fahrer den Mann mit ausgesuchter Höflichkeit.

Es lohnt sich, »kleinen« Leuten das Gefühl zu geben, große Leute zu sein.

In zahllosen Büros sitzen Sekretärinnen, die ihren Chef nach besten Kräften unterstützen, weil er sie gut behandelt. Geben Sie jemandem das Gefühl, wichtig zu sein, und er wird Sie mögen. Und wenn er Sie mag, tut er mehr für Sie.

Kunden werden mehr von Ihnen kaufen, Untergebene werden härter für Sie arbeiten, Kollegen werden sich um eine fruchtbare Zusammenarbeit mit Ihnen bemühen, und Ihr Chef wird Sie stärker unterstützen, wenn Sie all diesen Menschen nur das Gefühl geben, daß sie für Sie wichtig und bedeutend sind.

Es lohnt sich, darauf hinzuarbeiten, daß »große« Leute sich noch größer fühlen. Wer großzügig denkt, verleiht anderen Menschen immer zusätzlichen Wert.

Wenn Sie andere für bedeutend ansehen . . .

Während mehrerer Monate begegnete ich fast täglich einer Liftbedienerin, die wie die personifizierte Bedeutungslosigkeit aussah. Sie war ältlich, reizlos und von ihrer Arbeit bestimmt nicht angetan. Man merkte ihr an, daß ihr Verlangen, bedeutend zu sein, keinerlei Erfüllung gefunden hatte. Sie gehörte zu den Millionen Menschen, die monatelang leben, ohne daß sie auch nur einmal Grund haben zu glauben, jemand beachte sie oder mache sich etwas aus ihnen.

Kurz nachdem ich einer ihrer »Stammgäste« geworden war, fiel mir eines Morgens auf, daß sie eine andere Frisur hatte. Ich sprach sie daraufhin mit ihrem Namen(!) an: »Miß Shaw, mir gefällt, was Sie mit Ihrem Haar gemacht haben. Es sieht wirklich gut aus.« Sie errötete, bedankte sich und verpaßte fast den nächsten Halt. Mein Kompliment erfreute sie sichtlich.

Als ich am nächsten Morgen in den Aufzug trat, empfing mich ein freundliches: »Guten Morgen, Herr Doktor Schwartz.« Ich hatte noch nie gehört, daß sie jemanden mit Namen ansprach. Und in der ganzen nächsten Zeit, während der ich in dem Gebäude ein Büro hatte, hörte ich auch nicht, daß sie außer mir jemanden beim Namen nannte. Ich hatte die Frau wichtig genommen. Ich hatte ihr ein aufrichtiges Kompliment gemacht und sie mit ihrem Namen angeredet.

Ich hatte *ihr* das Gefühl gegeben, bedeutend zu sein, und sie dankte mir damit, daß sie *mir* das Gefühl gab, bedeutend zu sein.

... sehen auch Sie sich für bedeutend an

Lassen wir uns nicht hinters Licht führen: Wer nicht tief im Inneren ein Selbstwertgefühl hat, ist für die Mittelmäßigkeit prädestiniert. Es kann gar nicht nachdrücklich genug gesagt werden: *Sie müssen sich bedeutend fühlen, um erfolgreich zu sein. Wenn Sie anderen helfen, sich bedeutend zu fühlen, belohnen Sie sich selbst, weil Sie sich dadurch ebenfalls bedeutender fühlen. Versuchen Sie es.*

Zeigen Sie dankbare Anerkennung

Lassen Sie merken, daß Sie zu schätzen wissen, was andere für Sie tun. Machen Sie sich dies zur Regel. Geben Sie *nie* jemandem das Gefühl, daß seine Leistung selbstverständlich sei. Zeigen Sie Ihre dankbare Anerkennung durch ein warmes, herzliches Lächeln. Aus Ihrem Lächeln ersehen die Menschen, daß Sie sie beachten und ihnen freundliche Gefühle entgegenbringen.

Zeigen Sie dankbare Anerkennung, indem Sie ehrliche, persönliche Komplimente machen. Die Menschen blühen auf, wenn man ihnen Komplimente macht. Ob jemand zwei ist oder zwanzig, neun oder neunzig, er hungert nach Lob. Er will hören, daß er wichtig ist. Es ist falsch zu glauben, daß man nur für große Leistungen Lob austeilen sollte. Beglückwünschen Sie die Menschen zu kleinen Dingen: ihrem Aussehen, ihrer Art, wie sie Routinearbeit erledigen, ihren Ideen, ihren redlichen Bemühungen. Bringen Sie Ihr Lob beispielsweise durch ein persönliches Gespräch zum Ausdruck, in dem Sie zu einer Leistung gratulieren.

Vergeuden Sie keine Zeit damit, die Menschen als »sehr wichtig«, »wichtig« oder »unwichtig« einzustufen. Machen Sie keine Ausnahmen. Ob ein Mensch Müllmann oder Generaldirektor ist, er ist wichtig für Sie. Wenn Sie jemanden als zweitklassig behandeln, erhalten Sie von ihm keine erstklassigen Ergebnisse.

Reden Sie die Menschen mit ihren Namen an

Gewitzte Geschäftsleute verkaufen wesentlich mehr Aktentaschen, Bleistifte, Bibeln und Hunderte anderer Dinge als ihre Konkurrenten, indem sie einfach den Namen des Käufers auf diese Erzeugnisse drucken lassen. Die Menschen werden gern bei ihren Namen genannt. Es gibt Aufschwung, mit Namen angeredet zu werden.

Eines sollten Sie beachten: Sprechen Sie alle Namen richtig aus und schreiben Sie sie richtig. Wenn Sie den Namen eines Menschen falsch aussprechen oder schreiben, meint der Betreffende, Sie hielten ihn für unwichtig.

Und noch etwas: Menschen, die Sie nicht sehr gut kennen, sollten Sie immer mit Herr (oder Frau) anreden. Der Laufjunge ist lieber der Herr Maier als schlicht »der Maier«. Und das gleiche gilt für Ihren Assistenten. Es gilt für Menschen aller Schichten. Diese kleinen Titel tragen viel dazu bei, daß die Menschen sich bedeutend fühlen.

Lob ist eine gute Investition

Vor kurzem nahm ich als Gast an der ganztägigen Vertreterversammlung eines Großunternehmens teil. Nach dem Abendessen überreichte der Verkaufsdirektor zwei Bezirksleitern, deren Vertreterorganisationen im eben zu Ende gegangenen Jahr die besten Ergebnisse erzielt hatten, Erfolgsprämien. Dann bat der Direktor jeden der Bezirksleiter, den Versammelten in fünfzehn Minuten zu erklären, wie seine Organisation diese außergewöhnliche Leistung zustande gebracht hatte.

Der erste Bezirksleiter (wie ich später erfuhr, war er erst vor drei Monaten ernannt worden, folglich ging der Rekord seiner Organisation nur teilweise auf sein Konto) trat vor und erklärte, wie *er* es gemacht hatte.

Er erzeugte den Eindruck, als hätten allein *seine* Bemühungen zu dem Rekord geführt. Bezeichnend für seine Rede waren Bemerkungen wie: »Als *ich* antrat, tat *ich* dies und jenes. Die Dinge waren verfahren, aber *ich* brachte sie in Ordnung. Es war nicht leicht, aber *ich* bekam die Sache in den Griff und ließ nicht mehr locker.«

Während er sprach, wurden die Gesichter seiner Vertreter zunehmend verbitterter. Der Bezirksleiter steckte das ganze Lob ein und ignorierte sie. Mit keinem Wort erkannte er ihre großartige Leistung an, die zu der Umsatzsteigerung geführt hatte.

Dann hielt der zweite Bezirksleiter seine Rede. Dieser Mann hatte eine völlig andere Einstellung. Er erklärte, der Erfolg seiner Organisation sei auf die unermüdlichen Bemühungen seiner Vertreter zurückzuführen. Dann bat er seine Herren, der Reihe nach aufzustehen, und machte jedem ein aufrichtiges persönliches Kompliment über dessen Leistung.

Der Unterschied ist eindeutig: Der erste Bezirksleiter bezog das Lob des Verkaufsdirektors ausschließlich auf sich selbst. Damit kränkte er seine Leute, sie waren völlig demoralisiert. Der zweite Bezirksleiter gab das Lob an seine Leute weiter, die sichtlich darüber erfreut waren. Dieser Mann wußte, daß man Lob investieren kann – genau wie Geld – und daß es Zinsen trägt. Er wußte, daß die Weitergabe des Lobs seine Leute veranlassen würde, sich im nächsten Jahr noch mehr anzustrengen.

Denken Sie daran: Lob ist Macht. Investieren Sie das Lob, das Sie von Ihrem Vorgesetzten erhalten. Geben Sie es an Ihre Mitarbeiter weiter, wo es zu noch größerer Leistung anspornen wird. Wenn Sie erhaltenes Lob weiterreichen, wissen Ihre Mitarbeiter, daß Sie sie wirklich schätzen.

Nun will ich Ihnen eine Übung nennen, die erstaunlich lohnend ist. Fragen Sie sich jeden Tag: »Was kann ich heute tun, um meine Frau und meine Familie glücklich zu machen?« Das mag fast zu simpel klingen, aber es ist verblüffend wirksam.

Die Sache mit den Blumen

Im Rahmen einer Vertreterschulung sprach ich eines Abends über das Thema: »Die Schaffung einer erfolgfördernden häuslichen Atmosphäre«. Um einen bestimmten Punkt zu erläutern, fragte ich die Vertreter (die alle verheiratet waren): »Wann haben Sie – außer an Weihnachten, am Hochzeitstag oder am Geburtstag – Ihre Frau zum letztenmal mit einem Geschenk überrascht?«

Die Antworten schockierten sogar mich. Von den fünfunddreißig Vertretern hatte ein einziger seine Frau im vergangenen Monat überrascht. Viele antworteten: »Das ist drei bis sechs Monate her.« Und mehr als ein Drittel sagte: »Ich kann mich nicht daran erinnern.«

Stellen Sie sich das vor!

Ich wollte den Vertretern die Kraft eines wohlüberlegten Geschenks vor Augen führen. Darum veranlaßte ich, daß am nächsten Abend kurz vor Kursende ein Blumenhändler erschien. Ich stellte ihn vor und sagte dann: »Es ist mein Wunsch, daß jeder von Ihnen erkennt, wie ein unerwartetes kleines Geschenk zur Verbesserung der häuslichen Atmosphäre beiträgt. Ich habe mit dem Floristen abgesprochen, daß jeder von Ihnen eine schöne langstielige rote Rose für nur fünfzig Cents erhält. Falls Sie die fünfzig Cents nicht haben oder falls Sie meinen, Ihre Frau sei diese Summe nicht wert (sie lachten), kaufe ich die Blume selbst für sie. Ich bitte Sie lediglich darum, daß Sie Ihrer Frau die Rose überreichen und morgen abend berichten, wie sie reagiert hat. Natürlich dürfen Sie ihr nicht sagen, wie Sie dazu kamen, ihr die Rose zu schenken.«

Die Männer verstanden.

Am folgenden Abend bestätigte jeder, daß die Investition von fünfzig Cents seine Frau glücklich gemacht hatte.

Vernachlässigen Sie nicht Ihre Familie

Tun Sie möglichst oft etwas Besonderes für Ihre Familie. Es muß nichts Kostspieliges sein. Was zählt, ist die Aufmerksamkeit. Alles, woraus ersichtlich wird, daß die Familie für Sie an erster Stelle rangiert, eignet sich.

Beziehen Sie die Familie in Ihr Team ein. *Widmen Sie ihr geplante Aufmerksamkeit.*

Viele Menschen sind heute beruflich so eingespannt, daß es ihnen fast unmöglich erscheint, Zeit für ihre Familie zu finden. Doch wenn wir planen, können wir Zeit finden. Ein stellvertretender Firmenleiter beschrieb mir eine Methode, die bei ihm ausgezeichnet funktioniert.

»Ich habe eine sehr verantwortungsvolle Position, und mir bleibt nichts anderes übrig, als jeden Abend ganze Stöße Arbeit mit nach Hause zu nehmen. Doch ich will meine Familie nicht vernachlässigen, weil sie in meinem Leben das Wichtigste ist. Sie ist der Hauptgrund, warum ich so hart arbeite. Ich habe einen Plan gemacht, der es mir ermöglicht, mich meiner Familie zu widmen und auch meine Arbeit zu erledigen. Die Stunde zwischen halb acht und halb neun gehört jeden Abend meinen beiden Kindern. Ich spiele mit ihnen, lese Geschichten vor, zeichne, beantworte Fragen, tue praktisch alles, was sie wollen. Nach dieser Stunde mit den beiden Kleinen sind nicht nur sie zufrieden, sondern ich selber fühle mich um einhundert Prozent frischer. Um halb neun ziehen sie ab ins Bett, und ich setze mich für zwei Stunden an die Arbeit.

Um halb elf höre ich auf und verbringe die nächste Stunde mit meiner Frau. Wir sprechen über die Kinder, über die verschiedenen Aktivitäten meiner Frau, über unsere Zukunftspläne. Diese herrlich ruhige Stunde beschließt den Tag wunderschön.

Ich reserviere auch die Sonntage für meine Familie. Der Sonntag gehört ganz ihr. Ich finde, daß mein Programm, nach dem ich meiner Frau und meinen Kindern die Aufmerksamkeit widmen kann, die sie verdienen, nicht nur ihnen etwas bringt, sondern auch mir. Es gibt mir neue Energie.«

»Vor allem dienen« ist eine äußerst wichtige Einstellung

Der Wunsch, Geld zu verdienen und reich zu werden, ist ganz natürlich, ja sogar sehr begrüßenswert. Geld verleiht Ihnen die Möglichkeit, Ihrer Familie und sich selbst einen hohen Lebensstandard zu gewähren. Geld gibt Ihnen die Gelegenheit, Unglücklichen zu helfen. Geld ist eines der Mittel, die ein erfülltes Leben ermöglichen.

Der bekannte amerikanische Geistliche Russel H. Conwell, der einst kritisiert wurde, weil er die Menschen zum Geldverdienen ermunterte, konstatierte daraufhin: »Geld druckte unsere Bibel, Geld baut unsere Kirchen, Geld sendet unsere Missionare aus, und Geld bezahlt unsere Prediger, von denen wir kaum viele hätten, würden wir sie nicht bezahlen.«

Ein Mensch, der arm sein will, leidet an einem Schuldkomplex oder einem Gefühl der Unzulänglichkeit. Er handelt wie ein Junge, der meint, sich in der Schule oder in der Fußballmannschaft nicht auszeichnen zu können, und der darum behauptet, er wolle keine guten Noten, er wolle nicht Fußball spielen.

Geld ist also ein wünschenswertes Ziel. Verblüffend ist, daß so viele Menschen es auf eine verquere, rückwärtsgerichtete Art zu verdienen versuchen. Überall begegnet man Menschen, für die das Geld an erster Stelle rangiert, doch sie haben nie Geld. Warum? Ganz einfach: Menschen mit der Einstellung: »vor allem Geld« denken nur an Geld und vergessen darüber ganz, daß man kein Geld ernten kann, wenn man nicht den Samen sät, der es hervorbringt.

Und der Same, aus dem Geld sprießt, heißt Dienen. Zu Wohlstand führt folglich die Einstellung: *vor allem dienen*. Wenn Sie das Dienen an die erste Stelle setzen, kommt das Geld von selbst.

Der eifrige Tankwart

An einem Sommerabend fuhr ich mit dem Auto durch Cincinnati. Ich mußte tanken und hielt an einer Tankstelle, die ganz gewöhnlich aussah, an der aber erstaunlich viel Betrieb herrschte.

Vier Minuten später wußte ich, warum diese Tankstelle so beliebt war. Nachdem der Tankwart den Tank gefüllt, den Ölstand kontrolliert und die Windschutzscheibe außen gesäubert hatte, trat er zu mir ans Fenster und sagte: »Verzeihen Sie, mein Herr, heute war ein sehr staubiger Tag, lassen Sie mich rasch die Innenseite Ihrer Scheibe abwischen.«

Schnell und gekonnt putzte er die Innenseite der Windschutzscheibe, was nicht ein Tankwart unter hundert tut.

Dieser kleine Sonderdienst verbesserte nicht nur meine Sicht in diesen Nachtstunden (und zwar wesentlich), sondern bewirkte noch mehr: Er hatte zur Folge, daß ich mir die Tankstelle merkte. Ich fuhr in den nächsten drei Monaten achtmal durch Cincinnati und hielt natürlich jedesmal an dieser Tankstelle. Und ich wurde stets besser bedient, als ich es erwartete. Interessant war, daß an der Tankstelle, wenn ich dort hielt (einmal um vier Uhr morgens), immer noch andere Wagen vorfuhren. Alles in allem tankte ich an dieser Station rund vierhundert Liter Benzin.

Bei meinem ersten Halt hätte sich der Tankwart auch sagen können: »Der ist nicht von hier, der kommt aus einem anderen Staat. Die Chancen, daß er noch einmal hier tankt, stehen zwanzig zu eins. Warum soll ich mehr machen als den normalen Service? Er ist doch nur ein einmaliger Kunde.«

Aber die Tankwarte an dieser Station dachten nicht so. Für sie rangierte das Dienen beziehungsweise der Service an erster Stelle, und darum herrschte bei ihnen immer Betrieb, während andere Tankstellen ziemlich verlassen aussahen.

Der Service machte also den Unterschied aus. Und jeder konnte sehen, daß dieser Service sich für die Station finanziell lohnte.

Als der Tankwart bei meinem ersten Besuch die Innenseite meiner Windschutzscheibe geputzt hatte, hatte er Geldsamen gesät. Die Einstellung, daß man vor allem dienen muß, macht sich in jeder Situation bezahlt. *Stellen Sie das Dienen über alles, dann kommt das Geld von selbst – immer!*

Geben Sie mehr, als erwartet wird

Überlegen Sie einmal, welcher Filmproduzent mit seinen Filmen das meiste Geld verdient.

Der eine Produzent will schnell reich werden, er stellt das Geld über die Unterhaltung (das Dienen) und zwackt darum überall etwas ab. Er kauft ein schlecht geschriebenes Drehbuch und läßt es von zweitklassigen Schriftstellern umschreiben. Auch bei der Anwerbung von Schauspielern und den Außenaufnahmen, ja sogar bei den Tonaufnahmen stellt er das Geld über alles. Er hält die Kinobesucher für Trottel, die Schlechtes von Gutem nicht unterscheiden können. Doch der Produzent, der schnell reich werden will, wird nur selten schnell reich. Die Leute nehmen ihm sein zweitklassiges Werk nicht ab, zumal wenn sie dafür den gleichen Preis wie für ein erstklassiges Werk bezahlen müssen.

Der andere Produzent stellt die Unterhaltung über das Geld. Er versucht nicht, den Kinobesucher zu betrügen, sondern tut sein Möglichstes, um den Zuschauern mehr und bessere Unterhaltung zu bieten, als sie erwarten. Die Folge: sein Film kommt an. Die Leute reden darüber. Er erhält gute Kritiken. Er spielt Geld ein. Und der Produzent verdient wesentlich mehr als der erste.

Noch einmal: Stellen Sie das Dienen über alles, dann kommt das Geld von selbst.

Eine Kellnerin, die sich darauf konzentriert, Gäste möglichst gut zu bedienen, braucht sich wegen der Trinkgelder keine Sorgen zu machen; sie wird sie bekommen. Doch ihr Gegenstück, eine Bedienung, die leere Gläser übersieht, die ihre Gäste unwirsch behandelt, wird keine Trinkgelder erhalten.

Eine Sekretärin, die beschließt, ihre Briefe schöner zu gestalten, als ihr Chef es erwartet, handelt im Hinblick auf künftige Gehaltserhöhungen richtig. Doch eine Sekretärin, die denkt: »Warum sich wegen der paar Patzer noch mal abplagen? Was erwarten die denn für ein solches Gehalt?«, wird auf künftige Gehaltserhöhungen lange warten müssen.

Hier eine einfache, aber sehr wirksame Regel, die Ihnen zu der Einstellung verhilft, vor allem zu dienen: *Geben Sie den Menschen immer mehr, als sie erwarten.* Jeder kleine Extradienst, den Sie anderen leisten, ist ein Geldsamenkorn; jeder kleine Sonderservice für Kunden ist ein Geldsamenkorn; jede neue Idee, die zu einer Leistungssteigerung führt, ist ein Geldsamenkorn.

Dem Geldsamen entsprießt natürlich Geld. Säen Sie Dienstleistungen – und Sie ernten Geld.

Verwenden Sie jeden Tag einige Zeit auf die Beantwortung der Frage: »Wie kann ich mehr geben, als von mir erwartet wird?« Setzen Sie dann die Antworten in die Tat um.

Stellen Sie das Dienen über alles – dann kommt das Geld von selbst.

Die wichtigsten Einstellungen noch einmal in Kürze

1. Entwickeln Sie die Einstellung: *»Ich bin aktiviert.«* Die Ergebnisse, die Sie erzielen, stehen in direktem Verhältnis zur investierten Begeisterung. Sie können drei Methoden anwenden, um sich zu aktivieren:
   - Graben Sie tiefer. Wenn Sie an einer Sache gar kein Interesse haben, sollten Sie tiefer graben und sich genauer über die Sache informieren. Dies erzeugt Begeisterung.
   - Erfüllen Sie alles mit Leben: Ihr Lächeln, Ihren Händedruck, Ihre Worte. Handeln Sie lebendig!
   - Verbreiten Sie gute Nachrichten. Niemand erreichte und erreicht durch die Verbreitung schlechter Nachrichten je etwas Positives.
2. Entwickeln Sie die Einstellung: *»Jeder ist bedeutend.«* Ihre Mitmenschen tun mehr für Sie, wenn Sie ihnen das Gefühl geben, wichtig und bedeutend zu sein. Beherzigen Sie Folgendes:
   - Zeigen Sie bei jeder Gelegenheit dankbare Anerkennung. Lassen Sie die Menschen merken, daß Sie sie wichtig nehmen.
   - Sprechen Sie die Menschen mit ihren Namen an.
3. Entwickeln Sie die Einstellung: *»Vor allem dienen.«* Dienen Sie und schauen Sie ruhig zu, wie das Geld von selber kommt. Machen Sie es sich zur Regel, bei allem, was Sie tun, den Menschen mehr zu geben, als diese erwarten.

Kapitel 9

Denken Sie richtig über andere Menschen

Eine grundlegende Erfolgsregel

Eine grundlegende Erfolgsregel besagt: *Um Erfolg zu haben, braucht man die Unterstützung anderer Menschen.* Rufen Sie sich diese Regel immer wieder ins Gedächtnis, denn um das zu werden, was Sie sein wollen, müssen Sie nur eine einzige Hürde nehmen: Sie müssen die Unterstützung anderer gewinnen.

Jeder Abteilungsleiter ist darauf angewiesen, daß seine Untergebenen die Anweisungen ausführen, die er ihnen gibt. Tun sie es nicht, wird die Firmenleitung den Abteilungsleiter entlassen und nicht seine Untergebenen. Ein Vertreter ist darauf angewiesen, daß die Menschen sein Produkt kaufen. Tun sie es nicht, scheitert er.

Der Dekan einer Fakultät ist darauf angewiesen, daß die Professoren seinen Lehrplan in die Praxis umsetzen. Ein Politiker ist darauf angewiesen, daß die Wähler ihn wählen. Ein Schriftsteller ist darauf angewiesen, daß die Leute seine Bücher lesen. Der Besitzer einer Ladenkette wurde zum Besitzer der Ladenkette, weil die Beschäftigten seine Führung und die Konsumenten sein Warenangebot akzeptierten.

In der Geschichte gibt es viele Beispiele dafür, daß ein Mann seine Machtposition durch Gewalt erlangte und sie dann durch Gewaltandrohung und Gewaltanwendung behielt. Entweder arbeitete man mit ihm zusammen, oder man riskierte Kopf und Kragen.

Heute jedoch unterstützen die Menschen einen anderen *bereitwillig,* oder sie unterstützen ihn *gar nicht.*

Dies bringt uns zu der Feststellung: »Da ich von anderen abhänge, um den gewünschten Erfolg zu haben, muß ich erreichen, daß die anderen mich unterstützen und meine Führung akzeptieren. Wie erreiche ich das?«

Die Antwort lautet, in einem Satz zusammengefaßt: *Denken Sie richtig über andere Menschen.* Wenn Sie das tun, werden die anderen Sie mögen und unterstützen. Dieses Kapitel veranschaulicht Ihnen, wie Sie gegenüber Ihren Mitmenschen richtig denken.

Der »liebenswerte Faktor«

Tausendmal am Tag spielt sich irgendwo folgende Szene ab: Ein Komitee oder eine Gruppe kommt zu einer Besprechung zusammen. Es geht um Beförderungen, um die Vergabe einer Stellung, um eine Klubmitgliedschaft, um eine Ehrung, um Vorschläge für die Wahl eines neuen Firmenleiters, eines neuen Kontrollchefs, eines neuen Verkaufsleiters. Den Versammelten wird ein Name genannt. Der Vorsitzende fragt: »Welchen Eindruck haben Sie von Herrn Meier?«

Manche Namen lösen positive Antworten aus.

»Er ist ein guter Mann. Seine Leute halten sehr viel von ihm. Außerdem hat er eine gute fachliche Ausbildung.«

»Herr Schulz? Hm, er ist eine gute Erscheinung und sehr menschlich. Ich glaube, er würde gut in unsere Gruppe passen.«

Bei anderen Namen fallen die Antworten lauwarm oder negativ aus.

»Ich finde, wir sollten den Mann erst unter die Lupe nehmen. Anscheinend versteht er sich nicht sonderlich mit den Leuten.«

»Ich weiß, daß er gebildet ist und gute Fachkenntnisse hat, seine Kompetenz ziehe ich nicht in Zweifel. Aber ich frage mich, ob er akzeptiert würde. Er scheint den Leuten nicht viel Achtung einzuflößen.«

Bevor einem Menschen eine wichtige Position übertragen wird, werden zwei Faktoren geprüft: das fachliche Können des Betreffenden, das aus seiner Ausbildung und seiner Erfahrung resultiert, und seine Persönlichkeit, das heißt die Art, wie er mit Menschen zurechtkommt.

Hier eine überaus wichtige Beobachtung: In neun von zehn Fällen kommt der Faktor *»liebenswert«* als erster zur Sprache. Und in überwältigend vielen Fällen wird dem Faktor, ob ein Mensch liebenswert ist oder nicht, größeres Gewicht beigemessen als dem Faktor *»fachliches Können«*.

Dies ist sogar bei der Auswahl von Gelehrten für die Ernennung zu Universitätsprofessoren der Fall. Ich habe in meiner Laufbahn als Akademiker an vielen Sitzungen teilgenommen, bei denen die Auswahl neuer Fakultätskollegen zur Debatte stand. Wurde ein Name genannt, gab es lange Diskussionen über Fragen, wie: »Wird er hereinpassen? Werden die Studenten ihn akzeptieren? Wird er mit dem übrigen Lehrkörper zusammenarbeiten?« Diese Punkte wurden besonders sorgfältig abgewogen.

Ist das unfair? Unakademisch? Nein. Wenn ein Professor nicht liebenswert ist, nicht akzeptiert wird, darf man nicht erwarten, daß er das den Studenten vermittelt, das er aufgrund seiner fachlichen Qualifikation vermitteln könnte.

Es ergibt sich der logische Schluß: Ein Mensch wird nicht von oben auf eine höhere Stufe *emporgezogen,* sondern von unten *hinaufgehoben*. In unserer heutigen Welt hat niemand die Zeit oder die Geduld, einen anderen auf der Erfolgsleiter mühsam Sprosse um Sprosse hochzuziehen. Für den Aufstieg wird ein Mensch ausgewählt, den seine Leistung über die der anderen stellt.

Auf höhere Stufen werden wir von jenen gehoben, die uns als liebenswerte, umgängliche Menschen empfinden. *Der Liebenswerte ist leichter zu »heben«.*

Der Plan des Lyndon B. Johnson

Erfolgreiche Persönlichkeiten arbeiten planmäßig darauf hin, die Menschen lieben zu lernen. Personen, die den Gipfel des Erfolgs erreichen, reden kaum davon, welche Techniken sie anwenden, um richtig über Menschen zu denken und dadurch beliebt zu werden. Doch Sie wären überrascht, wenn Sie wüßten, wie viele wirklich großen Leute einen klaren, wohldurchdachten, ja sogar schriftlichen Plan haben, um die Menschen lieben zu lernen.

Ein Fall sei hier angeführt. Berichtet wurde er von Jack Anderson, einem für seine Zuverlässigkeit bekannten Kolumnisten. Anderson schrieb, daß Präsident Lyndon B. Johnson während seiner Zeit als Senator ein Blatt mit zehn Regeln »Wie man beliebt wird« in seinem Schreibtisch liegen hatte. Doch Johnson hatte die Regeln nicht einfach in den Schreibtisch gelegt und vergessen. Laut Anderson steht zweifelsfrei fest, daß er sie oft studierte, denn das Blatt war ziemlich abgegriffen.

Präsident Johnsons Regeln sind ausgezeichnet, darum sollen sie vollständig wiedergegeben werden.

1. Lerne, dir Namen zu merken. Unfähigkeit in diesem Punkt kann darauf hindeuten, daß dein Interesse nicht dynamisch genug ist.
2. Sei ein gemütlicher Mensch, damit andere in deiner Gesellschaft nicht angespannt sind.
3. Eigne dir die Fähigkeit zu entspannter Gelassenheit an, damit dich nichts aus der Fassung bringt.
4. Sei nicht egoistisch. Hüte dich davor, den Eindruck zu erzeugen, daß du alles weißt.
5. Pflege die Fähigkeit, für andere Menschen interessant zu sein, damit sie aus dem Umgang mit dir etwas Wertvolles mitnehmen.
6. Trachte danach, aus deiner Persönlichkeit »Unausgeglichenheiten« auszumerzen, auch jene, die dir vielleicht nicht bewußt sind.
7. Versuche aufrichtig und auf ehrlicher, christlicher Basis alle Mißverständnisse auszuräumen, denen du früher unterlegen bist oder jetzt unterliegst. Lege jeglichen Groll ab.
8. Übe dich darin, die Menschen zu lieben, bis du sie wirklich liebst.
9. Versäume nie eine Gelegenheit, jemanden zu einer guten Leistung zu gratulieren oder Mitgefühl zu zeigen, wenn jemand bekümmert oder enttäuscht ist.
10. Gib den Menschen geistig-seelische Kraft, dann werden sie dir echte Zuneigung entgegenbringen.

Da Lyndon B. Johnson nach diesen »Beliebtheitsregeln« lebte, war er leichter emporzuheben. Die Regeln brachten ihm größere Unterstützung ein und trugen ihn sogar auf den Präsidentenstuhl.

Wenn man diese zehn Regeln noch einmal liest, fällt einem auf, daß darin nicht von solchen Dingen wie »heimzahlen« die Rede ist. Es heißt auch nicht: »Soll doch der andere zu mir kommen und die Differenzen beilegen.« Oder: »Ich weiß alles, die anderen dagegen sind dumm.«

Viele große Persönlichkeiten, jene Menschen, die in der Industrie, der Kunst oder der Wissenschaft an der Spitze stehen, sind menschlich und freundlich. Sie haben sich darauf spezialisiert, liebenswert zu sein.

Freundschaft ist nicht käuflich

Versuchen Sie nicht, sich Beliebtheit oder Freundschaft zu erkaufen, denn sie sind nicht käuflich. Das Schenken ist ein schöner Brauch, wenn ein Geschenk aufrichtig gemacht wird – aus Freude am Schenken und aus Zuneigung zu dem Beschenkten. Doch ein unaufrichtig, mit Hintersinn gemachtes Geschenk wird oft als Bestechung oder plumpe Anbiederung empfunden.

Voriges Jahr besuchte ich kurz vor Weihnachten den Direktor einer mittelgroßen Transportfirma in seinem Büro. Als ich mich gerade verabschieden wollte, kam ein Geschäftsbote mit einem Getränkegeschenk von einem ortsansässigen Reifenhändler, der sich auf Runderneuerung spezialisiert hatte. Mein Bekannter war sichtlich erbost darüber und forderte den Boten mit einer bestimmten Kühle in der Stimme auf, das Geschenk dem Absender zurückzubringen.

Als der Bote gegangen war, kam auch sofort die Erklärung des Direktors: »Verstehen Sie mich nicht falsch. Ich schenke gern und bekomme gern Geschenke.« Er zählte eine ganze Reihe Geschenke auf, die er in den vergangenen Tagen von Geschäftsfreunden zu Weihnachten erhalten hatte.

»Aber«, fuhr er fort, »wenn das Geschenk nichts anderes ist als ein durchsichtiger Versuch, mit mir ins Geschäft zu kommen, eine offensichtliche Bestechung, will ich es nicht. Ich mache mit dem Reifenhändler seit drei Monaten keine Geschäfte mehr, weil die Firma nicht arbeitet, wie es sich gehört, und weil ich die Leute dort nicht mag. Aber der Firmenvertreter ruft immer wieder an.

Was mich wurmt«, erklärte er nach einer kurzen Pause, »ist, daß dieser Kerl letzte Woche hier war und frech heraus sagte: ›Wir möchten natürlich wieder mit Ihnen ins Geschäft kommen. Ich werde dem Weihnachtsmann sagen, daß er dieses Jahr besonders nett zu Ihnen sein soll.‹ Hätte ich die Flaschen nicht zurückgeschickt, wäre er demnächst wieder bei mir erschienen und hätte als erstes gesagt: ›Ich wette, Sie haben sich über unser Geschenk gefreut, nicht wahr?!‹«

Freundschaft kann man nicht kaufen. Wenn wir das versuchen, verlieren wir doppelt: zum einen verschwenden wir Geld, zum anderen ziehen wir uns Verachtung zu.

Ergreifen Sie die Initiative

Wenn Sie Freundschaften anbahnen wollen, dann ergreifen Sie die Initiative – Führungspersönlichkeiten tun dies immer. Es ist einfach, sich zu sagen: »Laß doch ihn den ersten Schritt machen«, »Laß doch die anrufen«, »Laß doch sie zuerst reden«. Es ist einfach, so zu denken.

Jawohl, das ist einfach und in gewissem Maße natürlich, aber es ist nicht das richtige Denken anderen Menschen gegenüber. Wenn Sie sich an die Regel halten zu warten, bis andere den Grundstein zu einer Freundschaft legen, werden Sie kaum viele Freunde gewinnen.

Tatsächlich ist es ein Zeichen echter Führungsfähigkeit, wenn jemand die Initiative ergreift, um neue Bekanntschaften zu knüpfen. Bei größeren Feiern, Festlichkeiten oder Zusammenkünften kann man immer wieder feststellen: *Die bedeutendste anwesende Person ist diejenige, welche am aktivsten neue Bekanntschaften knüpft.*

Ein Mensch, der auf Sie zukommt, Ihnen die Hand entgegenstreckt und sagt: »Guten Tag, ich bin Frank Richards«, ist immer eine bedeutende Persönlichkeit. Denn eines ist klar: Ein solcher Mensch verdankt seine Bedeutung dem Umstand, daß er aktiv daran arbeitet, Freundschaften anzubahnen und Bekanntschaften zu knüpfen.

Ist Ihnen schon aufgefallen, daß die meisten Menschen, wenn sie auf einen Lift warten, regelrecht erstarren? Wenn sie nicht in Begleitung sind, sagen sie so gut wie nie etwas zu einem anderen Wartenden.

Eines Tages beschloß ich, ein kleines Experiment zu machen und zu fünfundzwanzig fremden Personen, die neben mir warteten, etwas zu sagen, um ihre Reaktion zu prüfen. Ich bekam fünfundzwanzigmal eine positive, freundliche Antwort.

Es mag ja nicht gerade weltmännisch sein, Fremde anzusprechen, aber den meisten Leuten gefällt es, wenn man mit ihnen redet. Und es lohnt sich!

Wenn Sie einem Fremden gegenüber eine freundliche Bemerkung machen, fühlt dieser sich direkt besser. Das hat zur Folge, daß Sie selbst sich besser fühlen und sich entspannen. Jedesmal, wenn Sie zu jemand anderem etwas Freundliches sagen, belohnen Sie sich selbst.

Die sechs Regeln zur Förderung Ihrer Initiative

Durch folgende sechs Regeln können Sie neue Bekannte und Freunde gewinnen, wenn Sie nur ein kleines bißchen Initiative entwickeln.

1. Stellen Sie sich bei jeder Gelegenheit anderen vor, auf Partys, auf Versammlungen, in Flugzeugen, bei der Arbeit, überall.
2. Sorgen Sie dafür, daß der andere *Ihren* Namen richtig versteht.
3. Achten Sie darauf, daß Sie den Namen des *anderen* richtig aussprechen, und zwar so, wie er ihn selbst ausspricht.
4. Schreiben Sie sich den Namen des anderen auf und vergewissern Sie sich, daß Sie ihn wirklich richtig notiert haben; manche Menschen legen größten Wert auf die richtige Schreibweise ihres Namens. Notieren Sie sich tunlichst auch die Adresse und die Telefonnummer.
5. Schreiben Sie neuen Bekannten, die Sie näher kennenlernen möchten, einen kurzen persönlichen Brief, oder rufen Sie sie an.
6. Und, nicht zuletzt, sagen Sie etwas Freundliches zu Fremden. Das erwärmt Sie und gibt Ihnen Schwung für bevorstehende Aufgaben.

Wer diese sechs Regeln anwendet, denkt richtig gegenüber Menschen. Der Durchschnittsmensch denkt gewiß nicht so. Er ergreift nie die Initiative, um jemanden kennenzulernen. Er wartet darauf, daß der andere sich vorstellt.

Ergreifen Sie die Initiative. Und seien Sie nicht schüchtern. Haben Sie keine Angst davor, ungewöhnlich zu handeln. Finden Sie heraus, wer der andere Mensch ist, und sorgen Sie dafür, daß er erfährt, wer Sie sind.

Kein Mensch ist vollkommen

Vor kurzem wurden ein Kollege und ich ersucht, uns einen Bewerber um eine Position im Verkauf einer Industriefirma anzusehen und ihn einer Vorprüfung zu unterziehen. Nach unserem Eindruck besaß der Bewerber, den wir Ted nennen wollen, einige wichtige Qualifikationen für das Amt: Er war außergewöhnlich intelligent, hatte ein ansprechendes Äußeres und schien sehr ehrgeizig zu sein.

Doch wir fanden etwas, das uns zwang, ihn abzulehnen – zumindest vorläufig: Teds großer Fehler war, daß er bei anderen Menschen Vollkommenheit erwartete. Er ärgerte sich über viele kleine Dinge, wie grammatikalische Fehler, geschmacklose Kleidung und anderes mehr.

Ted war überrascht, das über sich zu hören. Aber ihm lag sehr daran, eine lohnendere Position zu bekommen, darum fragte er, ob wir ihm einen Weg zeigen könnten, seine Schwäche zu überwinden.

Wir machten drei Vorschläge:

Erstens: Seien Sie sich der Tatsache bewußt, daß kein Mensch vollkommen ist.

Einige Menschen sind vollkommener als andere, aber niemand ist absolut vollkommen. Die menschlichste Eigenschaft des Menschen ist, daß er Fehler macht.

Zweitens: Seien Sie sich der Tatsache bewußt, daß der andere ein Recht hat, anders zu sein.

Spielen Sie sich niemals als der liebe Gott auf. Lehnen Sie andere Menschen nicht ab, weil deren Gewohnheiten anders sind als Ihre oder weil sie eine andere Religion oder eine andere politische Partei bevorzugen. Natürlich müssen Sie nicht gutheißen, was der andere tut, aber Sie dürfen ihn auch nicht unsympathisch finden, weil er es tut.

Drittens: Seien Sie kein Weltverbesserer.

Nehmen Sie in Ihre Lebensphilosophie etwas mehr »leben und leben lassen« auf. Niemand hört es gern, wenn man ihm sagt: »Sie haben Unrecht.« Selbstredend haben Sie ein Recht auf eigene Meinung, aber manchmal ist es besser, die eigene Meinung für sich zu behalten.

Ted befolgte unsere Empfehlungen gewissenhaft. Nach ein paar

Monaten hatte er eine ganz andere Auffassung. Er akzeptiert die Menschen jetzt, wie sie sind.

»Viele Dinge«, sagte er, »über die ich mich früher grün und blau geärgert habe, empfinde ich jetzt als unwichtig. Mir ist endlich aufgegangen, daß unsere Welt sehr fade wäre, wenn alle Menschen gleich und vollkommen wären.«

Prägen Sie sich diese schlichte, aber entscheidende Tatsache ein: Kein Mensch ist ganz gut, und kein Mensch ist ganz schlecht. Den vollkommenen Menschen gibt es nicht.

Sehen Sie die liebenswerten Eigenschaften Ihrer Mitmenschen

Wenn wir unser Denken außer Kontrolle geraten lassen, finden wir an fast jedem Menschen sehr viel auszusetzen. Wenn wir dagegen unser Denken richtig steuern, wenn wir richtig über die Menschen denken, können wir an ein und derselben Person statt der negativen Dinge genauso viele liebenswerte und bewundernswerte Dinge oder Eigenschaften finden.

Wir müssen uns immer wieder daran erinnern, daß die meisten Menschen nichts vom richtigen Denken über andere Menschen wissen. Darum erleben wir es oft, daß jemand auf uns zueilt und darauf brennt, uns etwas Negatives über einen gemeinsamen Bekannten zu sagen. Ein Mitarbeiter möchte Sie über die unangenehmen Eigenschaften eines Kollegen informieren. Ein Nachbar will Sie in die häuslichen Probleme eines anderen Nachbarn einweihen. Ein Kunde versucht Sie über die Fehler desjenigen seiner Konkurrenten aufzuklären, den Sie als nächsten besuchen wollen.

Gedanken gebären Gedanken. Wenn Sie sich negative Kommentare über eine andere Person anhören, besteht folglich die Gefahr, daß auch Sie dieser Person gegenüber negativ zu denken beginnen. Falls Sie nicht auf der Hut sind, könnten Sie sich dabei ertappen, daß Sie Öl ins Feuer gießen mit Worten wie: »Ja, und das ist noch nicht alles. Haben Sie schon gehört, daß . . .«

Solche Gedanken sind gefährlich. Und das Resultat ist: Sie schaden sich letztlich selbst.

Es gibt zwei Wege, um zu verhüten, daß andere mit ihren

abwertenden Gedanken negativ auf uns einwirken. Einer besteht darin, so schnell und so ruhig wie möglich das Thema zu wechseln, beispielsweise mit der Bemerkung: »Entschuldigen Sie, mein Lieber, aber mir fällt gerade ein, daß ich Sie schon lange fragen wollte ...«

Der zweite Weg besteht darin, sich zu verabschieden. Sagen Sie: »Tut mir leid, mein Freund, aber ich bin zu spät dran und muß weiter.« Oder: »Ich habe einen dringenden Termin, bitte entschuldigen Sie mich.«

Geben Sie sich selbst das feste Versprechen, Ihr Denken nicht von anderen ungünstig beeinflussen zu lassen.

Der Fall des erfolgreichen Versicherungsvertreters

Wenn Sie erst einmal die Technik beherrschen, nur Gutes von den Menschen zu denken, ist Ihnen größerer Erfolg sicher. Ich möchte Ihnen das Erlebnis eines ungewöhnlich erfolgreichen Versicherungsvertreters weitergeben, für den es sich gelohnt hat, gut über andere zu denken.

»Als ich ins Versicherungsgeschäft einstieg«, erzählte er mir, »hatte ich es ziemlich schwer. Zunächst einmal schien es fast genauso viele Konkurrenzvertreter wie mögliche Kunden zu geben. Und dann lernte ich bald, was alle Versicherungsleute wissen: Neun von zehn Kunden sind nämlich der festen Überzeugung, keine weitere Versicherung zu brauchen.

Ich habe Erfolg. Aber nicht, weil ich eine Menge von der technischen Seite des Versicherungsgeschäfts verstehe. Die ist wichtig, das ist klar, aber es gibt in der Branche Vertreter, die mehr von Policen und Verträgen verstehen als ich. Ich kenne einen Mann, der hat ein Buch über das Versicherungswesen geschrieben, aber er brachte es nicht fertig, einen Todkranken, der wußte, daß er nur noch ein paar Tage zu leben hatte, zum Abschluß einer Lebensversicherung zu bewegen.

Mein Erfolg basiert auf *einem* Faktor. Ich *mag* die Person, der ich eine Versicherung verkaufen will, und zwar *wirklich.* Lassen Sie mich wiederholen: *Ich mag sie wirklich.* Manche Kollegen tun so, als hätten sie ihre Kunden gern, aber das klappt nicht. Nicht einmal einen Hund können Sie täuschen. Wenn Sie nur so tun, sagen Ihre Gesten, Ihre Augen, Ihr Gesichtsausdruck klar und deutlich: *Schwindel.*

Hole ich Informationen über einen möglichen Kunden ein, gehe ich wie jeder andere Kollege vor. Ich bringe in Erfahrung, wie alt er ist, wo er arbeitet, was er verdient, wie viele Kinder er hat und ähnliches mehr.

Aber zusätzlich beschaffe ich mir noch etwas, wonach die meisten Vertreter nie suchen – nämlich ein paar gute Gründe, aus denen ich den Kunden gern haben kann. Vielleicht liefert die Arbeit, die er leistet, diese Gründe, vielleicht finde ich sie irgendwo in den Aufzeichnungen über seine Vergangenheit. Jedenfalls *finde* ich einige gute Gründe, um ihn zu mögen.

Und wenn ich mich dann auf den Kunden konzentriere, gehe ich immer die Gründe durch, aus denen ich ihn gern habe. Ich forme mir von dem Kunden ein liebenswertes Bild, bevor ich mit ihm auch nur ein Wort über den Abschluß einer Versicherung wechsle.

Diese kleine Technik funktioniert. Weil ich den Kunden mag, mag er früher oder später mich auch. Und bald sitze ich nicht mehr auf der anderen Tischseite, sondern neben ihm, und wir arbeiten gemeinsam für ihn einen Versicherungsplan aus. Er vertraut meinem Urteil, weil ich für ihn ein Freund bin.

Natürlich akzeptieren mich die Leute nicht immer auf Anhieb, aber ich habe festgestellt, daß sich die meisten, wenn ich sie unerschütterlich gern habe, bald ›bekehren‹ lassen. Und nach einer gewissen Zeit kommen wir zum Geschäft.

Letzte Woche erst sprach ich zum drittenmal bei einem schwierigen Kunden vor. Er öffnete mir die Tür, und bevor ich auch nur ›Guten Morgen‹ sagen konnte, fiel er über mich her. Er schimpfte und schimpfte und hielt nicht einmal inne, um Luft zu holen. Er endete mit der Aufforderung: ›Und lassen Sie sich hier bloß nicht mehr blicken!‹

Nachdem er das gesagt hatte, blieb ich einfach stehen und schaute ihm in die Augen. Nach fünf Sekunden sagte ich leise und voll Aufrichtigkeit, *weil* es die Wahrheit war: ›Aber, Herr Schulz, ich bin doch als Ihr Freund hier.‹

Gestern schloß ich mit ihm eine Lebensversicherung auf den Erlebensfall über zehntausend Dollar ab.«

Ein Beispiel für richtiges . . .

Der Geschäftsmann Sol Polk erhielt den ehrenden Beinamen »Werkzeugkönig von Chicago«. Er hatte einst mit nichts angefangen und verkaufte bereits zwei Jahrzehnte später im Großraum Chicago Werkzeuge für sechzig Millionen Dollar.

Sol Polk führte seinen Erfolg weitgehend auf seine Haltung gegenüber Kunden zurück. »Ladenbesucher gehören behandelt«, sagte er, »als seien sie Gäste in meinem Haus.«

Ist das nicht richtiges Denken gegenüber Menschen? Und ist es nicht eine der einfachsten Erfolgsformeln, die man anwenden kann? Behandeln Sie Kunden wie Gäste in Ihrem Haus!

Diese Technik funktioniert auch anderswo. Ersetzen Sie das Wort Kunden durch Mitarbeiter, dann lautet die Formel: »Behandeln Sie Mitarbeiter wie Gäste in Ihrem Haus.« Behandeln Sie Ihre Mitarbeiter erstklassig, dann wird erstklassige Kooperation und erstklassige Arbeitsleistung der Lohn sein. Denken Sie erstklassig über die Menschen in Ihrer Umgebung, und Sie werden dafür erstklassige Ergebnisse erhalten.

. . . und eines für falsches Denken

Die ersten Entwürfe zu dem hier vorliegenden Buch las unter anderen ein guter Freund von mir, der eine Beraterfirma für Managementfragen besitzt. Zum obigen Beispiel gab er den Kommentar: »Das sind die positiven Auswirkungen, wenn man Menschen mag und achtet.« Er fuhr fort: »Ich will dir ein persönliches Erlebnis erzählen, das veranschaulicht, was passiert, wenn man Menschen nicht mag und nicht bewundert.«

Sein Erlebnis hat eine sehr aufschlußreiche Pointe, darum habe ich es aufgenommen.

»Meine Firma hatte einen Vertrag zur Beratung eines relativ kleinen Unternehmens bekommen, das alkoholfreie Getränke herstellte. Der Vertrag war ziemlich hoch, er belief sich auf viereinhalbtausend Dollar. Der Kunde hatte wenig Fachwissen. Sein Unternehmen befand sich in einem schlechten Zustand, denn er hatte in den letzten Jahren einige kostspielige Fehler gemacht.

Drei Tage, nachdem wir den Vertrag bekommen hatten, fuhren

ein Kollege und ich zu seinem Betrieb hinaus, der von unseren Büros etwa eine Dreiviertelstunde entfernt war. Ich weiß bis heute nicht, wie es anfing, aber irgendwie kamen wir auf die negativen Eigenschaften unseres Kunden zu sprechen.

Bevor wir es recht merkten, redeten wir davon, daß er durch seine eigene Dummheit in diese schwierige Lage geraten sein mußte. Wir hätten lieber überlegen sollen, wie wir seine Probleme am besten hätten lösen können.

Während der ganzen Fahrt redeten wir nur darüber, was für einen schwachsinnigen Dummkopf wir als Kunden da hatten.

Die anschließende Besprechung war entmutigend. Rückblikkend glaube ich, daß unser Kunde irgendwie spürte, was wir von ihm hielten. Er muß gedacht haben: ›Diese Burschen glauben, ich sei dumm oder sonst was. Für mein Geld werden sie daher nichts anderes tun, als mir nutzloses Gerede vorsetzen.‹

Zwei Tage später bekam ich von dem Kunden einen Brief, der aus zwei Sätzen bestand: ›Ich habe beschlossen, den Beratervertrag mit Ihnen rückgängig zu machen. Wenn für Ihre Dienste bis dato Kosten entstanden sind, schicken Sie mir bitte die Rechnung.‹

Wir hatten uns nur vierzig Minuten lang negativen Gedanken hingegeben, und das kostete uns einen Vertrag über viertausendfünfhundert Dollar. Noch schmerzlicher wurde die Angelegenheit dadurch, daß der Kunde, wie wir einen Monat später erfuhren, einen Vertrag mit einer Firma außerhalb der Stadt abgeschlossen hatte und sich dort die fachliche Hilfe holte, die er brauchte.

Wir hätten ihn bestimmt nicht verloren, wenn wir uns auf seine guten Eigenschaften konzentriert hätten. Zweifellos besaß er welche. Die meisten Menschen haben gute Eigenschaften.«

Höflichkeit kostet nichts

Ein Freund holte mich eines Morgens in Chicago vom Flughafen ab und fuhr mich zu einer geschäftlichen Besprechung. Unterwegs fiel mir zweimal auf, daß er andere Fahrer, die vom Straßenrand losfahren wollten, vor sich in die Kolonne ließ.

Als er es zum drittenmal machte, sagte ich lachend: »Was bist du denn, Chicagos ›Ein-Mann-Höflichkeitskomitee‹? Das muß so sein, denn ich sehe niemanden sonst, der so höflich ist.«

Er lächelte über meine Bemerkung und erwiderte: »Ich erwarte von anderen Fahrern nicht, daß sie höflich sind. Aber ich bekomme trotzdem meinen Lohn. Dadurch, daß ich die drei Fahrer einscheren ließ, haben wir noch keine Minute verloren. Außerdem fühle ich mich dadurch ausgezeichnet. Höflich zu sein hilft mir, ruhig zu bleiben.«

Mein Freund hat recht. Es lohnt sich, auch zu Menschen höflich zu sein, die Sie nicht kennen und vermutlich nie kennen werden. Es lohnt sich, weil Sie selbst dabei ein gutes Gefühl haben. *Und dieses gute Gefühl spiegelt sich in Ihrer Arbeit wider und in allem, was Sie tun.*

Praktizierte Höflichkeit in den Beziehungen mit anderen Menschen ist das beste Beruhigungsmittel, das es gibt. Kein handelsübliches Präparat wird Ihnen auch nur ein Zehntel der Entspannung bringen, die Sie finden, wenn Sie anderen Menschen kleine Höflichkeiten erweisen. Richtiges Denken gegenüber den Menschen baut Enttäuschung und Streß ab. Streß hat seine Ursache letztlich in negativen Gefühlen gegenüber anderen Menschen. Denken Sie also positiv über die Menschen und erkennen Sie, wie wunderbar unsere Welt in Wirklichkeit ist.

Auf die Probe gestellt wird unser Denken gegenüber Menschen eigentlich erst, wenn die Dinge nicht so laufen, wie wir sie uns vorgestellt haben. Daher ist der folgende Grundsatz äußerst wichtig: *Die Art Ihres Denkens nach einer Niederlage bestimmt, wie lange es dauert, bis Sie wieder siegen.*

Es kommt nur darauf an, wie man die Dinge betrachtet

Wie man gegenüber Menschen richtig denkt, wenn die Dinge nicht ganz nach Wunsch laufen, verdeutlichte uns Benjamin Fairless, eine herausragende Persönlichkeit dieses Jahrhunderts. Fairless, der aus sehr einfachen Verhältnissen zum Generaldirektor der United States Steel Corporation aufstieg, sagte einmal:

»Es kommt nur darauf an, wie man die Dinge betrachtet. Ich hatte zum Beispiel nie einen Lehrer, den ich haßte. Natürlich wurde ich bestraft wie jeder andere Schüler auch, aber ich sagte mir immer, es sei meine eigene Schuld, daß die Strafe fällig geworden war. Ich mochte auch alle Chefs, die ich je hatte. Ich versuchte immer, sie zufriedenzustellen und nach Möglichkeit mehr zu tun, als man von mir erwartete, keinesfalls weniger.

Ich erlebte Enttäuschungen, Zeiten, in denen ich mir sehnlichst wünschte, befördert zu werden. Doch was geschah? Ein anderer wurde befördert! Aber ich fühlte mich nicht als Opfer der ›Büropolitik‹, eines Vorurteils oder einer Fehleinschätzung seitens des Chefs. Statt zu zürnen oder beleidigt zu kündigen, durchdachte ich die ganze Angelegenheit. Offensichtlich hatte der andere die Beförderung eher verdient als ich. Was konnte ich tun, damit das nächste Mal ich sie verdiente? Bei alledem wurde ich nie böse auf mich selbst, weil ich eine Niederlage erlitten hatte, und ich vergeudete nie Zeit damit, mich selbst zu erniedrigen.«

Denken Sie an Benjamin Fairless, wenn Sie eine Schlappe einstecken müssen.

Fragen Sie sich: »Was kann ich unternehmen, damit ich bei nächster Gelegenheit mehr Verdienste auf meinem Konto habe?«

Vergeuden Sie keine Zeit und Energie damit, mutlos zu sein. Schelten Sie sich nicht. Arbeiten Sie planmäßig darauf hin, beim nächsten Mal zu siegen.

Resümee der behandelten Prinzipien

1. Machen Sie es anderen leichter, Sie »emporzuheben«. Sorgen Sie dafür, daß Sie liebenswert sind. Üben Sie sich darin, ein Mensch zu sein, den andere gern haben. Dadurch gewinnen Sie die Unterstützung der anderen und fördern Ihr Erfolgsprogramm.
2. Ergreifen Sie die Initiative, knüpfen Sie neue Bekanntschaften und bahnen Sie Freundschaften an. Stellen Sie sich bei jeder Gelegenheit anderen Menschen vor. Achten Sie darauf, daß Sie den Namen jedes neuen Bekannten richtig verstehen und daß die anderen auch Ihren Namen verstehen.
3. Finden Sie sich damit ab, daß die Menschen verschieden sind und Fehler haben. Erwarten Sie bei niemandem Vollkommenheit. Denken Sie daran, der andere Mensch hat das Recht, anders zu sein als Sie. Und treten Sie nicht als Weltverbesserer auf.
4. Suchen Sie an einem Menschen liebens- und bewundernswerte Züge und keine unangenehmen. Und lassen Sie nicht zu, daß andere Ihre Meinung über eine dritte Person beeinflussen. Denken Sie positiv über andere Menschen – und Sie erzielen positive Ergebnisse.
5. Seien Sie immer höflich. Damit erreichen Sie, daß andere Menschen sich besser fühlen. Und es hebt Ihre eigene Stimmung.
6. Geben Sie nicht anderen die Schuld, wenn Sie eine Niederlage erleiden. Bedenken Sie: Die Art Ihres Denkens nach einer Niederlage bestimmt, wie lange es dauert, bis Sie wieder siegen.

Kapitel 10

Machen Sie sich Aktivität zur Gewohnheit

Setzen Sie Ihre Ideen um ...

Führerpersönlichkeiten auf allen Gebieten sind sich darin einig, daß großer Mangel an Spitzenleuten mit erstklassigen Qualifikationen herrscht, an Menschen, die sich für Schlüsselpositionen eignen. In den Chefetagen sind tatsächlich Plätze frei. Wie ein Betriebsdirektor erklärte, gibt es viele qualifizierte Personen, aber ihnen fehlt oft ein wichtiges Erfolgselement, nämlich die Fähigkeit, etwas in Bewegung zu setzen und Ergebnisse zu erzielen.

Jede Spitzenposition – ob in der Geschäftsleitung eines Unternehmens oder im Verkauf, ob in der Wissenschaft, beim Militär oder in der Regierung – erfordert einen Menschen mit Tatkraft. Wenn Spitzenpositionen besetzt werden sollen, wird Antwort auf Fragen gesucht wie: »Wird er die Aufgabe bewältigen? Wird er sich durchsetzen? Ist er ein Selbststarter? Erzielt er Ergebnisse? Oder redet er nur?«

Alle diese Fragen dienen lediglich einem Zweck: herauszufinden, ob der Bewerber ein Mann nicht nur mit Ideen, sondern auch der Tat ist.

Es genügt nicht, ausgezeichnete Ideen zu haben. Eine halbwegs gute Idee, die entwickelt und in die Tat umgesetzt wird, ist hundertmal besser als eine großartige Idee, die nie konkretes Handeln nach sich gezogen hat.

Ein mir bekannter Großkaufmann sagte oft: »Nichts wird im Leben allein dadurch schon bewirkt, daß man darüber nachdenkt.«

Bedenken Sie, daß alle Dinge, die wir auf dieser Welt haben – von der Babynahrung über Wolkenkratzer bis zu Satelliten –, nichts anderes sind als *in die Tat umgesetzte Ideen.*

... indem Sie handeln

Wer die Menschen studiert – die erfolgreichen und die durchschnittlichen –, erkennt bald, daß sie sich sehr gut unterscheiden lassen. Die erfolgreichen sind *aktiv*. Die durchschnittlichen, die mittelmäßigen und die erfolglosen sind *passiv*.

Das Studium der beiden Gruppen enthüllt uns ein Erfolgsprinzip. Der Erfolgreiche ist ein Tatmensch. Er handelt, setzt Dinge in Bewegung, führt Ideen und Pläne aus. Der Erfolglose ist ein Mensch der Nichttat. Er schiebt die Dinge auf, bis er bewiesen hat, daß er sie nicht tun sollte oder tun kann, bis es zu spät ist oder sie sich von selbst erledigt haben.

Der Unterschied zwischen diesen beiden zeigt sich in vielen kleinen Dingen. Der erste plant einen Urlaub und macht Urlaub. Der zweite plant einen Urlaub, aber er verschiebt ihn auf das »nächste« Jahr. Der eine sagt sich, daß er regelmäßig in die Kirche gehen sollte. Er tut es. Der andere hält es auch für eine gute Idee, regelmäßig in die Kirche zu gehen, aber er findet Gründe, um damit einstweilen noch zu warten. Der erste hat das Gefühl, daß er einem Bekannten schreiben und ihm zu irgendeinem Ereignis gratulieren sollte. Er schreibt den Brief. Unter gleichen Umständen ergibt sich beim zweiten ein stichhaltiger Grund, der ihn am Schreiben hindert, und der Brief wird nie geschrieben.

Der Unterschied zeigt sich auch in großen Dingen. Der Erfolgreiche will selbst ein Geschäft eröffnen. Er tut es. Der Erfolglose will auch selbst ein Geschäft eröffnen, aber er entdeckt im letzten Augenblick einen »triftigen« Grund, der ihn hindert, an seinem Vorhaben festzuhalten. Nummer eins beschließt mit vierzig, den Beruf zu wechseln. Er wechselt ihn. Nummer zwei kommt auf die gleiche Idee, aber er bringt sich selbst davon ab, etwas zu unternehmen.

Der Unterschied zwischen den beiden tritt in allen Verhaltensweisen zutage. Der erste erledigt die Dinge, die er erledigt haben möchte, und als Nebenprodukte erlangt er Selbstvertrauen, innere Sicherheit und ein höheres Einkommen. Der zweite läßt die Dinge, die er erledigt haben möchte, unerledigt, weil er nicht handeln will; als Folge davon verliert er das Zutrauen zu sich, er zerstört sein Selbstvertrauen und führt ein Leben der Mittelmäßigkeit.

Der eine *handelt*. Der andere nimmt sich vor zu handeln, aber er *handelt nicht*.

Jedermann möchte ein Tatmensch sein. Machen wir uns darum die Aktivität zur Gewohnheit; das ist durchaus möglich.

Viele Menschen werden so passiv, weil sie mit dem Handeln immer warten, bis absolut günstige Bedingungen herrschen. Perfektion ist zwar sehr wünschenswert, aber nichts, was der Mensch entwirft und schafft, ist absolut vollkommen oder kann absolut vollkommen sein. Wer also auf perfekte Bedingungen wartet, muß ewig warten.

Die nachstehenden drei Fallgeschichten zeigen, wie drei Menschen auf »Bedingungen« reagierten.

Warum George nicht verheiratet ist

George ist Ende Dreißig, sehr gebildet, Buchhalter, ledig. Er lebt in Chicago. Sein größter Wunsch ist es zu heiraten. Er sehnt sich nach Liebe, einer Gefährtin, einem echten Heim, Kindern und allem, was dazugehört. Mehrmals war er nahe daran zu heiraten; aber jedesmal hatte er an dem Mädchen, das er heiraten wollte, im letzten Moment etwas auszusetzen, einmal sogar noch am Tag vor der Hochzeit (»Gerade noch rechtzeitig, bevor ich einen schrecklichen Fehler begangen hätte!«).

Eine der geplatzten Hochzeiten hebt sich von den anderen ab: Vor zwei Jahren glaubte George, endlich das richtige Mädchen gefunden zu haben. Sie war hübsch, von einem angenehmen Wesen, intelligent. Doch George mußte absolut sicher sein, daß sie die Richtige war. Als die beiden eines Abends über ihre Hochzeitspläne sprachen, machte das Mädchen einige Bemerkungen, die George störten.

Daraufhin faßte George ein vierseitiges Dokument ab, in dem er Bedingungen aufstellte, mit denen das Mädchen sich einverstanden erklären sollte, bevor sie heiraten würden. Das Dokument, ordentlich getippt und sehr juristisch aussehend, bezog alle nur denkbaren Lebensbereiche ein. Es enthielt unter anderen auch einen Paragraphen über die Religion: in welche Kirche sie gehen, wie oft, wieviel sie spenden würden. Ein anderer Paragraph behandelte die Kinder: wie viele und wann.

In allen Einzelheiten legte George fest, welche Art von Freunden sie haben würden, welcher berufliche Status seiner künftigen Frau gestattet sei, wo sie wohnen, wie sie ihre Einkünfte ausgeben würden. Am Schluß des Dokuments zählte George auf einer halben Seite alle Gewohnheiten auf, die seine Braut ablegen oder sich zulegen sollte. Die Liste umfaßte Dinge wie Rauchen, Trinken, Make-up, Vergnügungen und ähnliches mehr.

Als die junge Dame diesen Forderungskatalog zu Gesicht bekam, reagierte sie so, wie wohl jeder vernünftige Mensch reagiert hätte. Sie schickte das Dokument mit einem Begleitbrief zurück, in dem sie schrieb: »Die übliche Eheklausel ›in guten wie in schlechten Tagen‹ genügt allen anderen, und sie genügt auch mir. Es ist aus.«

George erzählte mir das Erlebnis und sagte bekümmert: »Was war denn so falsch daran, daß ich den Vertrag aufgesetzt habe? Schließlich ist Heiraten ein wichtiger Schritt. Man kann gar nicht zu vorsichtig sein.«

Hier irrte George. Man *kann* zu vorsichtig sein, zu zögernd, und zwar nicht nur, wenn man eine Heirat plant, sondern bei jeder Planung in der Welt des Geschehens. George hatte zur Ehe eine ähnlich perfektionistische Einstellung wie zu seiner Arbeit, seinen Ersparnissen, seinen Freundschaften und allem anderen.

Der Prüfstein für einen erfolgreichen Menschen ist nicht, ob er Probleme auszuschalten vermag, bevor sie entstehen, sondern ob er Schwierigkeiten bewältigt, wenn sie auftauchen. Wir müssen gewillt sein, einen klugen Kompromiß mit der Perfektion einzugehen, sonst werden wir ewig darauf warten, handeln zu können.

Warum Jim in einem neuen Haus wohnt

Bei jeder großen Entscheidung ringt der Verstand mit sich: handeln oder nicht, zugreifen oder nicht. Ein junger Mann entschied sich für das Handeln und erntete reichen Lohn.

Jim befand sich in einer ähnlichen Situation wie Millionen anderer junger Männer. Er war Mitte Zwanzig, hatte Frau und Kind und ein noch bescheidenes Einkommen.

Die junge Familie lebte in einer kleinen Wohnung. Jim und seine Frau wünschten sich ein Haus; sie wünschten sich mehr Raum, eine schönere, gepflegtere Umgebung, Platz zum Spielen für ihr Kind und die Chance, eigenen Besitz zu erwerben.

Das Problem an einem Hauskauf war für sie die Anzahlung. Eines Tages jedoch, als Jim die Miete für den folgenden Monat überwies, wurde ihm bewußt, daß die monatlichen Zahlungen für ein neues Haus nicht höher sein konnten als die Miete.

Jim rief seine Frau an und fragte sie: »Wie würde es dir gefallen, nächste Woche ein Haus zu kaufen?«

Sie entgegnete: »Was ist in dich gefahren? Warum machst du solche Scherze? Du weißt, daß wir das nicht können. Wir haben nicht genug Geld für die Anzahlung.«

Doch Jim war fest entschlossen: »Es gibt hunderttausend Paare wie wir, die ›irgendwann‹ ein Haus kaufen wollen, aber etwa die Hälfte tut es nie. Immer wieder taucht irgend etwas auf, das sie davon abhält. Wir werden ein Haus kaufen. Ich weiß noch nicht, wie wir die Anzahlung aufbringen, aber irgendwie schaffen wir es.«

In der folgenden Woche fanden sie ein einfaches, aber hübsches Haus, das ihnen beiden gefiel. Die Anzahlung belief sich auf zwölfhundert Dollar. Nun galt es, einen Weg zu finden, um die Summe aufzutreiben. Jim wußte, daß er das Geld nicht auf die übliche Weise leihen konnte, weil er dann nicht mehr den nötigen Kredit für eine Hypothek auf den Kaufpreis gehabt hätte.

Aber wo ein Wille ist, ist auch ein Weg. Plötzlich kam Jim ein Gedanke. Warum sollte er nicht Verbindung mit dem Bauherrn aufnehmen und mit ihm ein Privatabkommen über ein Darlehen von zwölfhundert Dollar schließen? Der Bauherr lehnte das Ansinnen zunächst ab, doch Jim ließ nicht locker. Schließlich willigte der Bauherr ein. Er streckte Jim die Summe vor, und Jim sollte pro Monat einhundert Dollar plus Zinsen zurückzahlen.

Nun brauchte Jim nur noch etwas mehr als einhundert Dollar pro Monat aufzutreiben. Das Ehepaar setzte sich hin und rechnete so lange, bis es überzeugt war, die monatlichen Ausgaben um fünfundzwanzig Dollar reduzieren zu können. Blieben also noch etwas mehr als fünfundsiebzig Dollar, die Jim jeden Monat herschaffen mußte, und das ein Jahr lang.

Wieder hatte er eine Idee. Am nächsten Morgen ging er zu seinem Chef und erklärte ihm sein Vorhaben. Sein Arbeitgeber war erfreut darüber, daß Jim ein Haus kaufen wollte.

Jim sagte: »Schauen Sie, Sir, um das Geschäft abschließen zu können, muß ich jeden Monat mindestens fünfundsiebzig Dollar mehr verdienen. Ich weiß natürlich, daß Sie mir eine Gehaltserhöhung geben werden, wenn Sie das Gefühl haben, daß ich eine verdiene. Was ich jetzt möchte, ist nur die Chance, mehr Geld zu verdienen. Hier gibt es viele Dinge, die am besten an den Wochenenden erledigt werden könnten. Wollen Sie mir gestatten, an den Wochenenden zu arbeiten?«

Den Chef beeindruckten die Aufrichtigkeit und der Ehrgeiz des jungen Mannes. Er machte einen Plan, nach dem Jim an jedem Wochenende zehn Stunden arbeiten konnte, und Jim zog mit seiner Familie in das neue Haus.

Folgendes resultierte aus dem festen Entschluß von Jim, ein Haus für sich und seine Familie zu kaufen:

Der Wille zu handeln regte seinen Verstand an, nach Wegen zu suchen, auf denen sich das angestrebte Ziel erreichen ließ.

Jim gewann ungeheuer an Selbstvertrauen. Künftig wird es ihm in wichtigen Situationen viel leichter fallen, entsprechend zu handeln.

Der junge Mann bietet seiner Frau und seinem Kind den Lebensstandard, den sie verdienen. Hätte er gewartet und den Hauskauf hinausgeschoben, bis perfekte Bedingungen geherrscht hätten, wäre die Familie mit ziemlicher Sicherheit nie zu einem eigenen Haus gekommen.

Chris wollte sich selbständig machen, aber ...

Chris liefert ein weiteres Beispiel dafür, was aus großartigen Ideen wird, wenn man mit dem Handeln auf vollkommene Bedingungen wartet.

Vor fünfzehn Jahren fand Chris eine Stellung beim Zollamt des amerikanischen Postministeriums. Die Arbeit gefiel ihm, doch nach fünf Jahren wurde er zusehends unzufrieden. Ihn störten die Einengungen, die regelmäßigen Dienststunden, die niedrige Bezahlung und das Beförderungssystem, das nur begrenzte Aufstiegschancen bot.

Da kam er auf eine Idee. Er wußte mittlerweile sehr genau, was zu einem erfolgreichen Importeur gehörte. Warum sollte er sich nicht selbständig machen und preiswerte Geschenkartikel und Spielwaren importieren? Chris kannte viele erfolgreiche Importeure, die mit den Besonderheiten des Importgeschäfts weit weniger vertraut waren als er.

Es ist jetzt zehn Jahre her, daß Chris beschloß, sich selbständig zu machen. Aber er arbeitet heute noch im Zollamt.

Warum? Nun, weil jedesmal, wenn Chris den Absprung wagen wollte, irgend etwas geschah, das ihn daran hinderte. Geldmangel, wirtschaftliche Flauten, Familienzuwachs, Handelsrestriktionen, die vorübergehende Notwendigkeit, eine sichere Stellung zu haben, und ähnliche Dinge mehr dienten ihm als Ausrede, um die Sache aufzuschieben, um noch zu warten.

In Wahrheit ließ Chris zu, daß er sich zum passiven Menschen entwickelte. Er wollte perfekte Bedingungen haben, bevor er handelte. Da die Bedingungen nie perfekt waren, handelte Chris auch nie.

Warten Sie nicht auf perfekte Bedingungen

Sie können zwei Dinge tun, um nicht dem kostspieligen Fehler zu erliegen, mit dem Handeln zu warten, bis perfekte Bedingungen bestehen.

Erstens: Rechnen Sie mit künftigen Hindernissen und Schwierigkeiten. Jede Unternehmung ist mit Risiken, Problemen und Unsicherheiten verknüpft. Lassen Sie uns annehmen, Sie wollen mit dem Auto von Hamburg nach München fahren, aber Sie bestehen darauf, erst loszufahren, wenn Sie die absolute Sicherheit haben, daß nirgends Umleitungen sind, daß Sie keinen Motorschaden haben werden, daß das Wetter gut ist, daß keine betrunkenen Fahrer unterwegs sind, daß kein Risiko irgendwelcher Art besteht. Wann könnten Sie losfahren? *Nie!* Wenn Sie den Entschluß fassen, nach München zu fahren, ist es sinnvoll, vor der Abfahrt Ihre Route auf einer Karte festzulegen, Ihren Wagen gründlich nachsehen zu lassen und andere Risiken soweit wie möglich auszuschalten. Aber alle Risiken können Sie nicht ausschalten.

Zweitens: Überwinden Sie Probleme und Hindernisse, wenn diese auftauchen. Der Prüfstein für einen erfolgreichen Menschen ist nicht, ob er alle Probleme aus dem Weg räumen kann, bevor er handelt, sondern ob er fähig ist, Lösungen für Schwierigkeiten zu finden, wenn sie auftreten. Nehmen Sie im Berufsleben, in der Ehe und bei jeder anderen Aktivität die Hürden, wenn diese sich Ihnen stellen.

Ideen allein reichen nicht aus

Beschließen Sie, mit Ihren Ideen etwas anzufangen. Vor fünf oder sechs Jahren erzählte mir ein sehr fähiger Professor von seinem Plan, ein Buch zu schreiben, die Biographie einer umstrittenen Persönlichkeit aus der Vorkriegszeit. Seine Ideen waren hochinteressant, lebendig, faszinierend. Der Professor wußte, was er sagen wollte, und er besaß die Fähigkeit und die Kraft, es auszudrücken. Das Vorhaben sollte ihm innere Befriedigung, Ansehen und Geld einbringen.

Im vergangenen Frühjahr sah ich den Professor wieder und fragte ihn in aller Unschuld, ob sein Buch schon fertig sei. (Ich hätte es nicht tun sollen, denn meine Frage riß in ihm eine alte Wunde auf.)

Nein, er habe das Buch noch nicht geschrieben. Einen Moment lang kämpfte er mit sich und überlegte, ob er die Gründe erklären sollte. Dann sagte er, daß er zu beschäftigt gewesen sei, daß er schließlich noch andere »Verpflichtungen« hätte, daß ihm einfach die nötige Zeit gefehlt habe.

In Wirklichkeit hatte der Professor die Idee schlicht im Friedhof seines Gehirns begraben. Er hatte zugelassen, daß ganz allmählich sein Verstand negative Gedanken produzierte. Das Ergebnis dieser negativen Produktion war, daß sein Verstand schließlich davon »überzeugt« war, daß dieses Vorhaben nicht realisiert werden könne, da hierzu ungeheure Arbeit und große Opfer notwendig gewesen wären.

Ideen sind wichtig, daran gibt es keinen Zweifel. Wir *müssen* Ideen haben, Pläne, um neue Dinge zu schaffen und alte zu verbessern. Der Erfolg meidet die Menschen, denen es an Ideen mangelt.

Doch Ideen allein genügen nicht, auch daran gibt es keinen Zweifel. Eine Idee zur Steigerung des Umsatzes oder zur Vereinfachung eines Arbeitsvorgangs ist nur wertvoll, wenn sie in die Praxis umgesetzt wird.

Jeden Tag begraben die Menschen Tausende guter Ideen, weil sie Angst vor den Mühen haben, die mit der Verwirklichung verbunden sind.

Später dann tauchen diese Ideen als »Gespenster« wieder auf und verfolgen sie.

Verankern Sie die folgenden zwei Gedanken tief in Ihr Bewußtsein.

Erstens: Geben Sie Ihren Ideen Wert, indem Sie sie verwirklichen. Eine Idee mag noch so gut sein, wenn Sie nichts damit anfangen, gewinnen Sie nichts.

Zweitens: Verwirklichen Sie Ihre Ideen, um inneren Frieden zu finden. Jemand sagte einmal, das traurigste Wort, das je ein Mund gesprochen oder eine Feder geschrieben habe, hieße: Es hätte können sein. Jeden Tag hört man bedauernde Äußerungen wie: »Hätte ich damals vor zwanzig Jahren ein eigenes Geschäft eröffnet, stünde ich heute so da.« Oder: »Eine innere Stimme sagte mir, daß die Sache so laufen würde. Wäre ich doch nur eingestiegen.«

Eine gute Idee, die nicht verwirklicht wird, verursacht schrecklichen psychischen Schmerz. Eine verwirklichte gute Idee dagegen bringt große innere Befriedigung.

Haben Sie eine gute Idee? Dann fangen Sie etwas damit an!

Jeder Aktion muß auch eine Aktion vorausgehen

Ein ehrgeiziger junger Schriftsteller, der den großen Durchbruch noch nicht geschafft hat, gestand mir: »Mein Problem ist, daß ganze Tage und Wochen vergehen, ohne daß ich auch nur eine Zeile zu Papier bringe. Wissen Sie«, sagte er, »das Schreiben ist ein schöpferischer Vorgang. Man muß inspiriert sein. Der Geist muß einen vorwärtstreiben.«

Schreiben ist in der Tat ein schöpferischer Vorgang, aber ein anderer Schriftsteller erklärte das »Geheimnis« seiner Fruchtbarkeit und seiner Erfolge so: »Ich wende eine besondere ›Starttechnik‹ an. Ich muß Termine halten und kann nicht darauf warten, daß der Geist mich vorwärtstreibt. Ich muß meinen Verstand ankurbeln. Meine Methode funktioniert folgendermaßen: Ich setze mich an den Schreibtisch. Dann ergreife ich einen Bleistift und mache mechanische Schreibbewegungen. Ich schreibe irgend etwas nieder. Ich kritzle gedankenlos etwas hin. Ich setze meine Finger und meinen Arm in Bewegung, und früher oder später, ohne daß es mir bewußt wird, schaltet sich der Verstand ein.

Manchmal kommen mir natürlich Ideen aus heiterem Himmel, wenn ich nicht am Schreibtisch sitze«, fügte er hinzu, »aber das sind eigentlich ›Sonderprämien‹. Die meisten guten Ideen rühren daher, daß ich mich an die Arbeit mache.«

Jeder Aktion muß eine Aktion vorausgehen. Das ist ein Naturgesetz. Selbst Thomas Mann, einer der genialsten Erzähler des zwanzigsten Jahrhunderts, ein wahrer Virtuose der deutschen Sprache, bekannte einmal: »Das Schreiben ist etwa zu achtzig Prozent harte Arbeit.«

Nichts setzt sich von selbst in Gang, auch nicht die zahllosen mechanischen Geräte, die wir täglich benutzen. Unsere Wohnungen werden automatisch beheizt, doch wir müssen (aktiv werden und) die Temperatur einstellen, die wir haben wollen. Die Automatik eines Autos schaltet nur dann automatisch, wenn der richtige Hebel betätigt wird. Das gleiche Prinzip gilt für die verstandesmäßige Aktion: Sie müssen Ihren Verstand in Gang setzen, damit er für Sie arbeitet.

Der Bezirksleiter einer Vertreterorganisation, deren Mitarbeiter an der Haustüre verkaufen müssen, stellte dar, wie er seine Vertreter lehrt, auf »mechanische Weise« morgens früher anzufangen und erfolgreicher zu sein.

»Vertreter, die an die Haustür kommen, stoßen auf ungeheuren Widerstand, wie jedermann weiß, der je an der Haustür verkauft hat«, erklärte er. »Und es fällt sogar einem ›alten Hasen‹ schwer, morgens den ersten Besuch zu machen. Er weiß, daß er mit ziemlicher Wahrscheinlichkeit einige Abfuhren erleben und unfreundlich behandelt werden wird, bevor der Tag zu Ende ist. Darum ist es ganz natürlich, daß er sich morgens möglichst lange um das Anfangen herumdrückt. Er trinkt ein paar Tassen Kaffee, fährt vielleicht eine Weile in der Gegend umher, um diesen ersten Besuch hinauszuschieben.

Ich schule jeden Mann persönlich. Ich erkläre ihm: Die einzige Möglichkeit des Anfangens ist das Anfangen. Denken Sie nicht nach. Schieben Sie das Anfangen nicht hinaus. Tun Sie einfach Folgendes: Parken Sie Ihren Wagen ein. Nehmen Sie Ihren Musterkoffer. Gehen Sie zur Tür. Klingeln Sie. Tun Sie alles mechanisch, ohne bewußte Überlegung. Fangen Sie Ihre Arbeit morgens so an, damit brechen Sie das Eis. Beim zweiten oder dritten Besuch ist dann Ihr Verstand wach, und Ihre Präsentierungen werden überzeugend.«

Ein Humorist sagte einmal, das schwerste im Leben sei, aus einem warmen Bett aufzustehen und dann in ein kaltes Zimmer zu gelangen. Und er hat recht: Je länger man liegenbleibt und sich vorstellt, wie unangenehm es sein wird, wenn man sein warmes Bett verläßt, desto schwerer fällt es einem aufzustehen. Sogar bei einem derart einfachen Vorgang vertreibt mechanische Aktion – das Zurückschlagen der Bettdecke und das Herausschwenken der Füße auf den Boden – sofort jede Hemmschwelle.

Treiben Sie Ihren Verstand an

Der springende Punkt ist: Menschen, die auf unserer Welt etwas vollbringen, warten nicht darauf, daß der Verstand sie vorwärtstreibt – *sie* treiben den Verstand an. Das sollten auch Sie tun.

Das beste Verfahren, Ideen zu entwickeln, Pläne zu schmieden, Probleme zu lösen und andere Dinge zu tun, die den Einsatz Ihres Verstandes erfordern, ist die »mechanische Methode«. Diese Spezialtechnik hilft garantiert. Benutzen Sie hierfür Bleistift und Papier. (Ein simpler Bleistift, der so gut wie nichts kostet, ist die beste Konzentrationshilfe; eine bessere kriegen Sie auch für teures Geld nicht. Müßte ich wählen zwischen einem hypermodernen, schalldichten, schön eingerichteten Büro mit dickem Teppichboden und Bleistift und Papier, würde ich immer Bleistift und Papier nehmen. Damit kann man den Verstand auf ein Problem ansetzen.)

Wenn Sie einen Gedanken aufschreiben, konzentriert sich Ihre Aufmerksamkeit automatisch ganz auf diesen Gedanken, denn Ihr Verstand ist nicht so angelegt, daß er gleichzeitig einen Gedanken denken und einen anderen schreiben kann. Und wenn Sie auf Papier schreiben, »schreiben« Sie auch in Ihrem Verstand. Tests beweisen schlüssig, daß man sich an einen Gedanken, den man zu Papier gebracht hat, viel länger und viel genauer erinnert.

Wenn Sie die Konzentration mittels Bleistift und Papier einmal beherrschen, können Sie auch in einer lauten Umgebung oder einer anderen ablenkenden Situation denken. Beginnen Sie zu kritzeln oder zu zeichnen, wenn Sie denken wollen. Das ist ein ausgezeichneter Weg, um den Verstand anzukurbeln.

Das magische Erfolgswort »jetzt«

Die Ausdrücke *morgen, nächste Woche, später, irgendwann, eines schönen Tages* sind sinnverwandt mit dem Versagenswort *nie.* Viele Wünsche erfüllen sich nicht, weil wir sagen: »Ich werde eines Tages damit anfangen«, während wir sagen sollten: »Ich fange *jetzt* damit an, jetzt *gleich.*«

Nehmen wir zum Beispiel das Sparen. Sehr viele Menschen halten es für eine gute Idee, Geld zu sparen. Aber das heißt noch lange nicht, daß sehr viele Menschen planmäßig sparen und investieren. Viele haben zwar die Absicht zu sparen, aber nur wenige *handeln* entsprechend.

Ein junges Ehepaar brachte es fertig, nach einigen Hindernissen ein richtiges Vermögensbildungsprogramm durchzuführen. Bills Nettoverdienst betrug fünfhundert Dollar im Monat, doch Bill und seine Frau Janet gaben jeden Monat auch fünfhundert Dollar aus. Beide wollten sparen, aber aus irgendwelchen Gründen ging es nie. Jahrelang gelobten sie einander: »Wir fangen an, wenn es Gehaltserhöhung gibt. Wenn wir die Raten abgezahlt haben. Wenn wir über den Berg sind. Nächsten Monat. Ganz bestimmt nächstes Jahr.«

Schließlich wurde Janet wütend über ihr Unvermögen zu sparen. Sie fragte Bill: »Wollen wir nun sparen oder wollen wir nicht?« Er antwortete: »Natürlich wollen wir, aber du weißt doch so gut wie ich, daß wir zur Zeit nichts auf die hohe Kante legen können.«

Doch diesmal war Janet in Jetzt-oder-nie-Stimmung. Sie sagte: »Wir reden seit Jahren davon, mit einem Sparprogramm zu beginnen. Aber wir sparen nicht, weil wir glauben, es nicht zu können. Laß uns jetzt endlich anfangen zu *glauben,* daß wir es *können.* Ich habe heute eine Anzeige gelesen, in der stand, daß wir, wenn wir nur fünfzig Dollar im Monat sparen, nach fünfzehn

Jahren neuntausend Dollar plus dreitausend Dollar Zinsen haben werden. Außerdem stand in der Anzeige, es sei leichter, die Sparsumme vorher abzuzweigen, als darauf zu hoffen, sie am Ende des Monats nach allen Ausgaben noch übrig zu haben. Wenn du mitspielst, wollen wir mit zehn Prozent deines Nettogehalts anfangen, und wir wollen von oben her sparen, also den Betrag immer sofort einzahlen, wenn du Geld bekommst. Vielleicht müssen wir am Monatsende von trockenem Brot und Milch leben, aber wenn es sein muß, werden wir das eben tun.«

Bill und Janet waren ein paar Monate sehr knapp bei Kasse, aber sie lernten bald, mit ihrem neuen Budget auszukommen. Jetzt finden sie, es mache genausoviel Freude, Geld für das Sparen »auszugeben« wie für etwas anderes.

Wollen Sie einem Freund schreiben? Tun Sie es jetzt gleich. Haben Sie eine Idee, die Ihrer Firma nützen würde? Geben Sie sie jetzt gleich weiter. Leben Sie nach dem alten Sprichwort: »Was du heute kannst besorgen, das verschiebe nicht auf morgen.«

Wer in Begriffen wie *jetzt, sofort* denkt, der schafft viel. Doch wer in Begriffen wie *irgendwann, später* denkt, scheitert und versagt gewöhnlich. Vergessen Sie das nie.

Reden Sie nicht, wenn es zu spät ist

Auf einer meiner Reisen legte ich einen kurzen Aufenthalt ein, um einen alten Geschäftsfreund zu besuchen. Er kam gerade aus einer Konferenz mit seinen leitenden Angestellten. Ich sah ihm auf den ersten Blick an, daß er sich etwas von der Seele reden wollte. Er machte den Eindruck eines Menschen, der eine schwere Enttäuschung crlittcn hat.

»Weißt du«, sagte er, »ich berief heute früh diese Konferenz ein, weil ich bei einer ins Auge gefaßten Änderung der Firmenpolitik Entscheidungshilfe suchte. Aber was für Hilfe fand ich? Sechs Mann saßen bei mir dort drin, aber nur einer von ihnen wartete mit einem brauchbaren Vorschlag auf. Zwei andere sagten etwas, aber was sie vorbrachten, war lediglich ein Echo dessen, was ich zuvor gesagt hatte. Ich hatte den Eindruck, eine Wand anzureden. Ich gestehe, daß es mir schwerfällt herauszukriegen, was diese Burschen denken.

Wirklich«, fuhr er nach kurzer Pause fort, »man sollte meinen, daß die Herren den Mund aufmachen und sagen würden, was sie denken. Schließlich betrifft diese Angelegenheit jeden von ihnen unmittelbar.«

Mein Geschäftsfreund fand in der Konferenz keine Hilfe. Aber wäre man danach vor dem Konferenzraum den Herren begegnet, hätte man vermutlich Bemerkungen gehört wie: »Es drängte mich zu sagen . . .«; »Warum hat nicht jemand vorgeschlagen . . .«; »Ich finde, man sollte nicht . . .«; »Wir hätten dafür eintreten sollen, daß . . .«

Sehr oft sind Leute, die im Konferenzraum den Mund nicht aufmachen, hinterher sehr gesprächig, wenn ihre Äußerungen nichts mehr bewirken. Wenn es zu spät ist, warten sie mit Ideen auf. Firmenchefs wollen Kommentare hören. Außerdem: Wer sein Licht unter den Scheffel stellt, schadet sich selbst.

Gewöhnen Sie sich an, freiheraus zu sprechen. Jedesmal, wenn Sie das tun, gewinnen Sie an Stärke. Tragen Sie deshalb Ihre konstruktiven Ideen vor!

Wie Hans vor lauter Vorbereitung nicht zur Sache kam

Probleme mit dem *Jetzt* haben auch viele Studenten beim Lernen. Mit besten Vorsätzen reserviert der Student Hans einen ganzen Abend für konzentriertes, intensives Lernen. Lassen Sie uns aufzeigen, wie ein solcher Abend allzuoft verläuft.

Hans will um neunzehn Uhr mit dem Lernen beginnen. Doch das Abendessen liegt ihm ein bißchen im Magen, also beschließt er, ein Weilchen fernzusehen. Aus dem Weilchen wird eine ganze Stunde, weil das Programm gut war. Um zwanzig Uhr setzt er sich an den Schreibtisch, doch er steht gleich wieder auf, weil ihm eingefallen ist, daß er seiner Freundin versprochen hat, sie anzurufen. Er macht sich auf den Weg zur Telephonzelle. Das Gespräch dauert vierzig Minuten (er hat schließlich den ganzen Tag nicht mit ihr reden können). Auf dem Rückweg trifft Hans einen Kommilitonen, der joggt. Hans läuft mit. Der Lauf bringt ihn zum Schwitzen, also duscht er. Als nächstes braucht er etwas zu essen, denn der Lauf und das Duschen haben ihn hungrig gemacht.

Und so verstreicht der Abend, für den sich Hans soviel vorgenommen hatte. Nachts um eins schlägt er schließlich ein Lehrbuch auf, aber er ist zu müde, um noch etwas zu erfassen. Er gibt auf und legt sich schlafen.

Hans kam nicht zur Sache, weil er zuviel Zeit damit verbrachte, sich auf die Sache vorzubereiten.

»Ich bin genau jetzt in der richtigen Verfassung!«

Solches Verhalten ist freilich nicht nur bei Studenten anzutreffen. Auch Vertreter, Abteilungsleiter, Arbeiter, Hausfrauen – kurz, Menschen aus allen Schichten und Gruppen – versuchen oft, sich zur Arbeit aufzuraffen, und bereiten sich mit etwas Büroklatsch, einer Kaffeepause, Lesen, Bleistiftspitzen, der Erledigung kleiner persönlicher Dinge, dem Aufräumen des Schreibtisches, Fernsehen oder einem Dutzend anderer Zerstreuungen darauf vor.

Es gibt jedoch einen Weg, mit dieser schlechten Gewohnheit zu brechen. Sagen Sie sich: »Ich bin *genau jetzt* in der richtigen Verfassung, um anzufangen. Ich gewinne gar nichts, wenn ich die Sache hinausschiebe. Ich will die Vorbereitungszeit lieber dazu verwenden, um meine Energie zu nutzen.«

Der Direktor einer Werkzeugmaschinenfabrik sagte einmal vor einer Gruppe von Verkaufsleuten: »Was wir in unserer Firma dringender brauchen als alles andere, sind Menschen, die konstruktive Ideen haben und diese dann auch durchboxen. In unserer ganzen Fertigung und im Vertrieb gibt es nicht eine einzige Planstelle, wo die Leistung nicht verbessert werden könnte. Ich möchte damit keineswegs sagen, daß wir derzeit nicht gut arbeiten. Wir tun es. Aber wie alle fortschrittlichen Firmen müssen wir neue Produkte herausbringen, neue Märkte erschließen und effektivere neue Arbeitsmethoden ersinnen. Wir sind auf Menschen mit Initiative angewiesen. Sie sind die Stützen unserer Mannschaft.«

Die Kraft der Initiative

Initiative ist eine besondere Form der Aktion. Initiative bedeutet, daß jemand unaufgefordert etwas Nützliches tut. Einem Menschen mit Initiative stehen in jedem Berufszweig die hochdotierten Positionen offen.

Der Marktforschungsdirektor einer mittelgroßen Fabrik für Drogeriewaren schilderte mir, wie er seinen Posten bekommen hatte. Sein Bericht bildet eine interessante Anschauung über die Kraft der Initiative.

»Vor fünf Jahren hatte ich eine Idee«, erzählte er. »Ich arbeitete damals als Vertreter und mußte Großhändler besuchen. Ich erkannte, daß bei uns *eine* Lücke bestand: Wir besaßen keinerlei Fakten über die Konsumenten, die unsere Erzeugnisse kaufen sollten. Ich sprach mit allen hier über die Notwendigkeit, Marktforschung zu betreiben. Zuerst stieß ich auf taube Ohren: Die Firmenleitung sah keinen Sinn darin.

Ich war von der Idee, für unsere Firma Marktforschung zu betreiben, regelrecht besessen, also packte ich gewissermaßen den Stier bei den Hörnern. Ich erbat und bekam die Erlaubnis, jeden Monat einen Bericht über ›Fakten des Drogeriewaren-Marketings‹ zu erstellen. Ich sammelte Informationen bei jeder Quelle, die ich fand. Beharrlich schrieb ich meine Berichte, und sehr bald interessierten sich die Firmenleitung und die anderen Vertreter wirklich für das, was ich tat. Bereits ein Jahr, nachdem ich meinen Kreuzzug für die Marktforschung begonnen hatte, wurde ich von meinen regulären Pflichten entbunden und gebeten, mich auf die Verwirklichung meiner Idee zu konzentrieren.

Der Rest«, fügte er hinzu, »war nur eine natürliche Entwicklung. Ich habe jetzt zwei Assistenten, eine Sekretärin und ein etwa dreimal so hohes Gehalt wie vor fünf Jahren.«

Kämpfen Sie für Ihre Sache

Wenn Sie etwas sehen, das nach Ihrer Ansicht getan werden sollte, dann kämpfen Sie dafür.

In der Nähe meines Wohnortes wurde eine neue Siedlung gebaut. Als sie zu zwei Dritteln fertig war, ließen sich die Häuser plötzlich nicht mehr absetzen. Was war passiert? Ein paar »unordentliche« Familien waren eingezogen. Dies bewog wiederum andere Familien, ihre Häuser (mit Verlust) zu verkaufen und wegzuziehen. Wie es oft geschieht, ließen sich die ordentlichen

Familien von ihren gleichgültigen Nachbarn anstecken, und die Siedlung sah bald entsprechend aus. Einer jedoch ließ sich nicht anstecken und wurde nicht gleichgültig: Harry. Er beschloß, für eine hübsche, ordentliche Siedlung zu kämpfen, dafür einen Kreuzzug zu starten.

Harry begann damit, daß er ein paar Freunde zusammentrommelte. Er machte ihnen klar, daß sich gerade für diese Siedlung ungeheure Chancen und Möglichkeiten böten, daß aber sofort etwas unternommen werden müsse, sonst sei sie binnen kurzem ein zweit- oder gar drittklassiges Wohngebiet. Dank seiner Begeisterung und Entschlußkraft fand Harry rasch Unterstützung. Bald gab es Gruppen, die sich um die Sauberhaltung der unbebauten Grundstücke kümmerten. Ein Gartenverein wurde gegründet und eine große Pflanzaktion für Bäume gestartet. Ein Kinderspielplatz wurde gebaut, danach ein Schwimmbassin. Die »gleichgültigen« Familien setzten sich ebenfalls begeistert ein. Die ganze Siedlung erwachte zu neuem Leben und neuem Glanz. Heute ist es wirklich ein Vergnügen, durch dieses Wohngebiet zu fahren. Es veranschaulicht, was ein Mensch erreichen kann, der für seine Sache kämpft.

Haben Sie das Gefühl, daß Ihre Firma eine neue Filiale eröffnen, ein neues Erzeugnis herstellen oder in anderer Weise expandieren sollte? Dann kämpfen Sie dafür. Finden Sie, daß Ihre Kirchengemeinde ein neues Gebäude braucht? Dann kämpfen Sie dafür. Sähen Sie es gern, daß die Schule Ihrer Kinder besser eingerichtet und ausgestattet wäre? Dann kämpfen Sie dafür.

Auf eines können Sie sich verlassen: Wer für eine Sache kämpft, beginnt seinen Kreuzzug vielleicht als Einmannunternehmen, aber wenn die Sache gut ist, hat er bald ganze Scharen von Anhängern.

Engagieren Sie sich freiwillig

Jeder von uns war schon in der Situation, daß er irgendeine Aufgabe gern freiwillig übernommen hätte, es aber nicht tat. Warum? Meistens aus Angst. Aber keineswegs der Angst, die Aufgabe nicht zu bewältigen, sondern aus Angst vor dem, was die Kollegen sagen würden. Die Befürchtung, ausgelacht zu werden, ein Streber und Radfahrer genannt zu werden, der eine Gehaltserhöhung herausschinden will, hält viele Menschen zurück.

Es ist natürlich, daß man akzeptiert werden und zu einer Gruppe gehören will. Aber fragen Sie sich: »Von welcher Gruppe möchte ich akzeptiert werden? Von jener, die mich auslacht, weil sie insgeheim eifersüchtig ist? Oder von jener, die Fortschritte macht, weil sie sich engagiert?« Die richtige Entscheidung liegt auf der Hand.

Wer sich freiwillig engagiert, hebt sich von den anderen ab. Er erregt Aufmerksamkeit. Wichtiger noch: Er schafft sich die Möglichkeit zu zeigen, daß er etwas kann und ehrgeizig ist. Melden Sie sich darum freiwillig für besondere Aufgaben.

Denken Sie einmal an Führerpersönlichkeiten, die Sie in der Geschäftswelt, in der Politik oder in Ihrer Gemeinde kennen. Würden Sie sie als aktive oder passive Menschen bezeichnen?

Natürlich sind es aktive Menschen, Personen, die etwas schaffen und tun. Ein Mensch, der sich zurückhält, auf dem Zuschauerplatz steht, passiv ist, der bewirkt nichts. Nur ein Tatmensch, der auf Aktion ausgerichtet ist, erzeugt in anderen den Wunsch, ihm nachzufolgen.

Die Leute setzen Vertrauen in einen Menschen, der handelt. Sie nehmen als selbstverständlich an, daß er weiß, was er tut.

Ich habe noch nie erlebt, daß ein Mensch dazu beglückwünscht wurde, daß er »niemanden stört«, »nicht handelt« oder »wartet, bis man ihm sagt, was er tun soll«.

Oder haben Sie das schon erlebt?

Gewöhnen Sie sich an, aktiv zu sein

1. Seien Sie immer aktiv. Seien Sie ein Mensch der Tat und keiner, der nicht handelt.
2. Warten Sie nicht, bis perfekte Bedingungen herrschen. Das wird *nie* der Fall sein. Rechnen Sie mit künftigen Hindernissen oder Schwierigkeiten und überwinden Sie diese, wenn sie auftauchen.
3. Denken Sie daran, daß Ideen allein keine Erfolge bringen. Ideen sind nur von Nutzen, wenn sie verwirklicht werden.
4. Starten Sie Ihren Verstand mechanisch. Warten Sie nicht darauf, daß der Verstand Sie vorwärtstreibt. *Handeln* Sie, machen Sie sich energisch an die Arbeit, dann treiben Sie Ihren Verstand an.
5. Denken Sie in Begriffen wie *jetzt, sofort*. Ausdrücke wie *morgen, nächste Woche, später* sind sinnverwandt mit dem Versagenswort *nie*. Seien Sie ein Mensch, der seine Aufgaben »jetzt gleich« in Angriff nimmt.
6. Machen Sie sich an die Arbeit. Vergeuden Sie keine Zeit damit, sich auf das Anfangen vorzubereiten, sondern fangen Sie an.
7. Ergreifen Sie die Initiative. Kämpfen Sie für Ihre Sache, starten Sie einen Kreuzzug. Und engagieren Sie sich freiwillig. Zeigen Sie, daß Sie etwas können und ehrgeizig sind.

Kapitel 11

Wie Sie eine Niederlage in einen Sieg verwandeln

Geben Sie sich nie geschlagen

Fürsorger und andere Sozialarbeiter haben die Feststellung gemacht, daß unter den Geschlagenen und Gescheiterten, mit denen sie täglich konfrontiert werden, alle Bildungsschichten, Alters- und Gesellschaftsklassen vertreten sind. Manche dieser Menschen sind überraschend jung, vereinzelt findet man Akademiker, nicht selten dagegen stößt man auf Männer und Frauen ohne richtige Ausbildung. Einige sind verheiratet, andere nicht. Doch alle diese Menschen haben eines gemeinsam: Sie sind geschlagen, aus der Bahn geworfen, am Boden zerstört. Jeder hat Situationen durchlebt, die ihn »fertiggemacht« haben. Jeder hat das Bedürfnis, das dringende Verlangen, von den Situationen zu erzählen, die ihn ruiniert haben, von seiner vernichtenden Niederlage.

Diese Situationen umfassen die ganze Skala menschlicher Enttäuschung, angefangen von: »Meine Frau hat mich verlassen« über: »Ich habe alles verloren, was ich besaß, und wußte nicht, wohin« bis zu: »Ich hab' ein paar Sachen angestellt, die mich zum Ausgestoßenen gemacht haben, und so bin ich in der Gosse gelandet«.

Wenn wir von den Geschlagenen auf die nächsthöhere Ebene schauen, auf die der »Durchschnittsmenschen«, gewahren wir viele Unterschiede in den Lebensgewohnheiten. Aber wir stellen fest, daß der typische Durchschnittsmensch seine Mittelmäßigkeit mit ziemlich den gleichen Gründen erklärt wie der Geschlagene seine vollkommene Niederlage. Im Inneren fühlt sich der unbedeutende Mensch besiegt, geschlagen. Er leidet an den schwärenden, nie heilenden Wunden, die er in jenen Situationen erlitten hat, von denen er besiegt worden ist. Nun ist er übervorsichtig. Er schleppt sich mühsam dahin, schreckt vor den erregenden Risiken eines siegreichen Lebens zurück, ist mit sich selbst unzufrieden. Er ist geschlagen, aber er gibt sich große Mühe, die Strafe der Mittelmäßigkeit oder Zweitklassigkeit, die das »Schicksal« über ihn verhängt hat, tapfer zu ertragen.

Auch er hat sich mit der Niederlage abgefunden, aber auf eine einigermaßen »saubere«, von der Gesellschaft »akzeptierte« Weise.

Wenn wir ganz nach oben schauen, in die wenig bevölkerte Welt des Erfolgs, finden wir wieder Menschen jeglichen Herkommens. Firmenchefs, Manager, ranghohe Geistliche, Regierungsbeamte, kurz: die Spitzenleute auf allen Gebieten stammen aus armen wie reichen Häusern, aus intakten wie zerrütteten Familien, aus Industriestädten wie ländlichen Anwesen oder Bauernkaten. Diese Menschen, die in allen Bereichen unserer Gesellschaft führend sind, kennen jede nur denkbare schwierige Situation aus eigener Erfahrung.

Die Vertreter dieser drei Gruppen lassen sich in allen Punkten – Alter, Intelligenz, Herkommen, Nationalität – vergleichen, nur in einem Punkt nicht: Das einzige, worin sich die drei unterscheiden, ist ihre Reaktion auf eine Niederlage.

Als jener Mensch der ersten Gruppe zu Boden geschlagen wurde, stand er nicht mehr auf; er blieb einfach liegen, sah keine Zukunft mehr. Derjenige der zweiten Gruppe rappelte sich wenigstens noch hoch; aber er rannte davon und »tauchte« unter – allerdings nur, um sein Leben in der Anonymität der Masse zu verbringen.

Der Erfolgreiche jedoch reagierte anders auf den Niederschlag. Er sprang auf, zog eine Lehre aus dem Vorkommnis, vergaß den Schlag und stieg empor.

Einer meiner engsten Freunde ist ein außergewöhnlich erfolgreicher Managementberater. Wenn man sein Büro betritt, hat man das Gefühl, wirklich »oben« zu sein. Die schönen Möbel, der Teppichboden, die geschäftigen Angestellten, die bedeutend aussehenden Kunden – alles kündet davon, daß seine Firma floriert.

Ein Zyniker würde vielleicht sagen: »Man muß ein ganz schöner Schwindler sein, um ein derartiges Unternehmen zu solchem Erfolg zu führen.« Der Zyniker würde sich jedoch täuschen. Dazu muß man kein Betrüger sein; auch kein übergescheiter, reicher oder vom Glück gesegneter Mensch. Man muß etwas anderes sein: *ein beharrlicher Mensch, der sich nie geschlagen gibt.*

Hinter diesem florierenden, angesehenen Büro des Managementberaters verbirgt sich ein Mann, der sich mühsam nach oben kämpfte: Er verlor in den ersten sechs Geschäftsmonaten die Ersparnisse von zehn Jahren; er lebte mehrere Monate in seinem Büro, weil er kein Geld für die Miete einer Wohnung hatte; er lehnte zahlreiche »gute« Positionen ab, weil er seine Idee verwirklichen und zum Erfolg führen wollte; er hörte von Menschen, die für ihn als Kunden in Frage kamen, hundertmal öfter ein Nein als ein Ja . . .

In den sieben unglaublich harten Jahren, die mein Freund brauchte, um sich durchzusetzen, bekam ich von ihm nie eine Klage zu hören. Er sagte: »Dave, ich lerne. Das ist ein Konkurrenzgeschäft, und weil man nichts Greifbares vorweisen kann, ist das Verkaufen schwierig. Aber ich lerne es.«

Und das tat er wahrlich.

Einmal machte ich die Bemerkung, seine Lernerfahrung koste ihn doch eine Menge. Aber er entgegnete: »Nein, sie kostet mich nichts; sie gibt mir sogar sehr viel.«

Wie Rückschläge zum Erfolg führen

Studieren Sie einmal die Lebensdaten jener Menschen, die im »Who is Who« stehen, dann werden Sie feststellen, daß diese Erfolgreichen viele niederdrückende Situationen erlebt haben, auf große Widerstände stießen, mit Schwierigkeiten zu kämpfen hatten, Rückschläge einstecken mußten und persönliche Niederlagen erlitten haben.

Lesen Sie die Biographien großer Persönlichkeiten, und Sie werden sehen, daß viele dieser Menschen Rückschläge überwanden, nach denen andere aufgegeben hätten.

Oder analysieren Sie den Werdegang des Generaldirektors Ihrer Firma, des Bürgermeisters Ihrer Stadt oder eines Menschen, den Sie für wirklich erfolgreich halten. Wenn Sie Ihre Analyse intensiv betreiben, werden Sie erkennen, daß jeder dieser Menschen echte, große Hindernisse bezwungen hat.

Es ist *nicht* möglich, hochgradigen Erfolg zu erringen, ohne auf

Widerstand und Schwierigkeiten zu stoßen oder Rückschläge hinnehmen zu müssen. Aber es *ist* möglich, in Ihrem restlichen Leben keine Niederlage mehr zu erleiden. Es *ist* möglich, sich von Rückschlägen vorwärtstreiben zu lassen. – Sehen wir uns an, wie man das macht.

Vor kurzem habe ich eine Flugstatistik gelesen, worin es hieß, daß auf sechzehn Milliarden Flugkilometer nur ein Todesfall kommt. Das Fliegen ist, so betrachtet, also eine sehr sichere Angelegenheit. Trotzdem kommen noch Abstürze vor. Wenn ein Flugzeug abstürzt, schaltet sich sofort das Luftfahrtbundesamt ein, um die Unglücksursache zu untersuchen. Metallteile werden eingesammelt und zusammengesetzt. Die verschiedensten Experten versuchen nachzuvollziehen, wie es zu dem Unglück kam. Zeugen und Überlebende werden befragt. Die Untersuchung dauert Wochen, ja Monate, sie dauert so lange, bis die Antwort auf die Frage nach der Unfallursache gefunden ist.

Steht die Ursache fest, werden sofort Schritte unternommen, um zu verhindern, daß sich noch einmal ein ähnlicher Absturz ereignet. War ein bestimmtes Flugzeugteil defekt, muß dieses Teil bei anderen Maschinen des gleichen Typs ausgetauscht werden. Die Untersuchungen des Luftfahrtbundesamtes waren Anlaß zu vielen Verbesserungen in unseren modernen Flugzeugen.

Das Luftfahrtbundesamt untersucht demnach die Rückschläge, um das Fliegen sicherer zu machen – und die Mühe lohnt sich zweifellos.

Ärzte benutzen Rückschläge, um den Weg zu längerem Leben zu ebnen. Stirbt ein Patient und ist die Todesursache unklar, wird oft eine Obduktion durchgeführt, um sie zu ermitteln. Dadurch lernen die Ärzte die Funktionsweise des menschlichen Körpers besser kennen. Die daraus resultierenden Erfahrungen wiederum kommen den Lebenden zugute.

Ein gewissenhafter Fußballtrainer übt mit seiner Mannschaft nach *jedem* Spiel, ob es jetzt gewonnen oder verloren wurde, Manöverkritik und weist die Spieler auf ihre Fehler hin. Es werden Videoaufzeichnungen oder Fernsehfilme benutzt, um Spielzüge oder taktische Feinheiten zu verbessern oder um individuelle Fehler aufzuzeigen. Es werden also alle Möglichkeiten genutzt, um das Spiel der Mannschaft stetig zu verbessern.

Ein Verkaufsleiter, mit dem ich befreundet bin, setzt eine

Verkaufsbesprechung im Monat nur zu dem Zweck an, mit seinen Vertretern zu untersuchen, warum bestimmte wichtige Abschlüsse nicht zustande kamen. Jeder gescheiterte Abschluß wird rekonstruiert und sorgfältig erforscht. Auf diese Weise lernt der Vertreter, wie er künftig ähnliche Fehlschläge vermeiden kann.

Beamte des Luftfahrtbundesamtes, Ärzte, Fußballtrainer, erfolgreiche Verkaufsleiter und Fachleute auf allen anderen Gebieten halten sich an das Erfolgsprinzip: *Gewinne jedem Rückschlag etwas ab.*

Ziehen Sie Nutzen aus einer Niederlage

Trifft uns ein Rückschlag persönlich, sind wir vor Erregung oft nicht fähig, eine Lehre aus der Sache zu ziehen.

Professoren wissen, daß die Reaktion eines Studenten, wenn er durchfällt, einen Hinweis auf sein Erfolgspotential gibt. Als ich Professor an der Wayne State University in Detroit war, mußte ich einmal einen Studenten beim Abschlußexamen durchfallen lassen. Ich wußte, daß das für den Studenten ein harter Schlag sein würde. Er hatte bereits Vereinbarungen für seine Zukunft getroffen, die er jetzt würde rückgängig machen müssen. Zum Nichtbestehen gesellte sich also noch eine gewisse Peinlichkeit. Zwei Möglichkeiten boten sich ihm: das Semester und das Examen zu wiederholen oder ohne Examen von der Universität abzugehen.

Ich rechnete damit, daß der Student enttäuscht und vielleicht sogar aggressiv reagieren würde, wenn er von seinem Scheitern erfuhr. Ich irrte mich nicht. Als ich ihm sagte, daß seine Arbeit ungenügend sei, gestand er, daß er sich im abgelaufenen Semester nicht sonderlich angestrengt habe.

»Aber«, meinte er, »meine Noten im Semester davor waren mindestens durchschnittlich. Können Sie das nicht berücksichtigen?«

Ich verneinte und wies ihn darauf hin, daß jedes Semester für sich bewertet werden müsse. Und ich fügte hinzu, daß die strengen akademischen Vorschriften die Änderung von Zensuren untersagten – außer im Fall eines unzweifelhaften Irrtums von seiten des Professors.

Dem Studenten wurde klar, daß es keinen Weg zu einer

Änderung seiner Note gab, und das machte ihn wütend. »Herr Professor«, sagte er, »ich könnte Ihnen in dieser Stadt fünfzig Leute nennen, die phantastisch erfolgreich sind, ohne daß sie Ihre Vorlesungen gehört haben. Was ist so verdammt wichtig an diesen Vorlesungen? Warum sollten ein paar schlechte Noten in einem Fach dazu führen, daß ich meinen akademischen Grad nicht erhalte?« Er fügte hinzu: »Gott sei Dank sieht man ›draußen‹ die Dinge nicht so wie die Herren Professoren.«

Ich schwieg eine knappe Minute. (Nach meiner Erfahrung ist, wenn man »angeschossen« wird, eine gewisse Pause ein guter Weg, um eine Wortschlacht zu vermeiden.)

Danach sagte ich zu meinem Studenten: »Sie haben in vielen Dingen recht. Es gibt viele erfolgreiche Menschen, die absolut nichts von dem Stoff wissen, der in meinen Vorlesungen behandelt wird. Und auch Sie können ohne dieses Wissen Erfolg haben. Im Gesamtschema Ihres Lebens wird der Stoff meiner Vorlesungen Sie weder ›erfolgreich machen‹ noch ›ruinieren‹. Aber Ihre Einstellung zu den Vorlesungen könnte das tun.«

»Was wollen Sie damit sagen?« fragte er.

»Nur eines«, antwortete ich. »›Draußen‹ werden Sie genauso ›benotet‹ wie hier. Dort geht es genauso wie hier darum, daß man seine Arbeit tut. Für zweitklassige Arbeit werden Sie ›draußen‹ nicht befördert und bekommen auch keine Gehaltserhöhung.«

Ich hielt inne, um ihm Zeit zu lassen, den Sinn meiner Worte zu erfassen. Dann sagte ich: »Darf ich Ihnen einen Vorschlag machen? Sie sind jetzt sehr enttäuscht. Ich kann mir vorstellen, wie Ihnen zumute ist. Und ich nehme Ihnen nicht übel, daß Sie ein bißchen wütend auf mich sind. Aber sehen Sie die ganze Sache positiv. Sie können eine große Lehre daraus ziehen: Wenn man nicht produktiv ist, kommt man nicht dorthin, wohin man will. Lernen Sie diese Lektion und beherzigen Sie sie. In fünf Jahren werden Sie sie für eine der nützlichsten Lektionen halten, die Sie in Ihrer ganzen Universitätszeit gelernt haben.«

Ein paar Tage später erfuhr ich zu meiner Freude, daß sich der Student wieder für meine Vorlesungen eingeschrieben hatte. Dieses Mal bestand er das Examen mit Auszeichnung. Er suchte mich danach eigens auf, um mir zu sagen, wie sehr ihm unser damaliges Gespräch geholfen habe.

»Ich habe etwas daraus gelernt, daß ich bei Ihnen durchgefallen bin«, sagte er. »Es mag komisch klingen, aber, wissen Sie, Herr Professor, ich bin jetzt froh, daß ich damals das Examen nicht bestanden habe.«

Wir können unsere Niederlagen in Siege verwandeln. Spüren Sie die Lehre auf, die aus einer Niederlage zu ziehen ist, und beherzigen Sie sie. Blicken Sie nicht mehr auf die Niederlage zurück, sondern sehen Sie in die Zukunft.

Der kranke Schauspieler und der blinde Geistliche

Freunde alter Filme erinnern sich vielleicht an den großen Lionel Barrymore. Der Schauspieler brach sich 1936 die Hüfte, und der Bruch heilte nicht. Die meisten Leute hielten Barrymore damals für »erledigt« – nicht jedoch Barrymore selbst. Er benutzte den Rückschlag, um sich den Weg zu noch größeren schauspielerischen Erfolgen zu ebnen. In den nächsten achtzehn Jahren spielte er, obwohl nie schmerzfrei, Dutzende großer Rollen – im Rollstuhl.

Im Zweiten Weltkrieg, am 15. März 1945, rückte W. Colvin Williams in Frankreich hinter einem Panzer vor. Der Panzer fuhr auf eine Mine und explodierte. Colvin Williams verlor sein Augenlicht.

Dies hielt Williams jedoch nicht davon ab, sein Ziel zu verfolgen, Geistlicher und geistiger Berater zu werden. Als er seinen Studienabschluß machte (übrigens mit Auszeichnung), sagte er, seine Blindheit sei nach seiner Ansicht »sogar ein Vorteil. Ich kann nie nach dem Aussehen urteilen. Darum kann ich einem Menschen immer eine Chance geben. Meine Blindheit bewahrt mich davor, daß ich mich von dem Äußeren einer Person beeinflussen lasse und mich somit innerlich von ihr löse. Ich will ein Mensch sein, zu dem jeder kommen und bei dem jeder sich ungehemmt aussprechen kann.«

Ist dieser Mann nicht ein lebendes Beispiel dafür, wie man eine grausame, bittere Niederlage in einen Sieg verwandeln kann?

Analysieren Sie Ihre Fehler

Einer meiner Freunde, der mit großem Erfolg auf dem Aktienmarkt investiert, prüft jede Investition, die er plant, im Lichte vergangener Erfahrungen. Einmal erzählte er mir: »Als ich vor fünfzehn Jahren einstieg, verbrannte ich mir ein paarmal schwer die Finger. Wie die meisten Amateure wollte ich schnell reich werden. Statt dessen wurde ich schnell pleite. Aber das schreckte mich nicht. Ich kannte die gesetzmäßigen Stärken der Wirtschaft und wußte, daß gut gewählte Aktien auf lange Sicht eine der besten Investitionen sind, die man machen kann.

Darum betrachte ich diese ersten schlechten Investitionen als Teil meiner Ausbildungskosten.« Er lachte.

»Andererseits kenne ich verschiedene Menschen, die nach einigen unklugen Investitionen strikte ›Wertpapiergegner‹ wurden. Statt ihre Fehler zu analysieren und dann in eine gute Sache einzusteigen, kamen sie zu dem völlig falschen Schluß, daß Aktieninvestitionen nichts anderes als eine Form des Glücksspiels sind und früher oder später jeder dabei verlieren muß.«

Beschließen Sie *jetzt* gleich, *jedem* Rückschlag etwas abzugewinnen. Wenn Ihnen im Beruf oder zu Hause etwas schiefgehen sollte, dann beruhigen Sie sich zunächst einmal. Nach einer gewissen Zeit sollten Sie dann wohlüberlegt prüfen, wodurch das Problem verursacht wurde: Auf diese Weise vermeiden Sie es, den gleichen Fehler noch einmal zu machen.

Die wertvollen Rückschläge

Wir Menschen sind seltsame Wesen. Siege verbuchen wir immer voll und ganz auf unser Konto. Wenn wir siegen, möchten wir, daß die Welt es erfährt. Wir wünschen, daß die anderen uns ansehen und sagen: »Da geht der Mensch, der *das* geschafft hat.«

Andererseits geben wir an einer Schlappe oder einem Rückschlag immer anderen die Schuld. Es ist üblich, daß Vertreter den Kunden die Schuld geben, wenn ihnen keine Abschlüsse gelingen. Es ist üblich, daß Abteilungsleiter ihren Mitarbeitern oder anderen Abteilungsleitern die Schuld geben, wenn ihr Bereich nicht richtig funktioniert. Es ist üblich, daß Ehemänner ihren Frauen und Ehefrauen ihren Männern die Schuld an Streitigkeiten und Familienproblemen geben.

Auf unserer komplizierten Welt kann es durchaus vorkommen, daß andere uns ein Bein stellen und uns zu Fall bringen. Doch meistens sind wir es, die das Bein stellen – und prompt stolpern wir: wegen eigener Unzulänglichkeit, wegen mangelnder Vorsicht oder wegen zu heftigen Engagements. Anders ausgedrückt: Eigene Fehler sind die Ursachen unserer Rückschläge.

Um aus diesen Rückschlägen zu lernen und gestärkt aus ihnen hervorzugehen, sollten Sie sich das folgende Sprichwort immer wieder vor Augen führen: *Selbsterkenntnis ist der erste Schritt zur Besserung.*

Risë Stevens, vor Jahren die große Diva der Metropolitan Opera in New York, bekannte einmal, daß sie im unglücklichsten Augenblick ihres Daseins den besten Ratschlag ihres Lebens bekommen habe.

Am Beginn ihrer Karriere hatte Miss Stevens beim Probesingen an der »Met« gegen eine Konkurrentin verloren. Nach der Niederlage war sie sehr verbittert gewesen. »Ich wollte hören«, sagte sie, »daß meine Stimme besser sei als die der anderen Sängerin, daß das Urteil schrecklich unfair sei und daß es mir an den nötigen Beziehungen gefehlt habe, um zu siegen.«

Miss Stevens' Lehrerin hatte die junge Sängerin jedoch nicht getröstet und ihr zugestimmt, sondern einfach zu ihr gesagt: »Meine Liebe, haben Sie den Mut, sich Ihre Fehler einzugestehen.«

»So sehr ich mich auch dem Selbstmitleid hingeben wollte«, berichtete Miss Stevens, »diese Worte kamen mir immer wieder in den Sinn. In jener Nacht weckten sie mich. Ich konnte nicht schlafen, solange ich mir meine Fehler nicht eingestand. Ich lag im Dunkeln da und fragte mich: ›Warum bin ich durchgefallen? Wie kann ich nächstes Mal siegen?‹ Ich gab vor mir selber zu, daß mein Stimmumfang nicht so gut war, wie er sein mußte, daß ich meine Sprachkenntnisse vervollkommnen, daß ich mehr Rollen lernen müsse.«

Miss Stevens erklärte, das Eingeständnis der eigenen Fehler habe ihr nicht nur zu Erfolg auf der Opernbühne verholfen, sondern auch dazu beigetragen, daß sie mehr Freunde gewonnen und sich zu einer ausgereiften Persönlichkeit entwickelt habe.

Selbstkritik ist konstruktiv. Sie hilft Ihnen, jene Kraft und Leistungsfähigkeit zu erlangen, die Sie für Erfolge brauchen. Destruktiv dagegen ist es, andere zu kritisieren. Sie gewinnen rein gar nichts, indem Sie »beweisen«, daß ein anderer an Ihrem Mißerfolg die Schuld trägt.

Seien Sie konstruktiv selbstkritisch. Verschließen Sie nicht die Augen vor Ihren Unzulänglichkeiten. Handeln Sie wie die echten Profis. Diese stellen ihre Fehler oder Schwächen fest und korrigieren sie dann. Genau *das* macht sie zu Profis.

Natürlich sollen Sie Ihre Fehler nicht suchen, um sich danach zu bestätigen: »Ein Grund mehr, warum ich ein Verlierer bin.«

Gewinnen Sie Ihren Fehlern einen anderen Aspekt ab: »Ein Grund mehr, warum ich ein größerer Gewinner werden kann.«

Machen Sie aus einer Niederlage einen Sieg, denn: Ein Versager ist ein Mensch, der einen groben Schnitzer gemacht hat und nicht fähig ist, aus der Erfahrung Kapital zu schlagen.

Reden Sie sich nicht auf »Pech« aus

Oft führen wir Rückschläge auch auf mangelndes Glück zurück. Jeder hat den Ausspruch: »Das ist Pech, aber so geht es halt; so ist eben das Schicksal« bestimmt schon einmal gehört.

Stellen Sie sich einmal vor, im Bericht des Luftfahrtbundesamtes stünde als Resümee folgender Abschlußsatz: »Tut uns leid, daß der Absturz passiert ist, aber so kann das Schicksal spielen.« Bestimmt würden Sie sagen, daß in diesem Amt alle abgelöst gehören.

Oder stellen Sie sich einmal vor, ein Arzt würde Ihnen erklären: »Tut mir schrecklich leid, ich weiß nicht, was los ist. Es ist halt der Lauf der Dinge.« Bestimmt würden Sie auf der Stelle den Arzt wechseln.

Die Einstellung: »Das ist eben Pech« bringt uns nicht weiter. Sie bereitet uns in keiner Weise darauf vor, eine Wiederholung eines gleichgearteten Fehlers zu vermeiden, wenn wir in eine Situation geraten, die diesen Fehler wieder heraufbeschwören könnte. Der Fußballtrainer, der nach einer samstäglichen Niederlage sagt: »Na, Jungs, der Ball ist rund, so springt er eben«, bewirkt auf keinen Fall, daß seiner Mannschaft im folgenden Spiel nicht die gleichen Fehler unterlaufen.

Orville Hubbard stand gegen Ende der fünfziger Jahre seit nahezu zwanzig Jahren der Stadt Dearborn im Staate Michigan als Bürgermeister vor. Er zählte damals zu den angesehensten, interessantesten Kommunalpolitikern in den Vereinigten Staaten.

Zehn Jahre, bevor er Bürgermeister von Dearborn wurde, hätte Hubbard jederzeit das »Pech« als Ausrede benutzen können, um aus der Politik auszusteigen.

Bevor er sich in einen Dauersieger verwandelte, hatte Orville Hubbard dreimal »Pech«, als es um die Aufstellung der Kandidaten für die Bürgermeisterwahl ging. Dreimal versuchte er, seine Nominierung für die Senatswahl durchzusetzen, und dreimal scheiterte er auch hier. Einmal wurde er im Rennen um die Nominierung für die Kongreßwahl geschlagen.

Doch Orville Hubbard untersuchte diese Rückschläge. Er betrachtete sie als Teil seiner politischen Schulung. Und dann wurde er einer der gewieftesten, unbezwinglichsten Kommunalpolitiker.

Geben Sie nicht dem »Pech« die Schuld, wenn Sie Rückschläge erleiden, sondern erforschen Sie sie und lernen Sie daraus. Viele Menschen gehen durchs Leben und erklären ihre Mittelmäßigkeit mit »kein Glück«, »unglückliche Fügung«, »Schicksal«, »Pech«. Diese Menschen suchen noch wie unreife Kinder nach Mitgefühl. Ohne sich dessen bewußt zu sein, übersehen sie immer wieder die Gelegenheit, an Größe, Stärke und Selbstvertrauen zu wachsen.

Hören Sie auf, dem mangelnden Glück die Schuld in die Schuhe zu schieben. Damit ist noch nie jemand ans Ziel seiner Wünsche gekommen.

Beharrlichkeit und Experimentierfreude bilden eine gute Symbiose

Ein Lektor, Schriftsteller und Kritiker, mit dem ich befreundet bin, beschrieb mir vor kurzem, was einen erfolgreichen Schriftsteller ausmacht.

»Viele sogenannte Schriftsteller«, sagte er, »wollen gar nicht ernsthaft schreiben. Sie probieren es ein bißchen und geben auf, wenn sie merken, daß damit wirkliche Arbeit verbunden ist. Ich habe nicht viel Geduld mit solchen Leuten, weil sie nach einer Abkürzung suchen, wo es keine gibt.

Das soll jedoch nicht heißen«, fuhr er fort, »daß Beharrlichkeit allein schon genügt. Tatsächlich reicht sie oft nicht.

Gerade jetzt arbeite ich mit einem Mann, der zweiundsechzig kurze Prosastücke geschrieben, aber nicht eines untergebracht hat. Ganz offensichtlich verfolgt er sein Ziel, Schriftsteller zu werden, sehr beharrlich. Aber sein Problem ist, daß er alles, was er schreibt, auf derselben Grundlage aufbaut. Er hat für alle sein Geschichten ein hartes Skelett entwickelt. Er experimentiert nie mit seinem Material – weder mit der Handlung noch mit den Charakteren, noch gar mit dem Stil. Ich versuche den Mann jetzt zu bewegen, daß er sich eine neue Betrachtungsweise zulegt und einige neue Techniken versucht. Er ist begabt, und wenn er ein bißchen experimentiert, bin ich sicher, daß er auch viel von dem, was er schreibt, unterbringen wird. Aber solange er das nicht tut, wird er weiterhin eine Absage nach der anderen erhalten.«

Die Ratschläge des Lektors sind gut. Wir müssen beharrlich sein. Doch Beharrlichkeit ist nur einer der Grundbestandteile des Erfolgs. Wir können etwas versuchen und immer wieder versuchen und trotzdem scheitern, bis wir die Beharrlichkeit mit Experimentierfreudigkeit kombinieren.

Edison gilt als einer der beharrlichsten und hartnäckigsten Wissenschaftler Amerikas. Er soll Tausende von Experimenten durchgeführt haben, bevor er die Glühbirne erfand. Edison *experimentierte* also. Er verfolgte beharrlich sein Ziel, eine Glühbirne zu entwickeln. Und seine Beharrlichkeit machte sich bezahlt, weil er sie mit Experimentierfreudigkeit paarte.

Beharrlichkeit allein ist keine Garantie für Erfolg. Doch Beharrlichkeit *und* Experimentierfreudigkeit garantieren Erfolg.

Unlängst las ich einen Zeitungsartikel über die Ölsuche. Hier hieß es, daß die Ölgesellschaften die Gesteinsformationen sorgfältig studieren, bevor sie eine Bohrung ansetzen. Doch trotz der wissenschaftlichen Analysen stoßen sie bei sieben von acht Probebohrungen nicht auf Öl. Die Gesellschaften betreiben ihre Suche nach Öl beharrlich, bohren aber nicht ein einziges lächerliches tiefes Loch, sondern experimentieren mit einer neuen Bohrung, wenn die alte laut vernünftigem Urteil nichts erbringt.

Viele ehrgeizige Menschen gehen mit bewundernswerter Beharrlichkeit und Strebsamkeit durchs Leben und haben dennoch keinen Erfolg, weil sie nicht mit neuen Betrachtungsweisen und neuen Wegen experimentieren. Halten Sie an Ihrem Ziel fest. Gehen Sie beharrlich darauf zu. Aber rennen Sie nicht mit dem Kopf durch die Wand. Versuchen Sie, wenn Sie nicht weiterkommen, einen neuen Weg.

Ein Mensch, der die Beharrlichkeit zu seinen Eigenschaften zählt, besitzt daher ein wesentliches Erfolgsmerkmal. In den nächsten beiden Kapiteln finden sie Vorschläge, die geradezu prädestiniert sind für die stetige Entwicklung der Experimentierfreudigkeit, jenes Bestandteils, der zusammen mit der Beharrlichkeit zu Ergebnissen führt.

»Es gibt einen Weg!«

Gedanken wirken wie ein Magnet. Wenn Sie sich sagen: »Ich bin geschlagen, es gibt keinen Weg, um dieses Problem zu überwinden«, ziehen Sie negative Gedanken an, und jeder dieser Gedanken hilft Ihnen, sich zu überzeugen, daß Sie recht haben, daß Sie erledigt sind.

Glauben Sie jedoch: »Es gibt einen Weg zur Lösung dieses Problems«, dann kommen Ihnen positive Gedanken, die Ihnen helfen, eine Lösung zu finden.

Der Glaube, daß es einen Weg gibt, ist von größter Wichtigkeit.

Eheberater erzielen bei dem Versuch, eine Ehe zu retten, keine Erfolge, solange nicht wenigstens ein Ehepartner glaubt, daß es möglich ist, wieder eine glückliche Ehe zu führen.

Psychologen und Sozialarbeiter behaupten, daß ein Alkoholiker erst dann seine Krankheit besiegen kann, wenn *er selbst* daran glaubt.

Jedes Jahr werden zahllose neue Unternehmen gegründet. Fünf Jahre später bestehen von diesen nur noch wenige. Viele der gescheiterten Unternehmer sagen dann: »Die Konkurrenz war einfach zu groß, wir hatten keine andere Wahl, als aufzugeben.« Das wirkliche Problem ist, daß die meisten Menschen, wenn sie an jene Schranke stoßen, wo die Dinge schwierig zu werden beginnen, nur die Niederlage vor sich sehen. Deshalb gehen sie unter.

Wenn Sie glauben, *daß es einen Weg gibt,* wandeln Sie negative Energie (»Geben wir auf, machen wir einen Rückzieher«) in positive Energie um (»Machen wir weiter, gehen wir unerschütterlich vorwärts«).

Ein Problem wird nur unlösbar, wenn Sie es für unlösbar halten. Ziehen Sie Lösungen an, indem Sie *glauben,* daß es Lösungen gibt. Weigern Sie sich, lehnen Sie es strikt ab, auch nur zu sagen oder zu denken, eine Lösung sei unter diesen Umständen unmöglich.

Gewinnen Sie Abstand und beginnen Sie neu

Oft verbohren wir uns so in ein Problem, daß wir keine neuen Lösungen oder Wege mehr sehen.

Ein Ingenieur, den ich gut kenne, erhielt vor vielen Jahren den Auftrag, ein neues Gebäude, das zum größten Teil aus Aluminium bestehen sollte, zu konstruieren. Es handelte sich um etwas völlig Neuartiges, das es bis dahin noch nicht gegeben hatte. Ich traf den Ingenieur ein paar Tage später und fragte ihn, wie er mit seinem Gebäude vorwärtskomme.

»Nicht sehr gut«, antwortete er, »aber ich glaube den Grund zu wissen: Vermutlich war ich in letzter Zeit zu selten in meinem Garten. Wenn ich schwere, langwierige Konstruktionsprobleme habe, muß ich weg und neue Ideen in mich aufnehmen. Du wärst überrascht«, fügte er hinzu, »wie viele Konstruktionsideen mir kommen, wenn ich einfach neben einem Baum sitze und mit dem Schlauch den Rasen sprenge.«

Präsident Dwight D. Eisenhower wurde auf einer Pressekonferenz einmal gefragt, warum er an den Wochenenden so oft Urlaub mache. Seine Antwort ist ein guter Rat für alle, die ihre schöpferischen Fähigkeiten auf ein Höchstmaß steigern wollen. »Ich glaube nicht«, sagte Eisenhower, »daß ein Mensch, ob er nun die Geschicke von General Motors oder der Vereinigten Staaten von Amerika lenkt, sein Bestes leisten kann, wenn er einfach an einem Schreibtisch sitzt und das Gesicht hinter einem Stoß von Papieren verbirgt. Tatsächlich versuche ich, den Kopf von belanglosen Details frei zu haben, um somit wirklich wichtige Fragen überdenken zu können . . .«

Ein ehemaliger Kollege von mir macht mit seiner Frau jeden Monat regelmäßig drei Tage außerhalb der Stadt Urlaub. Er hat festgestellt, daß seine geistige Leistungsfähigkeit größer ist, wenn er auf diese Weise Abstand gewinnt.

Geben Sie, wenn Sie auf ein unerwartetes Hindernis stoßen,

nicht gleich auf. Gewinnen Sie vielmehr Abstand. Versuchen Sie irgend etwas Einfaches. Spielen Sie ein bißchen Musik, machen Sie einen Spaziergang oder vertreiben Sie sich die Zeit mit irgendeinem Hobby. Wenn Sie das Hindernis dann erneut angehen, finden Sie nicht selten die richtige Lösung.

Alles hat seine guten Seiten

Neulich aß ich in einem kleinen Restaurant, das sehr gut besucht war, allein zu Mittag. Ich konnte daher nicht umhin, das Gespräch zweier Männer mitzuhören, die am Nebentisch saßen.

»Harry, ich bin ziemlich ungehalten.«

»Was ist los, Bill?«

»Weißt du, gestern brachte Mary unsere kleine Linda zum Arzt, und heute früh holte ich mit seinem Rezept das Medikament. Sechzehn Dollar und dreiunddreißig Cents mußte ich bezahlen! Stell dir das vor! Es haut einen wirklich um, wenn man für ein paar Pillen soviel bezahlen muß.«

Bill bezichtigte Ärzte, Arzneimittelfirmen und Apotheker der Gaunerei und warf ihnen vor, die Wehrlosigkeit der Leute auszunutzen. Die Kosten für das Medikament hatten ihn zum Sieden gebracht.

Nach einer Weile schaltete sich Harry ein. Doch statt Bill beizupflichten, was die meisten Menschen in solchen Fällen tun, sagte Harry: »Schau, Bill, sechzehn Dollar und dreiunddreißig Cents sind wirklich viel Geld für ein Medikament. Aber versuche mal die gute Seite zu sehen. Sei froh, daß du das Geld hast. Sei froh, daß du Linda mit dem besten Medikament versorgen kannst, das es für Geld zu kaufen gibt! Sind ihre Gesundheit und ihr Glück nicht der Grund Nummer eins, aus dem du arbeitest? Wenn du heute nachmittag mit dem Medikament nach Hause kommst, dann klopfe dir auf die Schulter, weil du ein so ausgezeichneter, treusorgender Vater bist. Sei froh, daß du dich nicht mit weniger als dem Erstklassigen begnügen mußt.«

Das Gespräch der beiden Männer interessierte mich brennend. Ich bekenne, daß ich noch zweimal Kaffee bestellte – in der Hoffnung, den Ausgang mithören zu können.

Nach der Erörterung einiger Gesichtspunkte sagte Bill schließlich: »Harry, ich glaube, ich habe die Sache noch nie so gesehen. Aber du hast recht, ich sollte froh sein, daß ich meine Familie mit allem versorgen kann, was sie braucht. Ich sollte mir wirklich auf die Schulter klopfen, statt mir selber leid zu tun.«

Es macht sich bezahlt, wenn man an den ärgerlichen Dingen, die jeden Tag passieren, die gute Seite sieht. Oft hört man jemanden nach einem unangenehmen kleinen Erlebnis sagen: »Das verdirbt mir den ganzen Tag.« Doch das muß nicht sein!

Auch in großen Dingen macht es sich bezahlt, wenn man die gute Seite einer Sache sieht. Ein junger Mann schilderte mir, wie er sich nach dem Verlust seiner Arbeitsstelle darauf konzentriert hatte, die gute Seite an seiner Entlassung zu sehen: »Ich arbeitete in einem großen Kreditunternehmen. Eines Tages wurde ich Knall und Fall entlassen. In der Wirtschaft hatte eine Sparwelle eingesetzt, darum entließ meine Firma die Angestellten, die für sie ›am wenigsten wertvoll‹ waren.

Mein Posten war zwar nicht sehr gut von der Bezahlung her, aber im großen und ganzen konnte ich mit ihm zufrieden sein. Ich fühlte mich ein paar Stunden lang gräßlich, doch dann beschloß ich, es als Glück im Unglück zu betrachten, daß man mich gefeuert hatte. Im Grunde mochte ich meine Arbeit nicht, und wäre ich in der Firma geblieben, hätte ich es nie zu etwas gebracht. Jetzt hatte ich die Chance, mir eine Arbeit zu suchen, die mich wirklich interessierte. Es dauerte nicht lange, bis ich eine Stellung fand, die mir viel besser gefiel und die auch mehr einbrachte. Die Entlassung aus dem Kreditunternehmen war das Beste, was mir hatte passieren können.«

Denken Sie daran: Der Mensch sieht in jeder Situation, was er sehen will oder zu sehen erwartet. Betrachten Sie die gute Seite, und Sie verwandeln eine Niederlage in einen Sieg. Alle Dinge spielen zu Ihrem Wohle zusammen, wenn Sie nur einen klaren Blick für diese Dinge entwickeln.

Fünf hilfreiche Wegweiser

Der Unterschied zwischen Erfolg und Scheitern liegt in der Einstellung eines Menschen zu Rückschlägen, Hindernissen, Schwierigkeiten und anderen enttäuschenden Situationen.

1. Untersuchen Sie Niederlagen und ebnen Sie damit den Weg zum Erfolg. Lernen Sie aus einem Mißerfolg, den Sie erleiden, und beschließen Sie dann, das nächste Mal zu siegen.
2. Haben Sie den Mut, Ihr eigener konstruktiver Kritiker zu sein. Ermitteln Sie Ihre Fehler und Schwächen und merzen Sie sie aus. Dies macht Sie zu einem Profi.
3. Hören Sie auf, mangelndem Glück die Schuld in die Schuhe zu schieben. Erforschen Sie jeden Rückschlag. Finden Sie heraus, welche Ursache den Rückschlag auslöste. Denken Sie daran, wer eine Niederlage auf »Pech« zurückführt, hat noch nie erreicht, was er erreichen wollte.
4. Paaren Sie Beharrlichkeit mit Experimentierfreudigkeit. Halten Sie an Ihrem Ziel fest, aber rennen Sie nicht mit dem Kopf durch die Wand. Versuchen Sie neue Wege. Experimentieren Sie.
5. Vergessen Sie nie, daß alles eine gute Seite hat. Suchen Sie sie. Betrachten Sie die gute Seite einer Sache und vertreiben Sie so die Mutlosigkeit.

Kapitel 12

Wählen Sie Ziele, die Ihr Wachstum fördern

Wichtig ist, wohin man will

Alle menschlichen Fortschritte – unsere großen und kleinen Erfindungen, unsere medizinischen Entdeckungen, unsere technischen Triumphe, unsere geschäftlichen Erfolge – bestanden zuerst in der menschlichen Phantasie. Man kann auch sagen: Bevor ein »Etwas« Wirklichkeit wird, also real faßbar ist, besteht es zunächst einmal als »geistiges Bild«. Raumschiffe zum Beispiel umkreisen die Erde nicht, weil sie zufällig entdeckt wurden, sondern weil die Wissenschaftler sie sich irgendwann einmal »vorgestellt« haben und weil sie – und das kommt noch als äußerst wichtiger Faktor hinzu – ein Ziel »vor Augen« hatten: die »Eroberung« des Weltraums.

Ein Ziel ist ein Vorhaben, eine Erfüllung, etwas, das dem Leben Sinn gibt. Dem Ziel liegt sozusagen ein »konkreter Traum« zugrunde; ein Traum, der verwirklicht werden soll. Ein Ziel ist mehr als das unbestimmte: »Ich wünschte, ich könnte ...« Ein Ziel ist »das, worauf ich hinarbeite«.

Solange man sich kein Ziel gesetzt hat, geschieht nichts, werden keine Schritte nach vorn unternommen. Menschen, die kein Ziel haben, taumeln durchs Leben. Sie schwanken hin und her, wissen nicht, wohin sie wollen, und kommen deshalb auch nirgends hin.

Ziele sind für den Erfolg so unerläßlich wie die Luft zum Atmen. Niemand stolpert je ohne Ziel in den Erfolg, genau wie niemand ohne Luft atmet. Werden Sie sich also klar darüber, wohin Sie wollen.

Dave Mahoney zum Beispiel, der aus dem Postraum einer Werbeagentur, wo er fünfundzwanzig Dollar die Woche verdiente, mit siebenundzwanzig zum stellvertretenden Generaldirektor einer Werbeagentur aufstieg und mit dreiunddreißig

Generaldirektor einer großen Gesellschaft wurde, sagte einmal über Ziele: »Wichtig ist nicht, woher man kommt oder wo man steht, sondern wohin man will.«

Wichtig ist also nicht, woher man kommt oder wo man steht, sondern wohin man will.

Planen Sie für die Zukunft

Fortschrittliche Firmen planen für zehn bis fünfzehn Jahre voraus. Firmenmanager müssen die Frage beantworten: »Wo möchten wir mit unserer Firma heute in zehn Jahren stehen?« Dann leiten sie entsprechende Schritte ein. Neue Werksanlagen werden gebaut, und zwar nicht für den augenblicklichen Bedarf, sondern für die Produktionserfordernisse in fünf bis zehn Jahren. Forschungs- und Entwicklungsarbeiten werden durchgeführt, um Produkte zu gestalten, die in zehn oder mehr Jahren auf den Markt kommen sollen.

Moderne Firmen überlassen ihre Zukunft nicht dem Zufall. Sollten Sie das tun?

Jeder von uns kann sich an den nach vorn orientierten Firmen ein Beispiel nehmen und viel von ihnen lernen. Auch wir können und sollten zumindest für zehn Jahre vorausplanen. Sie müssen sich *jetzt* ein Bild von der Person schaffen, die Sie in zehn Jahren sein wollen, denn nur so werden Sie auch zu jener Person. Dieser Gedanke ist von entscheidender Bedeutung. Genau wie eine Firma, die nicht vorausplant, einfach eine unter vielen bleibt (wenn sie sich überhaupt hält), bleibt ein Mensch, der sich keine langfristigen Ziele setzt, nur einer unter den vielen, die sich im Auf und Ab des Lebens verlieren. Ohne Ziele können wir nicht wachsen.

An einem Beispiel möchte ich Ihnen veranschaulichen, warum wir langfristige Ziele brauchen, um wirklich erfolgreich zu sein. Vor einiger Zeit kam ein junger Mann, nennen wir ihn Bill, mit einem Problem zu mir. Bill machte einen angenehmen, intelligenten Eindruck. Er war unverheiratet und hatte vor vier Jahren sein Studium am College abgeschlossen.

Wir sprachen eine Zeitlang über seine augenblickliche Arbeit, seine Ausbildung, seine Fähigkeiten und sein Herkommen. Dann sagte ich: »Sie suchen also bei mir Rat im Hinblick auf einen Stellungswechsel. Was für eine Art Stellung möchten Sie haben?«

»Das ist es ja«, antwortete er, »gerade deshalb bin ich hier. Ich weiß nicht, was ich machen möchte.«

Sein Problem war keineswegs unüblich, aber ich erkannte, daß es dem jungen Mann nicht helfen würde, wenn ich für ihn einfach Gespräche mit mehreren in Frage kommenden Arbeitgebern arrangierte. Bei der Berufswahl ist es keine gute Technik, mehrere Jobs auszuprobieren und sich gegebenenfalls mehrmals zu irren. Die Chance, daß man unter den Dutzenden von möglichen Berufen so den richtigen findet, steht Dutzende zu eins. Ich mußte Bill zu der Einsicht bringen, daß er, bevor er einen beruflichen Weg einschlagen konnte, Klarheit darüber brauchte, wohin dieser Weg führen sollte.

Darum sagte ich: »Betrachten wir Ihren Karriereplan einmal von einem anderen Standpunkt. Beschreiben Sie mir bitte, wie Sie sich selbst in zehn Jahren sehen, welches Bild Sie für diese Zeit von sich haben.«

Bill überlegte eine Weile und antwortete schließlich: »Hm, ich denke, daß ich ungefähr das gleiche will wie alle anderen, also eine gute, einträgliche Stellung und ein schönes Heim. Ich habe, ehrlich gestanden, noch nie so recht darüber nachgedacht.«

Ich erklärte ihm, es sei allgemein üblich, nicht viel darüber nachzudenken, wo man in zehn Jahren stehen wolle. Aber seine Einstellung zur Berufswahl sei etwa so, als gehe er an den Schalter einer Fluggesellschaft und würde dort sagen: »Geben Sie mir ein Ticket.« Die Leute am Schalter könnten ihm erst ein Ticket verkaufen, wenn er ihnen ein Reiseziel nenne. Ohne diese Information könnten sie ihm nicht helfen. »Genauso kann ich Ihnen bei Ihrer Stellungssuche nicht helfen«, sagte ich, »solange ich nicht weiß, was Ihr Ziel ist. Und nur Sie können mir Ihr Ziel nennen.«

Dies rüttelte Bill wach; er begann zu denken. In den nächsten zwei Stunden sprachen wir nicht über die Vorteile bestimmter Berufe, sondern darüber, wie man sich Ziele setzt. Bill lernte, so glaube ich, die wichtigste Lektion für die Berufsplanung: *Bevor man losgeht, muß man wissen, wohin man will.*

Planen Sie voraus – genau wie fortschrittliche Firmen. In gewissem Sinne sind Sie eine Firma. Ihre Talente, Fertigkeiten und Fähigkeiten sind die Basis für Ihre »Produkte«. Diese Faktoren müssen Sie weiterentwickeln, damit Ihr zukünftiges Produkt Ihnen den höchstmöglichen Preis einbringt. Vorausplanung hilft Ihnen dabei.

Stellen Sie sich Ihre Zukunft in drei Abteilungen vor: Beruf, Familienleben, gesellschaftlicher Umgang. So bringen Sie nichts durcheinander; Sie vermeiden Konflikte und sehen das Gesamtbild besser. Geben Sie dann klare, präzise Antworten auf folgende Fragen: Was will ich mit meinem Leben bezwecken? Was will ich sein? Was brauche ich, um Zufriedenheit zu empfinden?

Der nachstehende Planungsführer soll Ihnen hierauf als Leitfaden dienen.

Ihre persönliche Zehnjahresplanung

1. *Beruf:*
   - ○ Welches Einkommen möchte ich erreichen?
   - ○ Welches Maß an Verantwortung strebe ich an?
   - ○ Wieviel Autorität möchte ich haben?
   - ○ Welches Ansehen soll mir mein Beruf eintragen?
2. *Familienleben:*
   - ○ Welchen Lebensstandard möchte ich für meine Familie und für mich schaffen?
   - ○ In was für einem Haus möchte ich wohnen?
   - ○ Wie sollen meine Ferien gestaltet sein?
   - ○ Welche finanzielle Unterstützung möchte ich meinen Kindern in ihren ersten Jahren als Erwachsene geben?
3. *Gesellschaftlicher Umgang:*
   - ○ Welche Art von Freunden will ich haben?
   - ○ Welchen Gesellschaftsgruppen möchte ich angehören?
   - ○ Welche öffentlichen Ämter möchte ich bekleiden?
   - ○ Welche gute Sache möchte ich unterstützen?

Peanuts »Hundehütte«

Vor ein paar Jahren bestand mein kleiner Sohn Dave darauf, daß wir beide eine Hundehütte für Peanut bauen sollten, eine kluge junge Hündin von zweifelhaftem Herkommen, die Daves ganzer

Stolz und ganze Freude war. Mit seiner Begeisterung und Hartnäckigkeit kriegte er mich herum, und wir machten uns daran, eine Hütte zu errichten, die Peanut ihr eigen nennen konnte. Unsere Talente als Zimmerleute waren gleich Null, und das Ergebnis sah entsprechend aus.

Kurz danach besuchte uns ein guter Freund, und als er unser Werk erblickte, fragte er: »Was habt ihr denn da hinten zwischen den Bäumen zusammengebastelt? Das soll doch keine Hundehütte sein, oder?« Ich antwortete, es sei eine. Er zählte nun einige der Fehler auf, die wir gemacht hatten, und faßte alle mit den Worten zusammen: »Warum habt ihr keinen Plan gemacht oder euch keinen besorgt? Niemand baut heutzutage irgend etwas ohne einen wohldurchdachten und genauen Plan.«

Machen Sie sich auch für Ihre Zukunft einen Plan. Und scheuen Sie sich nicht, hohe Ziele anzustreben. Der Mensch wird heute nach der Größe seiner Träume beurteilt. Niemand erreicht mehr, als er erstrebt. Stellen Sie sich darum eine großartige Zukunft vor.

Arbeiten Sie auf ein Ziel hin

Lesen Sie nun einen Auszug aus dem Lebensplan eines Mannes, der meine Schulungskurse besucht hat. Interessant ist, wie klar sich der Mann seine häusliche Zukunft vorstellte. Als er seinen Plan aufschrieb, sah er sich offenbar leibhaftig in der Zukunft.

»Mein Ziel auf dem Familiensektor ist ein eigener Besitz auf dem Land. Das Haus wird ein typisches Landhaus im Südstaatenstil sein: zwei Stockwerke, weiße Säulen und was sonst noch dazugehört. Wir werden unser Grundstück einzäunen lassen und vielleicht einen Fischteich oder zwei haben, weil meine Frau und ich gerne angeln. Wir werden den Zwinger für unseren Dobermann irgendwo hinter dem Haus errichten. Was ich mir immer gewünscht habe, ist eine lange, gewundene, auf beiden Seiten von Bäumen gesäumte Zufahrt.

Aber ein Haus ist nicht unbedingt ein Heim. Ich werde tun, was ich kann, um aus unserem Haus mehr zu machen als einen Ort, wo man ißt und schläft. Natürlich haben wir nicht die Absicht, aus unseren Plänen Gott wegzulassen. Wir werden während all der Jahre eine bestimmte Zeit mit kirchlichen Aktivitäten verbringen.

Heute in zehn Jahren möchte ich in der Lage sein, mit meiner Familie eine Weltreise zu machen. Ich würde die Reise gern unternehmen, bevor sich meine Familie durch Heiraten und so weiter in alle Winde zerstreut. Wenn wir keine Zeit haben, die Weltreise auf einmal zu machen, werden wir sie in vier oder fünf einzelne Urlaubsreisen aufteilen und jedes Jahr einen anderen Teil der Welt besuchen. Natürlich hängen alle diese Pläne in der Abteilung Familienleben davon ab, wie gut die Dinge in der Abteilung Beruf laufen. Ich werde also beruflich am Ball bleiben müssen, um das alles zu erreichen.«

Der Mann machte diesen Plan vor fünf Jahren. Damals besaß er zwei kleine Kaufhäuser für Billigwaren. Inzwischen hat er fünf. Und er hat für seinen Landsitz sieben Hektar Grund erworben. Er arbeitet auf sein Ziel hin und nähert sich ihm.

Setzen Sie Ihre Wünsche in Taten um

Die drei Abteilungen Ihres Lebens stehen in enger Wechselbeziehung. Jede hängt in gewissem Maße von den beiden anderen ab. Aber am meisten Einfluß auf die anderen beiden hat die Abteilung Beruf. Vor Jahrtausenden genoß unter den Höhlenmenschen jener das höchste Ansehen und führte das glücklichste Familienleben, der als Jäger am erfolgreichsten war. Generell gesprochen ist es heute nicht wesentlich anders. Von unseren Erfolgen im Beruf hängt es weitgehend ab, welchen Lebensstandard wir unseren Familien bieten können und welches gesellschaftliche und öffentliche Ansehen wir genießen.

Die McKinsey Foundation für Managementforschung führte vor nicht allzu langer Zeit eine umfassende Untersuchung durch, mit der ermittelt werden sollte, welche Qualitäten man haben muß, um Manager oder überhaupt eine Führungspersönlichkeit zu werden. Spitzenleute in der Geschäftswelt, der Industrie, der Regierung, der Wissenschaft und der Religion wurden befragt. Immer wieder erhielten die Forscher, obwohl sie sehr unterschiedlich vorgingen, eine Antwort: Die wichtigste Eigenschaft für eine Führungspersönlichkeit ist der *dringende Wunsch, das hohe Ziel, das man sich setzt, zu erreichen.*

Merken Sie sich daher einen sehr wichtigen Satz: »Ein Mensch schafft nicht viel, solange er von der Sache, für die er arbeitet, nicht ganz besessen ist.«

Ein Wunsch, den man in die Tat umsetzt, bringt *Stärke*. Wer nicht das tut, was er am liebsten tut, gleitet schnell ab.

Ich erinnere mich an ein Gespräch mit dem vielversprechenden jungen Redakteur einer Studentenzeitung. Der Bursche hatte Talent! Wenn jemand für den Journalistenberuf geeignet war, dann er. Kurz vor seinem Abschlußexamen fragte ich ihn: »Nun, Dan, was werden Sie anfangen, irgend etwas in Richtung Journalismus?« Dan schaute mich an und antwortete: »Lieber Himmel, nein! Ich schreibe sehr gern, arbeite auch sehr gern als Reporter, und die Arbeit an der Studentenzeitung hat mir eine Menge Spaß gemacht. Aber Journalisten gibt es wie Sand am Meer, und ich möchte nicht hungern.«

Fünf Jahre lang sah und hörte ich nichts von Dan. Dann traf ich ihn eines Abends zufällig in New Orleans. Dan war stellvertretender Personalchef einer Firma für Elektrotechnik. Er machte keinen Hehl daraus, daß ihn sein Beruf nicht befriedigte. »Oh, ich werde ziemlich gut bezahlt. Ich arbeite in einer großartigen Firma und habe eine relativ sichere Stellung. Aber ich bin nicht mit dem Herzen dabei. Ich wünschte jetzt, ich wäre nach dem Studium in einen Verlag oder zu einer Zeitung gegangen.«

Aus Dans Haltung sprachen Gleichgültigkeit und Langeweile. Über viele Dinge äußerte er sich sehr zynisch. Wirklich erfolgreich wird er erst sein, wenn er seine augenblickliche Stellung aufgibt und sich dem Journalismus zuwendet. Erfolg setzt voraus, daß man mit *ganzem Herzen* bei der Sache ist und sich voll einsetzt. Das kann man aber nur, wenn man etwas tut, woran man *wirklich* Freude hat.

Wäre Dan seinem Wunsch gefolgt, hätte er in irgendeinem Medienbereich zur Spitze aufsteigen können. Auf lange Sicht hätte er viel mehr verdient und viel größere persönliche Befriedigung empfunden als in seiner derzeitigen Stellung.

Wenn man mit der Art seiner jetzigen Arbeit nicht zufrieden ist, sollte man sich einen Beruf suchen, der einem Freude bereitet. Wenn man eine Tätigkeit gefunden hat, die einen voll auslastet, die einen befriedigt, dann wird man auch über kurz oder lang in der Lage sein, seine Vorstellungen, Wünsche und Ziele in die Tat umzusetzen.

Geben Sie Ihrem Herzenswunsch nach

Wir alle haben Wünsche. Wir alle träumen von dem, was wir gern tun würden. Doch nur wenige von uns geben ihren Wünschen wirklich nach. Statt daß wir unserem Herzenswunsch folgen, bringen wir ihn um. Fünf Waffen werden für den Erfolgsmord verwendet. Vernichten Sie diese Waffen, denn sie sind gefährlich.

○ *Selbsterniedrigung*. Immer wieder hört man Menschen sagen: »Ich wäre gern Arzt (selbständiger Kaufmann, Bankdirektor, Künstler), aber ich tauge nicht dafür. Mir fehlt der nötige Verstand. Ich würde scheitern, wenn ich es probierte. Ich habe keine entsprechende Ausbildung und keine Erfahrung.« Viele junge Leute bringen ihre Wünsche mit solch negativer Selbsterniedrigung um.

○ *Sicherheitsdrang*. Menschen, die sagen: »Dort, wo ich bin, ist mir Sicherheit gewährleistet«, ermorden ihre Träume mit dem Sicherheitsdrang.

○ *Konkurrenz*. Bemerkungen wie: »Diese Branche ist überlaufen« oder: »Die Bewerber treten sich in dem Bereich schon auf die Füße« lassen die gehegten Wünsche augenblicklich im Keim ersticken.

○ *Elterliches Diktat*. Ich habe zahllose junge Menschen im Hinblick auf ihre Berufswahl sagen hören: »Im Grunde möchte ich etwas völlig anderes machen, aber meine Eltern wünschen, daß ich diesen und keinen anderen Beruf ergreife, also muß ich es tun.« Die meisten Eltern diktieren nach meiner Ansicht ihren Kindern die Berufswahl nicht absichtlich. Alle intelligenten Eltern wollen, daß ihre Kinder ein erfolgreiches Leben führen. Wenn der junge Mensch geduldig erklärt, warum er einen anderen als den von den Eltern gewünschten beruflichen Weg einschlagen möchte, und wenn die Eltern geduldig zuhören, wird es keine Reibungen geben. Eltern und Kind haben für die berufliche Laufbahn des Kindes das gleiche Ziel: Erfolg.

○ *Verantwortung für die Familie*. Diese Wunschmordwaffe zeigt sich in der Haltung: »Es wäre gut gewesen, wenn ich mich vor fünf Jahren beruflich verändert hätte, aber jetzt habe ich Familie, darum geht es nicht mehr.«

Vernichten Sie derartige Mordwerkzeuge! Denken Sie daran, Sie schaffen es nur, Ihre ganze Stärke zu entfalten und »mit voller

Kraft voraus« zu gehen, wenn Sie das tun, was Sie tun *wollen*. Geben Sie Ihrem Wunsch nach, dann erlangen Sie Energie, Begeisterung, Schwung. Und sogar Ihre Gesundheit wird besser.

Es ist nie zu spät

Ein junger Bekannter von mir arbeitete als Ingenieur für die Regierung. Er war ziemlich unglücklich in seiner Stellung, denn dort konnte er die Konstruktionsarbeiten, die ihn am meisten interessierten, nicht ausführen. Er langweilte sich. Außerdem arbeitete er mit Ingenieuren zusammen, von denen einige doppelt so alt waren wie er und kaum mehr verdienten. Die Zukunft sah trist aus. Er hatte das Gefühl festzusitzen.

Die berufliche Enttäuschung zeigte sich in seinem ganzen Verhalten. Er war lustlos, schlapp, müde. Häufig klagte er über Unwohlsein. So oft wie möglich nahm er einen Tag frei.

Zum Glück fing er sich. Er beschloß: »Ich werde nicht die nächsten fünfunddreißig Jahre ein Dasein als Halbtoter führen. Ich werde mir eine Stellung bei einer privaten Konstruktionsfirma suchen, wo man mich mit Arbeiten von der Art betraut, die ich am liebsten erledige, und wo ich die Chance habe, so weit zu kommen, wie meine Fähigkeiten und mein Schwung mich tragen.«

Die berufliche Veränderung zog sofort andere Veränderungen nach sich. Der junge Mann, der sich oft darüber beschwert hatte, daß er pro Woche fast vierzig Stunden arbeiten müsse, arbeitete jetzt siebzig Stunden, und das gern! Er aß besser, schlief besser, fühlte sich besser. Er hatte ein Ziel, und das Ziel erfüllte ihn mit Energie.

Richten Sie den Blick auf Ihr Ziel

Die überwältigende Mehrheit der wirklich erfolgreichen Menschen arbeitet viel länger als vierzig Stunden in der Woche. Und man hört diese Erfolgreichen über ihre Mehrarbeit nie klagen. Das Wort »überarbeitet« scheint in ihrem Sprachschatz nicht vorhanden zu sein. Erfolgreiche Menschen haben den Blick auf ihr Ziel gerichtet, und dies verleiht ihnen Energie.

Der springende Punkt ist, daß Ihre Energie um ein Vielfaches zunimmt, wenn Sie sich ein Wunschziel setzen und beschließen, auf dieses Ziel hinzuarbeiten. Millionen Menschen könnten neue Energie finden, indem sie sich ein Ziel setzen und alles geben würden, was in ihren Kräften steht, um es zu erreichen. Ziele befreien von Langeweile. Ziele heilen sogar viele chronische Leiden.

Untersuchen wir die Kraft von Zielen ein bißchen gründlicher. Wenn Sie Ihren Wünschen nachgeben, wenn Sie sich von einem Ziel begeistern lassen und davon besessen sind, erhalten Sie soviel Schwung, physische Kraft und Energie, wie Sie brauchen, um Ihr Ziel zu erreichen. Darüber hinaus erhalten Sie noch etwas anderes, nicht weniger Wertvolles: eine »zielsichere Automatik«, die Sie auf direktem Weg zu Ihrem Ziel lenkt.

Das erstaunliche an einem voll Begeisterung angestrebten Ziel ist, daß es einen »auf Kurs« hält und gewissermaßen anzieht. Das ist kein leeres Gerede. Folgendes findet statt: Wenn Sie sich Ihrem Wunschziel hingeben, dringt dieses Ziel in Ihr Unterbewußtsein ein. Ihr Unterbewußtsein ist immer im Gleichgewicht. Ihr Bewußtsein ist dies nicht, außer es steht im Einklang mit dem, was in Ihrem Unterbewußtsein verankert ist. Ohne volle Mitarbeit des Unterbewußtseins ist der Mensch zögerlich, unsicher, unentschlossen. Wenn nun Ihr Ziel von Ihrem Unterbewußtsein aufgenommen worden ist, reagieren Sie automatisch richtig. Das Bewußtsein ist frei für klares, zielgerichtetes Denken.

Die (erfundene) Geschichte von Tom und Jack

Lassen Sie mich dies an zwei Personen veranschaulichen, die erfunden sind, in denen Sie aber bestimmt einige Ihrer Bekannten erkennen. Wir wollen die beiden Tom und Jack nennen. Die Herren lassen sich in jeder Hinsicht vergleichen, nur in einer nicht: Tom hat ein festes Ziel, Jack dagegen nicht. Tom hat ein ganz klares Bild von sich selbst in zehn Jahren: Er sieht sich als stellvertretenden Generaldirektor einer Firma.

Weil Tom sich seinem Ziel verschrieben hat, signalisiert es ihm durch das Unterbewußtsein: »Tue dies.« Oder: »Tu das nicht, es wird dich nicht dorthin bringen, wohin du willst.« Das Ziel spricht ständig: »Ich bin das Vorstellungsbild, das du verwirklichen willst. Du mußt so handeln, um mich zu verwirklichen.«

Tom wird von seinem Ziel nicht etwa mit unbestimmten, allgemeinen Redensarten gelenkt. Es gibt ihm vielmehr genaue Anweisungen für alle seine Aktivitäten. Wenn Tom einen Anzug kauft, »spricht« sein Ziel und sagt ihm, welche Wahl die richtige ist. Das Ziel zeigt Tom, welche Schritte er unternehmen muß, um in die nächsthöhere Position aufzusteigen, was er in einer geschäftlichen Konferenz vorbringen muß, was er tun muß, wenn ein Konflikt entsteht, was er lesen und welchen Standpunkt er vertreten muß. Sollte Tom vom Kurs abkommen, alarmiert ihn die in seinem Unterbewußtsein fest installierte »zielsichere Automatik« und zeigt ihm, wie er wieder auf Kurs kommt.

Dank seines Ziels ist Tom hochgradig empfindlich für die vielen Kräfte geworden, die ihn beeinflussen.

Jack dagegen hat kein Ziel, darum fehlt ihm auch eine »zielsichere Automatik«, die ihn führen würde. Er ist schnell verunsichert. In seinem Handeln ist keinerlei Zweckmäßigkeit oder persönliche Taktik zu erkennen. Jack schwankt, ist unschlüssig, überlegt hin und her, was er tun soll. Weil er kein festes Ziel anstrebt, gerät er auf die ausgefahrene Straße zur Mittelmäßigkeit.

Darf ich Ihnen empfehlen, das obige Beispiel gleich noch einmal zu lesen? Nehmen Sie den darin enthaltenen Grundgedanken ganz in sich auf und schauen Sie sich dann unter Ihren Mitmenschen um. Studieren Sie die allererste Garnitur erfolgreicher Personen. Beachten Sie, daß diese Menschen sich ausnahmslos ihrem Ziel ganz hingeben. Sehen Sie sich an, zu welch vollkommener Einheit das Leben und das Ziel erfolgreicher Menschen verschmelzen.

Verschreiben Sie sich Ihrem Ziel, und zwar voll und ganz. Lassen Sie es in Ihr Unterbewußtsein dringen und somit die »zielsichere Automatik« arbeiten, die Sie brauchen, um Ihr angestrebtes Ziel zu erreichen.

Eine wichtige Erkenntnis

Wir alle sind gelegentlich schon morgens aufgewacht, ohne feste Pläne zu haben. An einem solchen Tag bringen wir so gut wie nichts fertig, wir treiben ziellos dahin und sind froh, wenn er endlich vorbei ist. Doch wenn wir Pläne haben, schaffen wir an einem Tag sehr viel.

Aus dieser Erfahrung können wir eine wichtige Erkenntnis ziehen: *Um etwas zu schaffen, müssen wir planen, etwas zu schaffen.*

Setzen Sie sich also Ziele, damit Sie etwas schaffen.

Unser riesiges Produktionssystem würde hoffnungslos durcheinandergeraten, wenn sich die Fertigungsleiter nicht an Produktionspläne und Termine hielten. Die Verkaufsleiter wissen, daß Vertreter mehr verkaufen, wenn man ihnen eine bestimmte Quote vorschreibt. Professoren wissen, daß Studenten Semesterarbeiten rechtzeitig schreiben, wenn man ihnen einen Ablieferungstermin nennt.

Setzen Sie sich bei Ihrem Erfolgsstreben also Ziele in Form von Terminen, Fristen, selbstauferlegten Quoten. Sie werden nur das erreichen, das Sie zu erreichen planen.

Und noch etwas: Wir erreichen selten mehr, als wir uns vornehmen.

Wie Ziele Ihr Leben verlängern können

Laut Dr. George E. Burch von der Medizinischen Fakultät der Tulane University, einem Fachmann für die Untersuchung der Langlebigkeit des Menschen, bestimmen viele Faktoren die Lebenszeit eines Menschen: Gewicht, Erbe, Ernährung, psychische Spannung und persönliche Gewohnheiten. Doch Dr. Burch sagt: »Der schnellste Weg zum Ende ist, in den Ruhestand zu treten und nichts zu tun. Jeder Mensch muß Interesse am Leben haben, um am Leben zu bleiben.«

Jeder von uns kann selbst entscheiden, ob der Ruhestand für ihn einen Anfang oder das Ende bedeutet. Die Haltung, nichts zu tun, als zu essen, zu schlafen und im Schaukelstuhl zu sitzen, ist eine Ruhestandsform, die einem schnell wirkenden Gift gleichkommt. Viele Menschen, die den Ruhestand als Ende eines sinnvollen Lebens ansehen, müssen bald die Erfahrung machen, daß ein solcher Ruhestand das Ende des Lebens selbst ist. Ohne Lebensinhalt, ohne Ziele siechen die Menschen dahin.

Die vernünftige Art, in den Ruhestand zu treten, dokumentiert sich in der Haltung: »Ich werde mir eine schöne Beschäftigung suchen und mich tüchtig ins Zeug legen.« Einer meiner besten Freunde, Lew Gordon, entschied sich für diese Form des »Ruhestands«. Seine Pensionierung als Vizepräsident der größten Bank von Atlanta war für ihn ein neuer Anfang. Er begann damals, es ist mehrere Jahre her, als kaufmännischer Berater zu arbeiten, und kam geradezu verblüffend voran.

Heute, wo er auf die Siebzig zugeht, hat er zahlreiche zufriedene Kunden und ist im ganzen Land als Redner gefragt. Ein besonderes Anliegen ist ihm der Aufbau und die Förderung einer jungen, aber schnell wachsenden Vereinigung von Handelsvertretern und Verkaufsleitern. Jedesmal, wenn ich Lew sehe, wirkt er jünger. Er hat die geistige Frische eines Dreißigjährigen. Ich kenne wenige Menschen, gleichgültig welchen Alters, die zum Ende ihres Lebens hin mehr ernten als dieser alte Herr, der beschlossen hat, sich nicht auf seinen Lorbeeren auszuruhen.

Lew Gordon und seinesgleichen sind keine langweiligen alten Griesgrame, die sich selbst leid tun, weil sie alt sind.

Ziele, leidenschaftlich angestrebte Ziele, können sogar einen todkranken Menschen am Leben erhalten. Bei Farah, der Mutter eines Studienfreundes von mir, hatten die Ärzte Krebs festgestellt, als ihr Sohn gerade zwei Jahre alt war. Zu allem Übel war ihr Mann drei Monate vor der Diagnostizierung ihrer Krankheit gestorben.

Die Ärzte konnten ihr nur wenig Hoffnung machen. Aber Farah hatte nicht aufgegeben. Sie war entschlossen gewesen, am Leben zu bleiben, bis ihr zweijähriger Sohn sein Studium absolviert hatte. Das Studium wollte sie ihm ermöglichen, indem sie das kleine Einzelhandelsgeschäft ihres verstorbenen Mannes weiterführte. Sie wurde mehrmals operiert, und jedesmal sagten die Ärztc: »Nur noch cin paar Monatc.«

Der Krebs konnte nicht geheilt werden, doch die »paar Monate« dehnten sich zu zwanzig Jahren aus. Farah erlebte noch die Promotionsfeier ihres Sohnes. Sechs Wochen später war sie tot.

Ein Ziel, ein brennender Wunsch hatte ihr die Kraft verliehen, den sicheren Tod um *zwei Jahrzehnte* hinauszuschieben.

Setzen Sie sich Ziele, damit Sie länger leben. Keine Medizin auf der Welt – das wird Ihr Arzt bestätigen – hat solche lebensverlängernde Wirkung wie *der intensive Wunsch, etwas zu tun.*

Das Prinzip der nächsten Meile

Ein Mensch, der größtmögliche Erfolge anstrebt, lernt das Prinzip kennen, daß *Fortschritt immer nur schrittweise* erfolgt. Ein Haus wird schrittweise gebaut, Ziegel um Ziegel. Eine Fußballmeisterschaft wird schrittweise gewonnen, Spiel für Spiel. Ein Warenhaus steigert seinen Umsatz schrittweise, und zwar mit jedem neuen Kunden. Jede große Leistung besteht aus vielen kleinen Leistungen. Und: Die Verwirklichung eines großen Zieles »braucht« seine Zeit. So hat beispielsweise Goethe bis zu dem – ihn befriedigenden – Abschluß des »Faust«, eines der bedeutendsten Dramen der Weltliteratur, nahezu sechzig Jahre benötigt. Das ist fast ein ganzes Menschenleben.

Eric Sevareid, ein bekannter Autor und Korrespondent, berichtete vor Jahren einmal, daß die nützlichste Erkenntnis, die er je erfahren hatte, im *Prinzip der nächsten Meile* enthalten sei.

»Im Zweiten Weltkrieg mußte ich mit mehreren Kameraden über dem gebirgigen Dschungel an der burmesisch-indischen Grenze aus einem angeschossenen Armeeflugzeug abspringen. Eine Entsatzexpedition konnte uns frühestens in ein paar Wochen erreichen. Und so begannen wir den mühsamen, schleppenden Marsch nach Indien. Vor uns lag eine Strecke von einhundertvierzig Meilen – über Berge, im August und bei Monsunregen.

In der ersten Marschstunde rammte ich mir einen Stiefelnagel tief in den Fuß. Am Abend hatte ich an beiden Füßen blutende Blasen von der Größe einer Fünfzig-Cent-Münze. Konnte ich einhundertvierzig Meilen weit humpeln? Konnten die anderen, von denen einige in schlechterer Verfassung waren als ich, eine solche Entfernung bewältigen? Wir waren überzeugt, es nicht zu können. Aber wir *konnten* auf den nächsten Hügelkamm humpeln, wir *konnten* uns bis zum nächsten freundlich gesinnten Dorf schleppen und dort über Nacht bleiben.«

Als ich meine Stellung und mein sicheres Einkommen aufgab, um ein Buch von fünfhundert Seiten zu schreiben, ertrug ich es nicht, mir die Aufgabe in seinem ganzen Ausmaß vorzustellen. Ich hätte zweifellos aufgegeben und das Vorhaben, das heute die Quelle meines größten beruflichen Stolzes ist, nicht in die Tat umgesetzt. Ich versuchte also, immer nur an den nächsten Absatz zu denken, nicht an die nächste Seite und ganz bestimmt nicht an das nächste Kapitel. Sechs lange Monate hindurch tat ich nichts, als einen Absatz nach dem anderen zu Papier zu bringen. Das Buch »schrieb sich selbst«.

Vor Jahren übernahm ich die Aufgabe, für eine Hörfunksendung täglich einen Text zu schreiben und zu sprechen. Inzwischen habe ich wohl an die zweitausend Manuskripte verfaßt. Hätte man mich damals aufgefordert, einen Vertrag zu unterzeichnen, demzufolge ich »zweitausend Manuskripte schreiben« sollte, hätte ich abgelehnt – aus Verzweiflung über dieses gewaltige Unternehmen. Aber man verlangte immer nur einen Text von mir, den »nächsten«, und ich habe immer nur den »nächsten« geschrieben.

Das »Prinzip der nächsten Meile« funktionierte bei Eric Sevareid, es funktionierte bei mir, und es funktioniert auch bei Ihnen.

Man erreicht jedes Ziel nur mit einer Schritt-für-Schritt-Methode. Ein angehender leitender Angestellter sollte jede Aufgabe, und erscheint sie ihm noch so unwichtig, als Gelegenheit zu einem Schritt nach vorn ansehen. Ein Vertreter qualifiziert sich mit jedem Verkauf ein bißchen mehr für einen Posten im Management.

Die Chance zu einem Schritt vorwärts, einem Schritt näher zum großen Ziel bietet dem Geistlichen jede Predigt, dem Professor jede Vorlesung, dem Wissenschaftler jedes Experiment und dem Geschäftsführer jede Konferenz.

Manchmal sieht es so aus, als habe jemand urplötzlich Erfolg. Doch wenn man der Sache auf den Grund geht und den Werdegang jener Menschen untersucht, die scheinbar unvermittelt an die Spitze gekommen sind, stellt man fest, daß sie viel Vorarbeit geleistet und ein solides Fundament gelegt haben. Jene »erfolgreichen« Leute dagegen, deren Stern so schnell verblaßt, wie er aufging, sind schlicht und einfach Schwindler, die von keiner Basis, von keinem Fundament ihre »Erfolge« aufgebaut haben.

Ein schönes Gebäude wird aus Ziegelsteinen errichtet, von denen jeder einzelne unbedeutend erscheint, und in ähnlicher Weise baut man ein erfolgreiches Leben auf.

Beginnen Sie also auf Ihr großes Ziel zuzugehen, indem Sie Ihre nächste Aufgabe, und mag sie noch so unwichtig erscheinen, als einen Schritt in die richtige Richtung betrachten. Unter diesen Aspekten ist die nachstehende Frage ein äußerst wichtiger Faktor im Hinblick auf Ihren zielorientierten Weg: *»Hilft mir dies, dorthin zu kommen, wohin ich will?«* Fällt die Antwort negativ aus, dann sollten Sie schleunigst von Ihrem Vorhaben abrücken; ist sie jedoch positiv, so sollten Sie all Ihre Energie aufwenden, um Ihren Plan zielstrebig zu verwirklichen.

Wir kommen erwiesenermaßen nicht mit einem einzigen großen Satz zum Erfolg, sondern Schritt für Schritt. Ein ausgezeichneter Plan ist, sich monatliche Leistungsquoten zu setzen.

Prüfen Sie sich selbst. Stellen Sie fest, welche spezifischen Dinge Sie tun sollten, um erfolgreicher zu werden. Benutzen Sie die folgende Aufstellung als Leitfaden. Sie finden dort einige spezifische Vorschläge. Notieren Sie unter jeder Überschrift die Dinge, die Sie in den nächsten dreißig Tagen tun werden. Kontrollieren Sie nach Ablauf der dreißig Tage Ihre Fortschritte und setzen Sie sich ein neues Ziel für die nächsten dreißig Tage. Arbeiten Sie immer an den kleinen Dingen, damit Sie für die großen gerüstet sind.

Ihr dreißigtägiger Fortschrittsführer

Zwischen heute und dem ... werde ich

1. folgende Angewohnheiten ablegen:
   - ○ Dinge auf die lange Bank zu schieben,
   - ○ meine negative Sprache,
   - ○ mehr als eine Stunde täglich fernzusehen,
   - ○ Klatsch;
2. mir Folgendes angewöhnen:
   - ○ eine strenge Prüfung meines Aussehens am Morgen,
   - ○ die Arbeit eines jeden Tages am Vorabend zu planen,
   - ○ den Leuten bei jeder passenden Gelegenheit Komplimente zu machen;
3. meinen Wert für meine Arbeitgeber steigern, indem ich:
   - ○ die Leistungsfähigkeit meiner Untergebenen besser zur Entfaltung bringe,
   - ○ mich genauer über meine Firma informiere, über ihre Ziele und ihre Kunden,
   - ○ drei Vorschläge mache, die meiner Firma nützen.

4. meinen Wert zu Hause steigern, indem ich:
   - ○ dankbarer für die kleinen Dinge bin, die mein Ehepartner für mich tut und die ich bisher als selbstverständlich angesehen habe,
   - ○ einmal in der Woche etwas Besonderes mit meiner ganzen Familie unternehme,
   - ○ jeden Tag eine ganze Stunde meiner Familie ungeteilte Aufmerksamkeit widme.
5. meinen Verstand schärfen, indem ich:
   - ○ jede Woche zwei Stunden mit der Lektüre von Fachzeitschriften aus meinem Gebiet zubringe,
   - ○ ein Selbsthilfebuch lese,
   - ○ wenigstens eine neue Bekanntschaft knüpfe,
   - ○ täglich eine halbe Stunde mit ruhigem, ungestörtem Nachdenken verbringe.

Auch Umwege führen zum Ziel

Wenn Ihnen das nächste Mal ein besonders gesetzter, gepflegter, scharfsinniger, erfolgreicher Mensch begegnet, sollten Sie daran denken, daß er nicht so auf die Welt gekommen ist. Viele bewußte Bemühungen, Tag für Tag unternommen, machten ihn zu dem, was er ist. Die Aneignung neuer positiver Gewohnheiten und das Ablegen alter negativer Eigenarten sind ein schrittweiser, tagtäglicher Prozeß.

Stellen Sie Ihren ersten dreißigtägigen Fortschrittsführer jetzt gleich auf.

Wenn ich das Thema erörtere, daß man sich Ziele setzen muß, bringt häufig jemand das Argument vor: »Ich sehe ein, daß es wichtig ist, auf ein Ziel hinzuarbeiten, aber mir passieren andauernd Dinge, die meine Pläne über den Haufen werfen.«

Es ist richtig, daß viele Faktoren, die außerhalb Ihrer Kontrolle liegen, Ihr Vorhaben beeinflussen können. Beispielsweise kann es vorkommen, daß in Ihrer Familie jemand ernstlich erkrankt, daß die Position, die Sie anstreben, aufgelöst wird, daß Sie einen Unfall erleiden. Darum ist von besonderer Bedeutung ein Punkt. Ihn gilt es, sich fest einzuprägen: *Bereiten Sie sich darauf vor, Umleitungen einzuplanen und zu bewältigen.*

Wenn Sie auf einer Straße fahren und an eine Absperrung kommen, schlagen Sie dort kein Lager auf und kehren auch nicht nach Hause zurück. Die Absperrung bedeutet lediglich, daß Sie Ihren Bestimmungsort nicht auf dem vorgesehenen Weg erreichen können. Sie fahren eine Umleitung und gelangen nach einem kleinen Umweg an Ihr Ziel.

Ein militärischer Befehlshaber geht im Grunde genommen nicht anders vor. Wenn er einen Generalplan zur Einnahme eines Hindernisses aufstellt, arbeitet er immer auch Alternativpläne aus. Falls etwas Unvorhergesehenes passiert, das Plan A umstößt, schaltet er auf Plan B um.

Bei einem Flug brauchen Sie sich keine Sorgen zu machen, wenn der Flugplatz, auf dem Sie landen wollten, geschlossen sein sollte. Sie wissen, daß dem Piloten Ausweichflugplätze zur Verfügung stehen und daß er immer Kraftstoff in Reserve hat.

Nur sehr selten erringt jemand bedeutende Erfolge, ohne Umwege machen zu müssen. Gewöhnlich sind viele nötig.

Wenn wir einen Umweg machen, müssen wir unsere Ziele keineswegs ändern. Wir streben sie nur auf anderen Wegen an.

Investieren Sie ...

Oft hört man jemanden sagen: »Herrje, ich wünschte, ich hätte damals diese und jene Aktien gekauft. Ich hätte heute eine Menge Geld.«

Normalerweise denken Menschen, wenn sie investieren wollen, nur an Aktien, Pfandbriefe, Immobilien oder andere Besitztümer. Die größte und lohnendste Investition ist jedoch die *Investition in sich selbst,* der Erwerb von Dingen, die unsere geistig-seelische Kraft und unser Leistungsvermögen steigern.

Jede fortschrittliche Firma weiß, daß ihre Situation in fünf Jahren von den Investitionen abhängt, die sie im laufenden Jahr tätigt. Gewinne fließen aus einer einzigen Quelle: Investitionen.

Daraus können wir eine wichtige Erkenntnis ableiten: Um in den kommenden Jahren »Gewinn« zu machen, um zusätzlich zum »normalen Einkommen« einen »Sonderbonus« zu erzielen, müssen wir in uns selbst etwas investieren. Wir *müssen* investieren, wenn wir unsere Ziele erreichen wollen.

... in Ihre Ausbildung ...

Eine gute Ausbildung oder Bildung ist die beste Investition, die wir tätigen können. Freilich müssen wir uns zuerst einmal klarmachen, was Bildung wirklich ist. Manche Menschen messen Bildung an der Zahl der Jahre, die jemand in der Schule verbracht hat, oder an der Zahl der erworbenen Zeugnisse, Diplome und akademischen Grade. Doch eine Ansammlung solcher Bildungsnachweise ist nicht unbedingt ein Beweis für echte Bildung. Ralph J. Cordiner, Vorsitzender eines bedeutenden Unternehmens, legte vor Jahren einmal die Auffassung dar, die die Firmenleitung von »Bildung« vertritt: »Zwei unserer herausragendsten Präsidenten, Mister Wilson und Mister Coffin, hatten keine Gelegenheit, ein College zu besuchen. Unter unseren derzeitigen Vorstandsmitgliedern sind zwar einige Doktoren, aber von den einundvierzig Herren haben zwölf keinen College-Abschluß. Wir sind an Kompetenz interessiert, nicht an Diplomen.«

Ein Diplom oder ein akademischer Grad helfen Ihnen vielleicht, eine Stellung zu bekommen, garantieren Ihnen aber keine beruflichen Fortschritte. Die Firmenleitung ist »an Kompetenz interessiert, nicht an Diplomen«.

Für andere bedeutet Bildung jene Menge an Informationen, die ein Mensch in seinem Gehirn gespeichert hat. Die Bildungsmethode des Aufsaugens von Fakten bringt Sie jedoch nicht weiter. Heute verläßt man sich immer mehr auf Bücher, Akten und Computer, um Informationen zu speichern. Wenn wir nur das beherrschen, was eine Maschine auch kann, sind wir in einer üblen Lage.

Echte Bildung, also eine Bildung, die eine lohnende Investition darstellt, schult und entwickelt Ihren Verstand. Wie gebildet ein Mensch ist, läßt sich daran messen, wie gut sein Verstand entwickelt ist – kurz: wie gut er denken kann.

Alles, was die Denkfähigkeit verbessert, ist echte Bildung. Und diese Bildung können Sie auf vielen Wegen erlangen. Wenn ein Studium für Sie nicht in Frage kommt, können Sie eine der vielen heute gebotenen Möglichkeiten zur Weiterbildung nutzen: Volkshochschulen, Abendkurse, Telekurse ... Solche Chancen zur Fortbildung werden oft von Personen wahrgenommen, die bereits verantwortungsvolle Positionen bekleiden. Den Abendkurs, welchen ich vor kurzem abhielt, besuchten unter anderem der Besitzer einer aus zwölf Geschäften bestehenden Ladenkette, zwei Einkäufer einer riesigen Vertriebsfirma für Lebensmittelerzeugnisse, vier Diplomingenieure und ein Luftwaffenoberst.

Viele Menschen erwerben heutzutage in Abendkursen Diplome, doch ihnen geht es nicht in erster Linie um das Diplom, das letztendlich nur ein Stück Papier ist. Sie nehmen an einem Kurs teil, um ihren Verstand zu schulen, um neue Denkansätze kennenzulernen, um sich mit anderen Meinungen auseinanderzusetzen, um in Diskussionen Problemfälle zu lösen, kurz: um andere Gesichtspunkte, Ideen aufzunehmen und eigene zu entwickeln. Eine so geartete Investition in eine bessere Zukunft lohnt sich natürlich.

Bildung ist in der Tat ein gutes Geschäft. Für relativ geringe Kosten können Sie ein ganzes Jahr lang »die Schulbank drücken«. Und wenn Sie dann ausrechnen, in welchem Verhältnis die Schulgebühren zu Ihrem Gesamteinkommen stehen, können Sie sich getrost die Frage stellen: »Ist meine Zukunft diese kleine Investition nicht wert?«

. . . und in »Ideenauslöser«

Bildung hilft Ihnen, Ihren Verstand zu formen, auszuweiten und so zu schulen, daß er neue Situationen meistert und Probleme löst. Ideenauslöser dienen einem ähnlichen Zweck, sie speisen Ihren Verstand und liefern Ihnen konstruktives Material zum Nachdenken.

Wo finden sich die besten Quellen für Ideenauslöser? Es gibt viele, doch wenn Sie sich eine stetige Versorgung mit hochklassigem Ideenmaterial sichern wollen, sollten Sie vielleicht beschließen, jeden Monat mindestens ein anregendes Buch zu kaufen und zwei ideenträchtige Zeitschriften oder Fachjournale zu abonnieren. Für geringe Kosten und ohne großen Zeitaufwand können Sie sich auf die besten Denker unserer Erdkugel einstimmen.

Beim Mittagessen hörte ich neulich am Nebentisch einen Mann sagen: »Es kostet mehr als zwanzig Dollar im Jahr. Ich kann es mir einfach nicht leisten, das ›Wall-Street-Journal‹ zu abonnieren.« Sein Nachbar, der offensichtlich stärker an Erfolg interessiert war, erwiderte: »Und ich habe festgestellt, daß ich es mir nicht leisten kann, es *nicht* zu abonnieren.«

Nehmen Sie sich auch hier ein Beispiel am Erfolgsmenschen. Investieren Sie in sich selbst.

Das Konzept zur Förderung Ihres Wachstums

1. Machen Sie sich eine klare Vorstellung von dem, was Sie anstreben, ein genaues Bild von sich selbst in zehn Jahren.
2. Stellen Sie einen schriftlichen Zehnjahresplan auf. Ihr Leben ist zu wichtig, als daß Sie es dem Zufall überlassen sollten. Bringen Sie zu Papier, was Sie in Ihrem beruflichen, familiären und gesellschaftlichen Leben erreichen wollen.
3. Geben Sie Ihren Wünschen nach. Setzen Sie sich Ziele, damit Sie mehr Energie bekommen, um diese Ziele zu erreichen. Setzen Sie sich Ziele und entdecken Sie, was echte Lebensfreude ist.
4. Lassen Sie Ihr Hauptziel zur Ihrer »zielsicheren Automatik« werden. Wenn Sie sich Ihrem Ziel ganz verschreiben, treffen Sie automatisch richtige Entscheidungen, die Sie zu Ihrem Ziel führen.
5. Streben Sie Ihr Ziel schrittweise an. Betrachten Sie jede Arbeit, so unbedeutend sie Ihnen auch erscheinen mag, als einen wichtigen Schritt zur Erreichung Ihres Ziels.
6. Setzen Sie sich monatliche Leistungsquoten. Erstellen Sie Ihren dreißigtägigen Fortschrittsführer.
7. Planen Sie Umwege ein und bewältigen Sie diese dann. Ein Umweg bedeutet lediglich, daß man das Ziel auf anderen Wegen ansteuert. Er sollte nie Anlaß sein, das Ziel aufzugeben.
8. Investieren Sie in sich selbst. Erwerben Sie Dinge, die Ihre geistig-seelische Kraft und Ihr Leistungsvermögen steigern. Investieren Sie in Ihre Bildung und in Ideenauslöser.

Kapitel 13

Lernen Sie denken wie eine Führungspersönlichkeit

Vier erfolgbringende Prinzipien

Rufen Sie sich ins Gedächtnis, daß Sie nicht von oben auf eine höhere Erfolgsebene gezogen werden, sondern daß die Menschen, die neben und unter Ihnen arbeiten, Sie »hinaufheben«.

Wer hochgradigen Erfolg erzielen will, braucht die Unterstützung und Mitarbeit anderer Menschen. Wer diese Unterstützung und Mitarbeit gewinnen will, braucht Führungsqualitäten. Erfolg und die Fähigkeit, andere zu lenken – das heißt, sie so zu führen, daß sie Dinge tun, die sie ohne Anleitung nicht tun würden –, gehen Hand in Hand.

Die erfolgbringenden Prinzipien, die in den vorausgegangenen Kapiteln behandelt wurden, sind ein wertvolles Rüstzeug für Sie und helfen Ihnen, Ihre Persönlichkeit zu entwickeln. An diesem Punkt nun stelle ich Ihnen vier spezielle Führungsregeln oder -prinzipien vor, die in der Chefetage, im Geschäft, im Gesellschaftsklub, zu Hause und überall sonst, wo Menschen sind, andere veranlassen, mit Ihnen zusammenzuarbeiten.

Diese vier Führungsregeln oder -prinzipien lauten:

- Versetzen Sie sich gedanklich in die Menschen, die für Sie wichtig sind.
- Seien Sie menschlich.
- Denken Sie fortschrittlich.
- Gehen Sie mit sich zu Rate.

Sehen wir uns an, wie man die Regeln am besten in die Praxis umsetzt.

Erstes Prinzip: Versetzen Sie sich in die Menschen, die für Sie wichtig sind

Die Anwendung dieser Regel wirkt Wunder und veranlaßt die Menschen – Freunde, Kollegen, Kunden, Mitarbeiter –, so zu handeln, wie Sie es wünschen. Wenn Sie die nachstehenden beiden Fallgeschichten aufmerksam durchlesen, werden Sie erkennen, warum das so ist.

Ted war Fernsehtexter und Direktor einer großen Werbeagentur. Als die Agentur einen neuen Vertrag von einer Kinderschuhfirma erhielt, übernahm es Ted, mehrere Werbespots für das Fernsehen auszuarbeiten.

Gut einen Monat, nachdem die Werbekampagne begonnen hatte, zeigte sich, daß sie die Schuhe im Einzelhandel nicht oder kaum »ins Laufen« brachte. Weil in den meisten Städten nur das Fernsehen für die Werbung eingesetzt worden war, konzentrierte sich die eingeleitete Untersuchung auf die Fernsehspots.

Durch Nachforschungen bei Fernsehzuschauern fand man heraus, daß nur vier Prozent die Spots für großartig hielten. »Eine der besten Werbungen«, sagten diese vier Prozent.

Die übrigen sechsundneunzig Prozent reagierten entweder gleichgültig auf die Spots oder fanden, daß an ihnen »etwas faul« sei. Hunderte von Kommentaren lagen alle auf einer Linie: »Die Spots sind unmöglich, der Rhythmus klingt wie bei einer Jazzband um drei Uhr früh.« »Meine Kinder sehen die meisten Werbesendungen, aber diese Schuhreklame interessiert sie überhaupt nicht.« »Ich finde, die Spots sind zu ›geschwollen‹.« »Da versucht jemand, supergescheit zu sein.«

Als man die Interviews verglich und analysierte, konnte man eine interessante Feststellung treffen: Jene vier Prozent der Zuschauer, denen die Spots sehr gut gefallen hatten, waren Ted in bezug auf Einkommen, Erziehung, Intellekt und Interessenlage sehr ähnlich. Die übrigen sechsundneunzig Prozent gehörten zweifelsfrei einer anderen sozioökonomischen Gruppe an.

Teds Werbespots, die fast zwanzigtausend Dollar kosteten, blieben wirkungslos, weil Ted ganz von seiner eigenen Person ausgegangen war. Er hatte Spots gestaltet, die ihm selbst gefielen, statt solche, die die Zielgruppe ansprachen.

Die Sache wäre ganz anders gelaufen, hätte Ted sich gedanklich in die »gewöhnlichen Sterblichen« versetzt und sich zwei Fragen gestellt: »Wenn ich eine Mutter oder ein Vater wäre, welche Art von Werbung würde mich veranlassen, diese Schuhe zu kaufen?« Und: »Wenn ich ein Kind wäre, welche Art von Werbung würde mich dazu bringen, zu meinen Eltern zu gehen und zu sagen, daß ich diese Schuhe haben will?«

Das Scheitern der Einkäuferin

Joan scheiterte als Einkäuferin. Warum? Joan, eine kluge, gebildete, gutaussehende junge Frau von vierundzwanzig Jahren, bekam nach dem College eine Stellung als Einkaufsassistentin für Konfektionskleidung in einem Warenhaus der mittleren bis unteren Preislage. Sie hatte beste Empfehlungen. »Joan ist ehrgeizig, begabt und voll Begeisterung«, stand in einem der Schreiben. »Sie wird zweifellos große Erfolge erzielen.«

Doch Joan erzielte keine »großen Erfolge«. Sie hielt sich in dem Warenhaus nur acht Monate und suchte sich dann eine andersgeartete Arbeit.

Ich kannte den Chefeinkäufer der Konfektionsabteilung gut und fragte ihn bei passender Gelegenheit, was mit Joan gewesen sei.

»Joan ist ein nettes Mädchen mit vielen guten Eigenschaften«, antwortete er. »Aber sie beging immer den gleichen Fehler.«

»Welchen?« fragte ich.

»Sie kaufte immer Ware, die ihr selbst und nicht den Kunden gefiel. Sie wählte Machart, Stil, Farben, Materialien und Preise ganz nach ihrem Geschmack aus, ohne sich in die Leute zu versetzen, die hier einkaufen. Wenn ich sie darauf hinwies, daß eine bestimmte Moderichtung bei unseren Kunden wohl keinen Anklang finde, sagte sie: ›Oh, das wird den Leuten gefallen. Es gefällt *mir*. Ich glaube, das wird sich sehr gut verkaufen.‹

Joan ist in einem wohlhabenden Haus aufgewachsen. Und sie ist dazu erzogen worden, Qualität zu verlangen. Der Preis einer Ware interessierte sie wenig. Joan konnte Kleidung einfach nicht durch die Augen von Menschen sehen, die nur über ein mittleres Einkommen verfügen. Darum war die von ihr eingekaufte Ware für uns einfach nicht geeignet.«

Sehen Sie mit den Augen der anderen

Wenn Sie erreichen wollen, daß andere sich von Ihnen lenken lassen, müssen Sie die Dinge mit den Augen der anderen sehen. Das ist der entscheidende Punkt. Wenn Sie sich gedanklich in Ihre Mitmenschen versetzen, enthüllt sich Ihnen das Geheimnis, wie sie dieses und jenes betrachten.

Ein überaus erfolgreicher Vertreter, mit dem ich befreundet bin, erzählte mir, daß er viel Zeit darauf verwendet, sich vor Kundenbesuchen vorzustellen, wie die Kunden auf seine Präsentation reagieren werden. Einem Redner hilft das »Sich-Hineinversetzen« in die Zuhörer, eine interessantere, packendere Rede auszuarbeiten. Einem Vorgesetzten hilft das »Sich-Hineinversetzen« in seine Mitarbeiter, wirksamere Anweisungen zu geben, die besser aufgenommen werden.

Ein junger Angestellter im Kreditwesen erklärte mir, wie diese Technik bei ihm funktionierte: »Als ich in dem Geschäft hier (einem mittelgroßen Textilgeschäft) als Assistent des Leiters der Kreditabteilung anfing, übertrug man mir die Erledigung der ganzen Mahnschreiben. Die Mahnbriefe, wie sie bisher in diesem Geschäft abgefaßt gewesen waren, enttäuschten mich sehr. Sie waren grob, beleidigend und drohend. Ich las einige und dachte: ›Himmel, wenn ich einen solchen Brief bekäme, würde ich stocksauer. Ich würde gar nicht daran denken zu bezahlen.‹ Ich setzte mich also hin und schrieb einen Brief, der mich bewegt hätte, eine überfällige Rechnung zu bezahlen. Die Sache klappte. Indem ich mich gedanklich in die säumigen Kunden versetzte, gelang es mir, Rekordsummen einzutreiben.«

Viele politische Kandidaten verlieren Wahlen, weil sie es unterlassen, sich und ihr Auftreten mit den Augen des normalen Wählers zu betrachten. Ein Kandidat für ein Regierungsamt verlor bei der Wahl verblüffend hoch, obwohl er für das Amt ebenso geeignet schien wie sein Gegner. Seine Niederlage hatte einen einzigen Grund: Er bediente sich einer Sprache, die nur ein kleiner Prozentsatz der Wähler verstand.

Sein Gegner jedoch dachte vom Standpunkt seiner Wähler und ihrer Interessen aus. Wenn er vor Farmern sprach, benutzte er deren Sprache. Wenn er vor Fabrikarbeitern redete, gebrauchte er Ausdrücke, die ihnen vertraut waren. Wenn er im Fernsehen auftrat, wandte er sich an den »Fernsehkonsumenten« und nicht an den Universitätsprofessor.

Stellen Sie sich immer die Frage: »Was würde ich davon halten, wenn ich an der Stelle des anderen stünde?«

Eine »tolle« Sache

Es ist in jeder Situation eine ausgezeichnete Regel, an die Interessen jener Menschen zu denken, die man ansprechen will.

Vor Jahren entwickelte eine kleine Elektronikfirma eine Sicherung, die nicht mehr durchbrennen konnte. Der Hersteller setzte für die Sicherung einen Preis von einem Dollar und fünfundzwanzig Cents an. Dieser Preis war im Vergleich mit üblichen Sicherungen sehr hoch. Er beauftragte eine Werbeagentur, das Produkt auf dem Markt anzubieten.

Der Werbemann, den man mit der Kampagne beauftragte, war sofort Feuer und Flamme. Er wollte das ganze Land mit einer massiven Werbung in Fernsehen, Funk und Presse überschwemmen. »Eine tolle Sache«, sagte er. »Wir werden im ersten Jahr zehn Millionen Stück verkaufen.« Einige seiner Kollegen warnten ihn. Sie wiesen darauf hin, daß Sicherungen kein beliebter Artikel seien, daß sie nichts Romantisches an sich hätten und daß die Leute, wenn sie Sicherungen kauften, möglichst billig wegkommen wollten. »Warum sich nicht auf bestimmte Zeitschriften beschränken«, meinten diese Kollegen, »und die Sicherungen den höheren Einkommensklassen schmackhaft machen?«

Sie wurden überstimmt, und die Kampagne wurde gestartet. Doch schon sechs Wochen später blies man sie wegen »enttäuschender Ergebnisse« wieder ab.

Das Problem war, daß der Werbemann die Sicherungen mit seinen Augen betrachtet hatte, mit den Augen eines Menschen, der dreißigtausend Dollar im Jahr verdient. Er hätte den Artikel mit den Augen jener Menschen betrachten sollen, deren Einkommen zwischen vier- und siebentausend Dollar jährlich liegt, dann wäre ihm klargeworden, daß der Artikel nur für die oberen Einkommensschichten interessant gewesen wäre.

Entwickeln Sie daher die Fähigkeit, sich in jene Menschen zu versetzen, die Sie ansprechen wollen.

Der »andere« Blickpunkt ist vielleicht richtig

Situation beziehungsweise Vorgänge	*Fragen, die zu besten Ergebnissen führen*
1. Erteilung von Arbeitsanweisungen	»Habe ich mich vom Standpunkt eines Menschen, der in dem Geschäft neu ist, klar ausgedrückt?«
2. Schreiben eines Werbetextes	»Wie würde ich als typischer Konsument auf diese Reklame reagieren?«
3. Telephongespräche	»Was würde ich, wäre ich am anderen Ende der Leitung, von meiner Stimme und meiner Sprechweise halten?«
4. Geschenke	»Ist dies ein Geschenk, das *mir* gefällt oder das dem *Empfänger* gefällt?«
5. Die Art, Anweisungen zu geben	»Würde ich Anweisungen gerne ausführen, wenn man sie mir selbst so geben würde, wie ich sie anderen gebe?«
6. Kindererziehung	»Wenn ich ein Kind wäre, wie würde ich (unter Berücksichtigung von Alter, Erfahrung und Gefühlen) auf diese Erziehungsmaßnahme reagieren?«
7. Mein Aussehen	»Was würde ich von meinem Vorgesetzten halten, wenn er eine solche Kleidung trüge wie ich?«
8. Ausarbeitung einer Rede	»Wie fände ich diese Bemerkung, wenn ich der Zuhörer (Herkommen und Interesse beachten) wäre?«

9. Einladungen — »Wenn ich anstelle meiner Gäste wäre, welche Speisen, welche Musik und welche Unterhaltung hätte ich am liebsten?«

Wenden Sie das Prinzip, sich in andere zu versetzen, zu Ihrem Nutzen an:

- Berücksichtigen Sie die Situation des anderen. Stellen Sie sich vor, sie steckten in seiner Haut. Bedenken Sie, daß die Interessen, das Einkommen, die Intelligenz, die Erziehung und die Verhältnisse des anderen sich wesentlich von den Ihren unterscheiden können.
- Fragen Sie sich: »Wenn ich in seiner Situation wäre, wie würde ich darauf reagieren?«
- Gehen Sie dann in einer Art vor, die Sie überzeugen würde, wenn Sie der andere wären.

Zweites Prinzip: Seien Sie menschlich

Eine sehr bedeutsame Frage ist die folgende: Wie kann man dies auf menschliche Weise regeln?

An Führungssituationen gehen die Menschen unterschiedlich heran. Einige nehmen die Haltung eines Diktators ein. Der Diktator trifft alle Entscheidungen, ohne die Betroffenen zu Rate zu ziehen. Er lehnt es ab, den Standpunkt seiner Untergebenen zu hören, weil er tief im Inneren Angst hat, die Untergebenen könnten recht haben und er könnte das Gesicht verlieren.

Diktatoren halten sich in unserem Wirtschaftssystem nicht lange. Die Beschäftigten heucheln vielleicht eine Zeitlang Loyalität, aber bald entsteht Unruhe. Einige der besten Leute gehen, und jene, die bleiben, tun sich zusammen und verschwören sich gegen den Diktator. Die Folge ist, daß der Betrieb nicht mehr richtig funktioniert. Dadurch gerät der Diktator bei *seinen* Vorgesetzten in ein schlechtes Licht.

Eine zweite Führungstechnik besteht darin, kühl und mechanisch das Regelbuch anzuwenden. Führungskräfte mit dieser Einstellung behandeln alles genau nach Vorschrift und Plan. Sie erkennen nicht, daß jede Regel, jede Vorschrift und jeder Plan nur als Leitfäden für *übliche* Fälle gedacht sind. Diese »Führungskräfte« behandeln die Menschen wie Maschinen. Aber die Menschen hassen es, wie Maschinen angesehen und so behandelt zu werden. Der kalte, unpersönliche Regelfanatiker ist keine ideale Führungskraft. Die »Maschinen«, die für ihn arbeiten, entfalten nur einen Teil ihrer Energie.

Johns »menschliche« Philosophie

Menschen, die es in Führungspositionen weit bringen, wenden eine dritte Technik an, die wir als »Menschlichsein« bezeichnen wollen.

Ich arbeitete vor mehreren Jahren eng mit John zusammen, der jetzt in einem großen Aluminiumwerk die Konstruktionsabteilung leitet. John beherrscht die Technik des Menschlichseins meisterhaft und erntet damit reichen Lohn. In zahllosen kleinen Dingen gibt John durch seine Haltung dem jeweiligen Partner zu verstehen: »Sie sind ein Mensch. Ich achte Sie. Ich bin dazu da, Ihnen in jeder möglichen Weise zu helfen.«

Als ein Konstrukteur aus einer anderen Stadt in Johns Abteilung kam, half John dem Mann bei der Wohnungssuche, was für ihn mit vielen persönlichen Mühen verbunden war.

Durch seine Sekretärin und zwei weitere weibliche Angestellte läßt John für jedes Geburtstagskind in seiner Abteilung eine kleine Feier arrangieren. Die halbe Stunde, die dafür aufgewendet wird, ist kein Verlust, sondern eine Investition, aus der Treue und bessere Leistung erwachsen.

Als John erfuhr, daß einer seiner technischen Zeichner einer religiösen Sekte angehörte, ließ er den Mann kommen und versprach ihm, dafür zu sorgen, daß er auch jene seiner religiösen Feiertage einhalten könne, die nicht mit allgemeinen Feiertagen zusammenfielen.

Erkrankt ein Angestellter oder jemand in der Familie eines Angestellten, erkundigt sich John nach dem Befinden und wünscht gute Besserung. Er nimmt sich auch die Zeit, seine Untergebenen zu privaten Erfolgen zu beglückwünschen.

Doch am großartigsten demonstriert John seine Philosophie

des »Menschlichseins« bei der Handhabung von Entlassungen. Ein Mann, den Johns Vorgänger eingestellt hatte, ließ schlicht das nötige Können und Interesse für die ihm übertragenen Aufgaben vermissen. John wurde mit dem Problem in phantastischer Weise fertig. Er rief den Mann zu sich, aber nicht, um ihm – wie es üblich ist – zuerst die schlechte Nachricht zu eröffnen und ihm dann eine Frist zu setzen, in der er seinen Platz zu räumen hatte.

John tat vielmehr zwei ungewöhnliche Dinge. Als erstes erklärte er dem Mann, warum es für ihn ein persönlicher Vorteil sei, sich eine Stellung zu suchen, die seinen Fähigkeiten und Interessen besser entspräche. Er redete dem Mann gut zu und vermittelte für ihn ein Gespräch mit einem angesehenen Berufsberater. Als zweites tat er etwas, das noch viel weiter über seine Pflichten hinausging. Er half dem Mann, eine neue Stellung zu finden, indem er Vorstellungsgespräche mit mehreren Firmen vereinbarte, wo man Leute mit dem Können und den Fähigkeiten des Mannes suchte. Schon achtzehn Tage nach dem »Entlassungsgespräch« war der Mann in einer guten neuen Stellung untergebracht.

Dieses Entlassungsverfahren verblüffte mich, darum bat ich John, mir zu erklären, welche Überlegungen ihn zu einem solchen Vorgehen bewogen.

Er sagte: »Es gibt eine alte Maxime, die ich angenommen habe und beherzige: Wer unter der Macht eines Menschen steht, steht auch unter seinem Schutz. Wir hätten diesen Mann gar nicht einstellen dürfen, weil er für die Arbeiten, wie sie hier anfallen, einfach nicht geeignet ist. Da wir ihn aber nun mal eingestellt hatten, war das mindeste, was ich tun konnte, ihm bei der Suche einer anderen Stellung zu helfen.

Einstellen kann ein jeder«, fügte John hinzu, »aber eine echte Führungspersönlichkeit erkennt man an ihrer Art, wie sie Entlassungen vornimmt. Indem ich den Mann unterbrachte, bevor er bei uns gehen mußte, erzeugte ich bei allen Mitarbeitern in meiner Abteilung das Gefühl, eine sichere Stellung zu haben. Ich verdeutlichte meinen Leuten an einem Beispiel, daß keiner ›auf die Straße gesetzt wird‹, solange ich da bin.«

Johns menschlicher Führungsstil macht sich bezahlt. Es gibt kein heimliches Geklatsche über John, seine Leute arbeiten gern mit ihm zusammen und unterstützen ihn nach Kräften. Auch das

Wort »Fluktuation« ist in seiner Abteilung so gut wie unbekannt. John kann sich auf seine Mitarbeiter weitgehend verlassen, weil sie sich auf ihn verlassen können.

Bobs »vierstufige Formel«

Seit vielen Jahren zählt ein Mann, den ich Bob nennen will, zu meinen engsten Freunden. Bob ist jetzt Ende Fünfzig. Er hatte eine harte Kindheit und Jugend, und seine Ausbildung war ziemlich vernachlässigt worden. Als junger Mann wurde Bob einmal arbeitslos, und da er kein Geld hatte, geriet er in eine ziemlich üble Lage. Doch Bob gehört zu den Menschen, die sich immer wieder aufraffen. Er gab sich damals nicht der Trübsal hin, sondern richtete in seiner Garage eine Tapezierwerkstatt ein. Dank seiner unermüdlichen Bemühungen wuchs das Unternehmen stetig, es entwickelte sich schließlich zu einer modernen Möbelfabrik mit mehr als dreihundert Beschäftigten.

Heute ist Bob Millionär. Geld und materieller Besitz machen ihm keine Sorgen mehr, er hat beides reichlich. Doch auch in anderer Hinsicht ist Bob reich. Er ist ein Millionär an Freunden, an Zufriedenheit und an Befriedigung.

Unter Bobs vielen guten Eigenschaften ragt sein brennender Wunsch heraus, anderen zu helfen. Bob ist *menschlich,* und er ist Experte darin, die Menschen so zu behandeln, wie sie behandelt werden möchten.

Eines Tages unterhielten Bob und ich uns über das Thema »Kritik an Menschen«. Bobs menschliche Art, Kritik zu üben, kann als Meisterformel bezeichnet werden. Er beschrieb sein Verhalten so: »Ich glaube nicht, daß du jemanden finden könntest, der mich als Weichling oder Schwächling bezeichnet. Ich leite eine Firma. Wenn etwas nicht richtig funktioniert, bringe ich es in Ordnung. Aber wichtig ist die Art, *wie* ich es in Ordnung bringe. Wenn meine Leute etwas falsch machen oder ihnen ein Fehler passiert, bin ich doppelt vorsichtig, um ihre Gefühle nicht zu verletzen und zu vermeiden, daß sie sich klein vorkommen oder peinlich berührt sind. Ich gehe in vier einfachen Schritten vor.

Erstens: Ich spreche mit ihnen allein.

Zweitens: Ich lobe sie für die Arbeit, die sie hervorragend

erledigt haben. Ich kenne nämlich keinen Menschen, der nur schlechte Arbeit fabriziert.

Drittens: Ich weise sie auf die eine Sache hin, die sie im Moment besser machen könnten, und ich helfe ihnen den Weg suchen, auf dem dies möglich ist.

Viertens: Ich lobe sie noch einmal, diesmal für gute Argumente, die sie vorbringen.

Diese vierstufige Formel funktioniert. Wenn ich so vorgehe, sind mir die Leute dankbar, denn genauso möchten sie behandelt werden. Das habe ich immer wieder festgestellt. Wenn sie aus meinem Büro gehen, sind sie sich bewußt, daß sie zwar sehr gut sind, daß sie aber noch besser sein können.

Ich habe zeit meines Lebens auf Menschen gesetzt«, sagte Bob. »Und je besser ich sie behandle, desto mehr Gutes widerfährt mir. Ehrlich, ich lege es nicht darauf an, aber es ergibt sich so.

Laß mich dir ein Beispiel schildern. Vor etwa, na, fünf oder sechs Jahren erschien einer meiner Arbeiter betrunken zur Arbeit. Bald kam es im Betrieb zu einem ziemlichen Tumult. Allem Anschein nach hatte der Mann einen Zwanzigliterkanister mit Lack gepackt und den Lack überall herumgeschüttet. Die anderen Arbeiter nahmen ihm schließlich den Lack weg, und der Werkmeister bugsierte ihn ins Freie.

Ich ging zu ihm hinaus. Er hockte wie betäubt an der Mauer der Werkshalle. Ich half ihm auf die Beine, setzte ihn in meinen Wagen und fuhr ihn heim. Seine Frau war außer sich. Ich versuchte sie zu beruhigen und sagte ihr, daß alles in Ordnung käme. ›Nein, nein, Sie verstehen nicht‹, entgegnete sie. ›Sein Chef (also ich) duldet es nicht, daß jemand am Arbeitsplatz betrunken ist. Jim ist seine Stellung los, und was sollen wir jetzt tun?‹ Ich versicherte ihr, daß Jim nicht entlassen würde. Sie fragte, woher ich das wisse. Ich antwortete, daß ich es wisse, weil ich sein Chef sei.

Die Frau fiel fast in Ohnmacht. Ich versprach ihr, alles zu tun, was in meiner Macht stand, um Jim im Betrieb zu helfen. Dann bat ich sie, dafür zu sorgen, daß Jim am nächsten Morgen zur Arbeit erscheinen könne.

Als ich ins Werk zurückkam, ging ich in Jims Abteilung und sprach mit seinen Arbeitskollegen. Ich sagte: ›Ihr habt heute hier etwas Unerfreuliches gesehen, aber ich möchte, daß ihr es vergeßt. Jim wird morgen wieder da sein. Seid nett zu ihm. Er ist schon sehr lange ein guter Arbeiter, und wir sind es ihm schuldig, daß er noch eine Chance bekommt.‹

Jim arbeitete danach wieder tadellos, und der Alkohol war bei ihm nie mehr ein Problem. Ich vergaß den Zwischenfall bald. Nicht so Jim. Vor zwei Jahren schickte die Gewerkschaft Vertreter zu uns heraus, die für die Mitglieder der Ortsgruppe einen neuen Vertrag aushandeln sollten. Die Herren stellten einige verblüffende, schlicht unrealistische Forderungen. Jim, der stille, sanftmütige Jim, schwang sich plötzlich zum Führer auf. Er trat vor und erinnerte die Männer daran, daß sie von mir in Vertragsfragen immer fair behandelt worden seien. Dann sagte er, wir bräuchten uns nicht von Außenstehenden erklären zu lassen, wie wir unsere Angelegenheiten zu regeln hätten.

Die ›Außenstehenden‹ gingen, und wir handelten den Vertrag wie immer als Freunde aus. Dank Jim.«

Regeln Sie alles auf menschliche Weise

Die zwei Beispiele von John und Bob zeigen deutlich, daß die Frage: *»Wie kann man dies auf menschliche Weise regeln?«* ihre volle Berechtigung hat.

Lassen Sie sich von dieser Frage leiten, wenn unter Ihren Mitarbeitern Uneinigkeit herrscht oder wenn jemand Schwierigkeiten macht.

Denken Sie an die Formel von Bob über die richtige Art, anderen bei der Korrektur ihrer Fehler zu helfen. Vermeiden Sie jeden Sarkasmus, jeden Zynismus, vermeiden Sie es, jemanden herabzuwürdigen, andere zurechtzuweisen.

Die Frage: »Wie kann man dies auf menschliche Weise regeln?« macht sich immer bezahlt – manchmal früher, manchmal später, aber bezahlt macht sie sich immer.

Die Würde eines jeden Menschen ist unantastbar

Geben Sie in Ihrem Handeln zu erkennen, daß die Menschen für Sie an erster Stelle stehen. Zeigen Sie Interesse an den privaten Erfolgen Ihrer Mitarbeiter. Behandeln Sie die Menschen so, daß ihre Würde nicht verletzt wird. Eine wichtige Erkenntnis lautet: Der Hauptzweck des Lebens ist es, sich des Lebens zu freuen.

Loben Sie Ihre Mitarbeiter möglichst oft bei Ihren eigenen Vorgesetzten. Im allgemeinen werden Menschen bewundert, die auf der Seite der Schwächeren stehen. Ihre Mitarbeiter werden Ihr Lob zu schätzen wissen und noch loyaler Ihnen gegenüber sein. Und fürchten Sie nicht, daß solches Lob Ihre eigene Bedeutung bei Ihren Vorgesetzten mindern könnte. Ein Mensch, der die Größe besitzt, bescheiden zu sein, ist viel vertrauenerweckender als ein unsicherer Mensch, der sich gezwungen fühlt, ständig auf seine Leistungen aufmerksam zu machen. Ein bißchen Bescheidenheit gereicht Ihnen zur Zier und bringt Sie weiter.

Loben Sie Ihre Mitarbeiter bei jeder passenden Gelegenheit. Loben Sie sie für ihre gute Mitarbeit. Loben Sie sie für jede Sonderleistung. Lob ist der wirksamste individuelle Ansporn, den Sie Ihren Mitarbeitern geben können, und es kostet Sie nichts. Außerdem wissen Sie nie, wann Ihre Mitarbeiter Gelegenheit bekommen, sich zu revanchieren, indem sie irgendwo und irgendwann als Ihre Verteidiger auftreten.

Üben Sie sich darin, die Menschen zu loben. Behandeln Sie die Menschen richtig. *Seien Sie menschlich.*

Drittes Prinzip: Denken Sie fortschrittlich

Eines der schmeichelhaftesten Urteile, die jemand über Sie fällen kann, lautet: »Er tritt für den Fortschritt ein. Er ist der richtige Mann für die Stellung.«

In allen Bereichen werden jene Menschen befördert, die an Fortschritt glauben und sich nachdrücklich dafür einsetzen. An echten Führungspersönlichkeiten herrscht Mangel. Es gibt weit mehr Verfechter des Status quo (mit dem Standpunkt: »Alles ist bestens, darum brauchen wir unsere Pläne nicht zu überdenken«) als Verfechter des Fortschritts (mit dem Standpunkt: »Hier ist eine Menge Raum für Verbesserungen; gehen wir an die Arbeit und machen wir es besser«). Versuchen Sie, zur Führungselite zu gehören. Richten Sie den Blick nach vorn.

Sie können zwei Dinge tun, um sich eine progressive Einstellung anzueignen:

○ Denken Sie bei allem, was Sie unternehmen, an Verbesserungen.

○ Setzen Sie sich bei allem, was Sie unternehmen, sehr hohe Maßstäbe.

Der Fall der drei Vertreter

Vor mehreren Monaten bat mich der Chef einer mittelgroßen Firma, ihm bei einer wichtigen Entscheidung zu helfen. Der Mann hatte die Firma selbst aufgebaut und füllte seit Jahren die Position eines Verkaufsleiters aus. Inzwischen beschäftigte er jedoch sieben Vertreter, und er sagte sich, der logische nächste Schritt sei, einen der Vertreter zum Verkaufsleiter zu machen. In die engere Wahl kamen für ihn drei Männer, die etwa gleich große Erfahrung besaßen und etwa gleich hohe Umsätze erzielten.

Meine Aufgabe lautete, mit jedem der drei Vertreter einen Tag im Außendienst zu verbringen und dann zu sagen, welcher sich nach meiner Ansicht am besten für die Führungsposition eignete. Jedem der Männer wurde mitgeteilt, es käme ein Berater zu ihm, der mit ihm das gesamte Marketingprogramm erörtere. Aus offensichtlichen Gründen ließ man die Herren über den eigentlichen Zweck meines Besuchs im unklaren.

Zwei der Vertreter reagierten ziemlich ähnlich. Beide fühlten sich in meiner Gegenwart unbehaglich. Sie schienen zu spüren, daß durch mich »etwas verändert« werden sollte. Beide verteidigten den herrschenden Zustand und hießen die augenblickliche Arbeitsweise gut. Ich stellte Fragen über die Aufteilung der Bezirke, das Provisionssystem, das Werbematerial und andere Bereiche des Marketings. Doch auf meine sämtlichen Fragen antwortete jeder der beiden: »Alles bestens.« Bei einzelnen Punkten erklärten beide, warum die gegenwärtige Verfahrensweise nicht geändert werden könne und nicht geändert werden solle. Mit einem Wort: Beide wollten, daß der herrschende Zustand unverändert bestehen und daß alles beim alten bleiben sollte. Einer der Vertreter meinte, als er mich vor meinem Hotel absetzte: »Ich weiß eigentlich gar nicht, warum Sie den Tag mit mir verbracht haben. Aber sagen Sie meinem Chef von mir, daß alles, so wie es ist, bestens ist. Verändern Sie bloß nichts!«

Der dritte Mann reagierte erfreulicherweise ganz anders. Ihm gefiel seine Firma, und er war stolz auf ihr Wachstum. Doch er war nicht völlig zufrieden. Er wünschte Verbesserungen. Während des ganzen Tages erläuterte mir dieser dritte Vertreter seine Ideen über eine Ausweitung des Geschäfts, über einen verbesserten Service für die Kunden, über eine Verringerung der verschwendeten Zeit und über eine Neugestaltung des Provisionssystems, das zu größerer Leistung anspornen sollte. Er hatte Pläne über einen neuen Werbefeldzug ausgearbeitet, den er sich selbst ausgedacht hatte. Als wir uns verabschiedeten, waren seine letzten Worte: »Ich begrüße es sehr, daß ich Gelegenheit hatte, mit jemandem über meine Ideen zu sprechen. Wir haben eine gute Mannschaft, aber ich glaube, daß wir die Leistung noch verbessern können.«

Natürlich empfahl ich dem Firmenchef diesen dritten Mann.

Glauben Sie an Expansion, Leistungssteigerung, neue Produkte, neue Verfahren, bessere Schulen und wachsenden Wohlstand! Glauben Sie an den Fortschritt, streben Sie ihn an, und Sie werden zur Führungskraft!

Wie die neue Lehrerin das Chaos entwirrte

Als Junge konnte ich beobachten, welch erstaunliche Leistungsunterschiede durch die unterschiedliche Denkweise zweier Führungskräfte bei den »Gefolgsleuten« zutage traten.

Ich besuchte eine Grundschule auf dem Land: acht Klassen, eine einzige Lehrerin und vierzig Kinder. Eine neue Lehrerin war immer eine aufregende Sache. Angeführt von den »großen« Jungs – den Siebt- und Achtkläßlern –, probierten die Schüler aus, wieviel sie sich erlauben konnten.

In einem Jahr herrschte fast völliges Chaos. Jeden Tag spielten die Schüler Dutzende der üblichen Streiche: Sie veranstalteten zum Beispiel »Kriege« mit Papierkügelchen oder Papierflugzeugen. Dann gab es größere Zwischenfälle. So wurde die Lehrerin einmal einen halben Tag lang ausgesperrt und ein anderes Mal stundenlang im Schulgebäude eingeschlossen. Wieder ein anderes Mal brachte jeder Junge der oberen Klassen seinen Hund mit ins Schulzimmer.

Selbstredend waren die Kinder keine Verbrecher. Sie hatten

keine solchen Dinge wie Diebstahl, körperliche Gewalt und vorsätzliche Körperverletzung im Sinn, sondern waren einfach gesunde, durch das Landleben abgehärtete junge Menschen, die ein Ventil für ihre überschüssigen Kräfte und ihre blühende Phantasie brauchten.

Die Lehrerin schaffte es irgendwie, bis zum Ende des Schuljahres durchzuhalten. Niemand war überrascht, als im September eine neue Lehrerin kam.

Diese Lehrerin holte aus den Kindern eine ganz andere Leistung heraus. Sie appellierte an den Stolz und das Anstandsgefühl der Jungen und regte sie dazu an, sich eigene Urteile zu bilden. Jedes Kind bekam eine besondere Verantwortung übertragen: Eines mußte sich um das Abwischen der Tafel kümmern, ein anderes um das Säubern der Wischlappen, wieder andere mußten Material für die unteren Klassen vorbereiten und ähnliches mehr. Die neue Lehrerin lenkte die im Vorjahr fehlgeleitete Energie der Kinder in schöpferische Bahnen. Ihr Erziehungsprogramm konzentrierte sich auf die Formung des Charakters.

Warum benahmen sich die Kinder in einem Jahr wie kleine Teufel und im nächsten Jahr wie kleine Engel? Der Grund für den Unterschied lag ausschließlich bei den Lehrerinnen. Offen gesagt: Wir können es den Kindern nicht zum Vorwurf machen, daß sie ein ganzes Schuljahr lang nichts taten, als Streiche zu spielen. Die »Gangart« wurde in dem einen wie dem anderen Jahr von der Lehrerin bestimmt.

Der ersten Lehrerin war es im innersten Herzen gleichgültig, ob die Kinder Fortschritte machten oder nicht. Sie setzte den Kindern keine Ziele. Sie ermutigte die Kinder nicht. Und sie konnte sich nicht beherrschen. Das Unterrichten bereitete ihr keine Freude, darum bereitete den Kindern das Lernen keine Freude.

Die zweite Lehrerin dagegen setzte sich hohe positive Maßstäbe. Sie hatte die Kinder aufrichtig gern und wollte, daß sie viel lernten. Sie betrachtete jedes Kind als Einzelwesen. Sie erreichte mühelos ein diszipliniertes Benehmen, weil sie sich selbst in allem, was sie tat, sehr diszipliniert verhielt.

In dem einen wie dem anderen Fall richteten die Schüler ihr Verhalten nach dem Beispiel aus, das ihnen die Lehrerin gab.

An der Führung orientiert man sich

Auch Studenten orientieren sich am Beispiel, das ihre Professoren geben. Bei dem einen Professor schwänzen die Studenten Vorlesungen, sie schreiben Semesterarbeiten ab und betrügen auf mannigfaltige Weise, um ohne ernsthaftes Studieren zum Ziel zu gelangen. Doch die gleichen Studenten arbeiten bei einem anderen Professor bereitwillig und eifrig, bis sie den Stoff wirklich beherrschen.

In der Geschäftswelt und der Industrie nehmen sich die Menschen in ihrem Denken ebenfalls ein Beispiel an ihren Vorgesetzten. Betrachtet man einmal eine Gruppe von Beschäftigten genau, beobachtet zum Beispiel die Gewohnheiten und Gesten, die Haltung gegenüber der Firma, die Moral und die Selbstbeherrschung, und vergleicht dann das gesamte Verhalten mit dem ihres Vorgesetzten, so wird man erstaunliche Übereinstimmungen feststellen.

Jedes Jahr werden viele stagnierende Unternehmen zu neuem Aufschwung geführt. Und wie? Durch die Ablösung gewisser Kräfte an der *Spitze*. Firmen (desgleichen Schulklassen, Kirchengemeinden, Klubs, Gewerkschaften, Vereine und alle anderen Arten von Organisationen) lassen sich *nur* von oben nach unten mit Erfolg neu gestalten, nicht von unten nach oben. Wird das Denken an der Spitze geändert, so wird automatisch das Denken in den unteren Reihen geändert.

Wenn Sie die Führung einer Gruppe übernehmen, beginnen die Mitglieder dieser Gruppe sich sofort an den Maßstäben zu orientieren, die Sie setzen. Am deutlichsten ist dies in den ersten paar Wochen zu beobachten. Das Hauptanliegen der Leute ist es, Sie »aufzuschlüsseln«, Sie auszuloten und herauszufinden, was Sie von ihnen erwarten. Die Leute beobachten jeden Ihrer Schritte. Und sie fragen sich: Wieviel Spielraum wird er mir lassen? Wie will er dies und das erledigt haben? Womit erreicht man es, ihm zu gefallen? Wie nachsichtig ist er? Was wird er sagen, wenn ich dies oder jenes tue?

Wenn die Gruppenmitglieder die Antwort auf diese Fragen kennen, handeln sie entsprechend. Prüfen Sie daher genau, welches Beispiel Sie geben.

Es gibt eine alte Sentenz, die lautet: »Wie wäre diese Welt, wenn jeder darin so wäre wie ich?« Die Sentenz könnte aber auch lauten: »Wie wäre diese *Firma,* wenn jeder darin so wäre wie ich?«

Genauso wie Sie *Welt* durch *Firma* ersetzen können, können Sie auch *Klub, Gemeinde, Schule* oder *Pfarrei* zum Bestimmungswort dieser Sentenz erheben. Denken, sprechen, handeln und leben Sie so, wie Sie möchten, daß Ihre Mitarbeiter denken, sprechen, handeln und leben – dann werden Ihre Mitarbeiter im wahrsten Sinne des Worts *mit* Ihnen *arbeiten.*

Der progressive Denker ist gefragt

1. Denke ich progressiv über meine Arbeit?
- ○ Beurteile ich meine Arbeit aus der Einstellung heraus: »Wie kann ich sie besser machen?«
- ○ Lobe ich meine Firma, die Firmenangehörigen und die Firmenerzeugnisse bei jeder sich bietenden Gelegenheit?
- ○ Sind meine persönlichen Maßstäbe in Hinblick auf die Quantität und die Qualität meiner Leistungen jetzt höher als vor drei oder sechs Monaten?
- ○ Gebe ich meinen Mitarbeitern ein erstklassiges Beispiel?

2. Denke ich progressiv über meine Familie?
- ○ Ist meine Familie heute glücklicher als vor drei oder sechs Monaten?
- ○ Verfolge ich einen Plan, um den Lebensstandard meiner Familie zu verbessern?
- ○ Hat meine Familie viele anregende Beschäftigungen außer Haus?
- ○ Gebe ich meinen Kindern das Beispiel eines Verfechters des Fortschritts?

3. Denke ich progressiv über mich selbst?
- ○ Kann ich ehrlich behaupten, daß ich heute ein wertvollerer Mensch bin als vor drei oder sechs Monaten?
- ○ Führe ich ein systematisches »Selbstverbesserungs-Programm« durch, um meinen Wert für andere zu steigern?
- ○ Habe ich zukunftsorientierte Pläne für mindestens fünf Jahre im voraus?
- ○ Bin ich in jeder Organisation, der ich angehöre, ein nützliches, förderliches Mitglied?

4. Denke ich progressiv über meine Gemeinde?

- ○ Habe ich in den vergangenen sechs Monaten etwas getan, wovon ich ehrlich behaupten kann, daß es in meiner Gemeinde (Nachbarschaft, Kirche, Schule) eine Verbesserung bewirkte?
- ○ Unterstütze ich in meiner Gemeinde lohnende Projekte, statt Einwände zu erheben, zu kritisieren, mich zu beschweren?
- ○ Habe ich je die Führung übernommen, um in meiner Gemeinde eine lohnende Verbesserung durchzusetzen?
- ○ Spreche ich gut von meinen Nachbarn und Mitbürgern?

Viertes Prinzip: Gehen Sie mit sich zu Rate

Wir stellen uns Führungspersönlichkeiten gewöhnlich als äußerst vielbeschäftigte Menschen vor, und das sind sie auch. Übersehen wird jedoch meist die beachtenswerte Tatsache, daß Führungskräfte sich sehr oft zurückziehen, um allein mit sich und ihren Gedanken zu sein.

Betrachtet man einmal das Leben der großen Religionsführer, dann wird man feststellen, daß ein jeder von ihnen sich die Zeit nahm, um allein sein zu können. In diesen oft langen Perioden der Meditation, der Vertiefung ihrer geistig-seelischen Kraft, gelangten sie zu neuen Erkenntnissen, die ihnen wiederum die Stärke angedeihen ließen, ihre Ideen an ihre nächste Umgebung weiterzuleiten. Jeder herausragende Religionsführer, ob es sich nun um Moses, Jesus, Buddha oder Mohammed handelt, lebte lange in der Einsamkeit, fern von den Zerstreuungen der Zivilisation.

Auch politische Führer zogen in der Einsamkeit Erkenntnisse. Eine interessante Frage ist, ob Franklin D. Roosevelt seine ungewöhnlichen Führungsqualitäten zur Entfaltung gebracht hätte, wäre er nicht monatelang allein gewesen, als er sich von seiner Kinderlähmung erholte. Harry S. Truman suchte auf einer Farm in Missouri oft bewußt die Einsamkeit. Und Lenin fand während seines Exils in der Schweiz seine geradezu sendungsbewußte Kraft, die ihn zum Führer der Russischen Revolution werden ließ.

Nehmen Sie sich die Zeit zu ungestörtem Nachdenken

Manche führende Universitäten verlangen von ihren Professoren, daß sie in der Woche höchstens fünf Vorlesungen halten. So steht ihnen genügend Zeit zur Verfügung, um sich mit wissenschaftlichen Problemen tiefgehend auseinandersetzen zu können.

Außergewöhnliche Führungspersönlichkeiten in Wirtschaft und Industrie sind oft den ganzen Tag von Assistenten, Sekretärinnen und Akten umgeben. Doch wenn man solchen Menschen durch die siebenhundertzwanzig Arbeitsstunden eines Monats folgt, stellt man fest, daß sie erstaunlich viel Zeit mit ungestörtem Nachdenken verbringen.

Das Fazit ist, daß Erfolgsmenschen, aus welchem Bereich auch immer, Zeit benötigen, um mit sich zu Rate zu gehen. Führungskräfte benutzen die Einsamkeit dazu, ein Problem zu durchleuchten, Lösungen auszuarbeiten, Pläne zu schmieden, mit einem Wort: sich dem Denken hinzugeben.

Viele Leute versäumen es, ihre schöpferische Führungskraft anzuzapfen, weil sie mit allen und jedem beratschlagen, nur nicht mit sich selbst. Diesen Menschentyp kennen Sie. Er stellt alles mögliche an, um *nicht* allein zu sein. Er umgibt sich immer mit Menschen. Er erträgt es nicht, allein in seinem Büro zu sein, darum sucht er so oft wie möglich andere auf. Selten verbringt er einen Abend allein. Er hat stets das unwiderstehliche Verlangen, mit anderen zu reden. Er konsumiert dadurch natürlich auch ungeheure Mengen an Klatsch und belanglosem Geplauder.

Zwingen äußere Umstände einen Menschen dieses Typs, körperlich allein zu sein, dann findet er Wege, um zu verhindern, daß er »geistig« allein ist. In solchen Zeiten sucht er Zuflucht beim Fernsehen, bei Zeitungen, beim Radio, beim Telephon, bei allem, was ihm das Denken abnimmt.

Die Wunderkraft geplanten Alleinseins

Ein Mensch, der nicht allein sein kann, scheut selbständiges Denken. Er hat seinen Verstand ausgeschaltet. Psychologisch gesprochen hat er Angst vor seinen eigenen Gedanken. Im Laufe der Zeit wird er immer oberflächlicher. Er macht häufig unüberlegte Schritte und vermag keine Zielstrebigkeit und persönliche Festigkeit zu entwickeln. Leider kennt er die Superkraft nicht, die ungenutzt hinter seiner Stirn liegt.

Seien Sie kein Mensch, der nicht allein sein kann. Erfolgreiche Führungskräfte zapfen ihre Superkraft durch Alleinsein an. Auch Sie können das.

Sehen wir uns an, wie man es macht.

Im Rahmen eines Schulungsprogramms für Berufstätige forderte ich dreizehn Kursteilnehmer auf, sich in den nächsten zwei Wochen jeden Tag eine Stunde lang einzuschließen. Sie sollten sich von allen Ablenkungen absondern und konstruktiv über irgend etwas nachdenken, das ihnen in den Sinn kam.

Nach Ablauf der zwei Wochen berichteten die Schulungsteilnehmer ausnahmslos, daß die Erfahrung erstaunlich lohnend und nützlich gewesen sei. Ein Mann sagte, vor der planmäßigen Einsamkeit sei er drauf und dran gewesen, mit einem anderen leitenden Herrn seiner Firma zu brechen, doch durch gründliches Nachdenken habe er die Ursache des Problems erkannt und einen Weg gefunden, um die Angelegenheit zu bereinigen. Andere erzählten, daß sie Probleme gelöst hätten, die solch unterschiedliche Themen wie Stellungswechsel, Schwierigkeiten in der Ehe, einen Hauskauf und die Wahl einer höheren Schule für ein zehnjähriges Kind zum Inhalt hatten.

Jeder Kursteilnehmer erklärte begeistert, daß er sich selbst nun viel besser kenne und verstehe als je zuvor.

Die Kursteilnehmer machten noch eine andere, äußerst wichtige Entdeckung. *Sie stellten fest, daß Entscheidungen und Beobachtungen, zu denen sie in Perioden geplanter Einsamkeit gelangten, auf eine fast unheimliche Weise richtig waren, und zwar hundertprozentig!* Sie erkannten, daß die richtige Wahl, wenn der Nebel sich lichtete, klar sichtbar wurde.

Geplantes Alleinsein macht sich bezahlt.

Machen Sie sich frei von äußeren Einflüssen

Ein Kollege von mir änderte neulich seinen Standpunkt in einer unangenehmen Angelegenheit radikal. Mich interessierte, was ihn zu einer solchen Kehrtwendung bewogen hatte, zumal das Problem sehr grundlegender Natur war. Seine Antwort lautete: »Nun, ich wußte einfach nicht, was ich in der Sache tun sollte. Also stand ich heute früh um halb vier auf, machte mir eine Tasse Kaffee, setzte mich aufs Sofa und dachte bis sieben Uhr nach. Ich sehe die ganze Angelegenheit jetzt viel klarer. Darum konnte ich nichts anderes tun, als meinen Standpunkt zu revidieren.«

Und sein neuer Standpunkt erwies sich als völlig richtig.

Jeder sollte daher jeden Tag eine bestimmte Zeit einplanen (mindestens eine halbe Stunde), in der er ganz allein ist und ungestört denken kann.

Sie können diese Zeit mit zwei unterschiedlichen Arten des Denkens ausfüllen: mit gezieltem oder mit ziellosem Denken.

Um gezielt zu denken, sollten Sie sich dem größten Problem zuwenden, vor dem Sie stehen. In der Einsamkeit wird Ihr Verstand das Problem objektiv untersuchen und Sie zur richtigen Lösung führen.

Wenn Sie ziellos denken wollen, lassen Sie Ihren Verstand einfach selbst entscheiden, worüber er nachdenken will. In solchen Augenblicken zapft Ihr Unterbewußtsein Ihre Gedächtnisbank an, die wiederum Ihr Bewußtsein speist. Zielloses Denken ist sehr nützlich bei der Selbstbeurteilung. Es hilft Ihnen, zu Antworten in sehr grundlegenden Fragen vorzudringen.

Denken ist die Hauptaufgabe einer Führungskraft und ist die beste Vorbereitung auf größere Aufgaben. Verbringen Sie jeden Tag eine bestimmte Zeit in geplanter Einsamkeit, und denken Sie sich zum Erfolg.

Die Zusammenfassung der Führungsprinzipien

1. Versetzen Sie sich gedanklich in die Menschen, die für Sie wichtig sind. Sie können leicht erreichen, daß andere tun, was Sie wünschen, wenn Sie mit den Augen der anderen sehen. Fragen Sie sich, bevor Sie handeln: »Was würde ich davon halten, wenn ich an der Stelle der anderen stünde?«
2. Seien Sie menschlich im Umgang mit anderen. Fragen Sie sich: »Wie kann man dies auf menschliche Weise regeln?« Bringen Sie in Ihrem ganzen Tun zum Ausdruck, daß der andere Mensch für Sie an erster Stelle steht. Behandeln Sie Ihre Mitmenschen, wie Sie selbst behandelt werden möchten. Es wird sich für Sie lohnen.
3. Denken Sie fortschrittlich, denken Sie bei allem, was Sie tun, an Verbesserungen. Setzen Sie sich auch bei allen Aufgaben hohe Maßstäbe. Mitarbeiter tendieren dazu, im Laufe der Zeit exakte Kopien ihres Vorgesetzten zu werden. Sorgen Sie dafür, daß das Vorbild es wert ist, kopiert zu werden. Fassen Sie den persönlichen Entschluß: »Wenn zu Hause, im Beruf und im Gemeinschaftsleben etwas Fortschritt bedeutet, dann bin ich dafür.«
4. Machen Sie Pausen, in denen Sie mit sich zu Rate gehen und Ihre höchste Denkkraft anzapfen können. Geplantes Alleinsein trägt Früchte. Nutzen Sie das Alleinsein dazu, Ihre schöpferische Kraft freizusetzen und Lösungen für persönliche oder berufliche Probleme zu finden. Verbringen Sie jeden Tag eine gewisse Zeit nur mit intensivem Nachdenken. Denken Sie sich zum Erfolg!

Wie Sie die magische Kraft großzügigen Denkens einsetzen

Denken Sie groß . . .

In großzügigem oder großem Denken liegt magische Kraft. Doch das vergißt man leicht. Wenn Sie in eine verzwickte Lage geraten, besteht die Gefahr, daß Ihr Denken an Größe verliert. Und wenn das geschieht, verlieren Sie.

Nachstehend finden Sie einige kurze Richtlinien, die Ihnen zeigen, wie Sie groß bleiben, wenn Sie versucht sind, kleinlich oder engstirnig zu denken.

. . . wenn Kleindenker versuchen, Sie nach unten zu ziehen

Es gibt zweifellos Menschen, die möchten, daß Sie verlieren, Mißgeschicke erleiden, gerügt werden. Doch solche Menschen können Ihnen nichts anhaben, sofern Sie drei Dinge beachten:

○ Sie siegen, wenn Sie sich weigern, Kleindenker zu bekämpfen. Das Bekämpfen der Kleindenkenden vermindert Ihre Größe. Bleiben Sie groß!

○ Rechnen Sie damit, daß Sie »angeschossen« werden. Es ist ein Beweis dafür, daß Sie wachsen.

○ Denken Sie daran, daß Menschen, die aus dem Hinterhalt schießen, psychisch krank sind. Seien Sie groß. Bedauern Sie solche Menschen.

Denken Sie groß genug, um immun zu sein gegen die Angriffe der vielen Kleindenker.

... wenn Sie fühlen, daß Sie langsam schwach werden

Wenn Sie denken, daß Sie schwach sind, sind Sie es. Wenn Sie glauben, unzulänglich zu sein, sind Sie es. Wenn Sie sich für zweitklassig halten, sind Sie es.

Bekämpfen Sie die natürliche Neigung, sich herabzuwürdigen, mit diesen Waffen:

○ Geben Sie sich ein bedeutendes Aussehen. Das hilft Ihnen, bedeutend zu denken. Ihre äußere Erscheinung hat sehr viel damit zu tun, wie Sie sich innerlich fühlen.

○ Konzentrieren Sie sich auf Ihre Vorzüge. Formulieren Sie eine Eigenwerbung und *gebrauchen Sie sie*. Lernen Sie Ihr *positives* Ich kennen.

○ Sehen Sie den anderen Menschen im richtigen Verhältnis. Der andere Mensch ist auch nur ein Mensch, warum also Angst vor ihm haben?

Denken Sie groß genug, um zu erkennen, wie gut Sie wirklich sind!

... wenn Auseinandersetzungen unvermeidlich scheinen

Widerstehen Sie der Versuchung, mit irgend jemandem zu streiten, indem Sie:

○ sich fragen, ob die Sache wirklich so wichtig ist, daß nur ein Streit zur Lösung führen kann.

○ sich vor Augen führen, daß Sie bei einem Streit nie etwas gewinnen, sondern immer etwas verlieren.

Denken Sie groß genug, um zu begreifen, daß Streitigkeiten, Auseinandersetzungen, Fehden und unnötige Aufregungen Sie nicht dorthin bringen, wohin Sie wollen.

... wenn Sie sich geschlagen fühlen

Es ist nicht möglich, bedeutende Erfolge zu erringen, ohne daß man Rückschläge hinnehmen muß. Doch es *ist* möglich, daß Sie in Ihrem Leben künftig keine Niederlage mehr erleiden. Als Großdenker reagieren Sie positiv auf Rückschläge:

○ Betrachten Sie einen Rückschlag als Lehre. Lernen Sie daraus, erforschen Sie ihn, lassen Sie sich von ihm vorwärtstreiben. Gewinnen Sie jedem Rückschlag etwas ab.

○ Paaren Sie Beharrlichkeit mit Experimentierfreudigkeit. Nehmen Sie Abstand und beginnen Sie neu – mit einer neuen Sicht der Dinge.

Denken Sie groß genug, um zu erfassen, daß eine Niederlage wichtige Erkenntnisse zeitigen kann.

... wenn Ihre Liebe nachläßt

Negative, kleinliche Gedanken wie: »Sie (er) ist unfair zu mir, ich werde mit ihr (ihm) abrechnen« töten die Liebe und vernichten die Zuneigung, derer Sie sich erfreuen könnten.

Unternehmen Sie daher Folgendes, wenn Sie merken, daß Ihre Liebe nachläßt:

○ Konzentrieren Sie sich auf die größten Vorzüge des Menschen, den Sie lieben. Stellen Sie die kleinen Dinge dorthin, wohin sie gehören: hintan.

○ Tun Sie etwas Besonderes für Ihren Partner – nicht einmal, sondern oft.

Denken Sie groß genug, um das Geheimnis der Liebe immer wieder neu zu erfahren.

... wenn Sie fühlen, daß Sie beruflich stehenbleiben

Was Sie auch tun und welchen Beruf Sie auch ausüben, einen höheren Rang und höhere Bezahlung erreichen Sie nur auf einem Weg: durch Steigerung der Qualität und der Quantität Ihrer Leistung. Gewöhnen Sie sich Folgendes an:

○ Denken Sie: »Ich kann es besser machen.« Das Beste ist nicht unerreichbar, denn es ist immer möglich, alles besser zu machen. Nichts auf dieser Welt ist so gut, wie es sein könnte.

○ Wenn Sie denken: »Ich kann es besser machen«, eröffnen sich Ihnen automatisch Wege *zum Bessermachen*.

Denken Sie groß genug, um einzusehen, daß positive Gedanken Ihre schöpferischen Kräfte freisetzen.

Denken Sie immer groß!

Machen Sie sich frei von kleinlichen, negativen Gedanken. Suchen Sie nur die Umgebung, in der Sie sicher sein können, großzügigem, großem und damit positivem Denken zu begegnen. Diesem Denken begegnen Sie auf allen Kommunikationsebenen, die nur möglich sind. Es sind dies Ihre nächsten Angehörigen, Ihre Nachbarn, Ihre Mitarbeiter, Ihre Vorgesetzten, aber auch alle möglichen Arten der Medienlandschaft.

Selbstverständlich werden Sie überall auch mit kleinlichen, engen, negativen Gedanken konfrontiert, aber verschwenden Sie die Kraft Ihres Denkens nicht in der Auseinandersetzung mit minderwertigen Einstellungen, sondern orientieren Sie sich an den wahrhaft großartigen Gedankenprozessen, die sich Ihnen Tag für Tag darbieten.

Glauben Sie, daß Sie die dazu notwendige Erkenntniskraft besitzen, dann *werden* Sie sie auch besitzen – und Ihr Denken wird zu Ihrem Kapital.

ARISTON VERLAG · GENF/MÜNCHEN

CH-1211 GENF 6 · POSTFACH 176 · TEL. 022/786 18 10 · FAX 022/786 18 95

D-8000 MÜNCHEN 70 · BOSCHETSRIEDER STRASSE 12 · TEL. 089/724 10 34